100 und eine Geschichte zum Vorlesen

100 und eine GESCHICHTE zum Vorlesen

Mit Bildern von

Daniela Kulot

Thienemann

Inhalt

Daniel Napp

Wie Kriminaloberhauptkommissar Meister im Schlaf einen Räuber verhaftet

Kommissar Meister kam müde von der Arbeit. Seit zwei Wochen schon hielt der berüchtigte Bankräuber Don Bartholo die Stadt in Atem. Die Polizei ermittelte ununterbrochen. Bisher ohne Erfolg.

Kommissar Meister schlüpfte in den Schlafanzug. Seinen Revolver, den Schlagstock und die Handschellen legte er wie immer auf dem Nachttisch ab. Nur sein Sparschwein nahm er mit ins Bett. Sicher ist sicher. Er kuschelte sich in die Federn, schloss die Augen … und war im Nu eingeschlafen.

Dann hatte er einen Traum: Er ging mit seinem Sparschwein in die Bank, um sein Geld zählen zu lassen. Er stellte sich an einen freien Schalter. Der Bankangestellte nahm das Sparschwein in Empfang und zählte das Geld: neunzehn Euro. Kommissar Meister freute sich.

Da knallte es!

Ein echter Albtraum: Don Bartholo stand mit einer rauchenden Flinte in der Bank. *Mein Sparschwein!*, dachte Kommissar Meister natürlich sofort. Er wollte den Knüppel aus seinem Gürtel ziehen … da wurde ihm bewusst, dass er im Schlafanzug in der Bank stand. Und an seinen Revolver, den

Schlagstock und die Handschellen hatte er im Traum nicht gedacht.

Don Bartholo zielte mit seiner Flinte auf Kommissar Meisters kleinen Zeh. Kommissar Meister musste sich mit seinem sauberen Schlafanzug auf den schmutzigen Boden legen.

»Verfluchtes Räuberpack!«, murmelte er.

Plötzlich hatte er eine Idee: Als Don Bartholo dem Bankangestellten die Flinte unter den Schlips schob, bewegte Kommissar Meister ganz langsam seine Hand vor das Gesicht. Erschrocken wirbelte Don Bartholo herum. Zu spät! Kommissar Meister kniff sich so fest er konnte in die Nase ... und erwachte.

»Ha!«, rief Kommissar Meister und sprang aus dem Bett.

Er zog hastig seine Dienstkleidung an, steckte Revolver, Schlagstock und Handschellen in den Gürtel und huschte zurück in die Federn. Dann schlief er, so schnell er konnte, wieder ein ...

»Hände hoch oder es knallt!«, rief Kommissar Meister, als er wieder in der Sparkasse stand. Er feuerte ein paar Mal aus seinem Revolver. Doch zu spät: Don Bartholo hatte sich schon mit dem Sparschwein aus dem Staub gemacht.

Hinterher!, dachte Kommissar Meister gleich und stürzte hinaus auf die Straße.

Zum Glück war der Schweinedieb noch nicht weit gekommen. Beherzt nahm Kommissar Meister die Verfolgung auf. Doch nachdem er fünf Meter wie der Teufel gerannt war, ging ihm die Puste aus.

»Verfluchtes Räuberpack«, keuchte er.

Doch wieder hatte Kommissar Meister eine Idee. Er kniff sich kräftig in die Nase … und erwachte.

»Ha!«, rief Kommissar Meister, sprang aus dem Bett und hastete in den Keller.

Kurze Zeit später kam er mit seinem alten Moped zurück. Kommissar Meister rollte das Moped aufs Bett, sprang auf den Sitz und deckte sich zu. Er schloss die Augen und schlief ziemlich aufgeregt wieder ein …

Höchste Zeit: Don Bartholo wollte gerade mit dem Sparschwein in die Straßenbahn springen! Kommissar Meister drehte den Zündschlüssel, legte den ersten Gang ein und knatterte los. Und noch bevor sich die Tür der Straßenbahn öffnen konnte, hatte er Don Bartholo eingeholt.

»Ha!«, rief Kommissar Meister. »Kein Räuber auf der ganzen Welt nimmt unserem Kriminaloberhauptkommissar Meister das Schwein weg!«

Das stimmte: Er zielte sorgfältig, sprang vom Moped … und saß rittlings auf Don Bartholos Rücken. Kommissar Meister zog den Schlagstock und gab dem Räuber kräftig die Sporen. Nach einer kurzen Schlägerei nahm Kommissar Meister schließlich auf Don Bartholos Bauch Platz. Jetzt war es Don Bartholo, dem die Puste ausging.

»Ha!«, rief Kommissar Meister und ließ die Handschellen zuschnappen. Er nahm sein Sparschwein unter den Arm, kniff sich zum letzten Mal in dieser Nacht in die Nase … und erwachte.

Ein neuer Tag war angebrochen. Kommissar Meister kletterte müde, aber sehr zufrieden aus dem Bett. Sein Sparschwein stellte er wieder zurück auf den Nachttisch. Dann zog er sich schnell um und trat seinen Dienst an …

Die Kollegen staunten übrigens nicht schlecht, als Kommissar Meister im Schlafanzug zur Arbeit kam.

Brinx/Kömmerling

Fridos Fell

Frido hat ein Fell. Ein weißes, weiches, warmes Stück Fell zum Kuscheln. Er hat es immer dabei und lässt es nie aus den Augen. Zum Kuscheln, denkt ihr, das ist gut. Aber so ein Fell kann man für alles Mögliche gebrauchen. Zum Beispiel um sich als Schaf zu verkleiden.

Eines Morgens war Fridos erster Kindergartentag.

»Ich gehe nicht dahin«, sagte Frido zu Mama, als sie gestiefelt und gespornt fertig zur Abfahrt in der Tür standen.

»Aber warum denn nicht?«, fragte Mama erstaunt.

Frido legte sich das Fell über die Schulter. Wie einen warmen, weichen Mantel. »Weil ich ein Schaf bin. Schafe dürfen nicht in den Kindergarten!«

Mama schaute ihn eine Weile an. Dann nahm sie seine Hand und zog ihn mit sich. »Ich glaube, die freuen sich, wenn mal ein Schaf vorbeikommt!«

Im Auto saß Frido in seinem Sitz, das warme, weiche Fell um sich herum und machte »Mäh!«.

»Wir sind da, Schaf!«, sagte seine Mama und parkte ein.

Frido ging an ihrer Hand in ein buntes, großes Zimmer. Alle Kinder waren schon da und hatten sich im Kreis aufgestellt.

»Wen haben wir denn da?«, fragte die Kindergärtnerin und ging vor Frido in die Hocke.

»Das ist Frido. Er ist ein Schaf!«, sagte Mama und Frido machte »Mäh!«. Die anderen Kinder kicherten, aber die Kindergärtnerin freute sich.

»Das ist ja schön! Ein Schaf hatten wir hier noch nie zu Besuch. Stellst du dich zu den anderen, Schaf?«

Frido nickte und reihte sich in den Kreis ein. Mama zwinkerte ihm zu, winkte noch einmal und ging. Frido machte leise »Mäh!«. Die Kindergärtnerin stellte sich in den Kreis, erzählte alles Mögliche, wo die Spielküche ist und die Puppenecke. Dann sangen alle ein Lied. Frido kannte es auch. Aber Schafe können nicht singen und klatschen schon gar nicht. Also mähte er leise mit und drehte sich im Kreis.

»Und jetzt zeige ich euch unseren Garten!«, sagte die Kindergärtnerin und alle stürmten hinaus. »Kommst du mit, Schaf? Wir haben eine schöne Wiese, da kannst du ein bisschen Gras fressen!«, schlug sie vor und nahm Frido an der Hand mit hinaus. Es gab nicht nur eine Wiese, sondern auch eine Rutsche, Dreiräder und ein Klettergerüst. Die anderen Kinder probierten alles aus. Frido stellte sich auf die Wiese, rupfte mit den Händen Gras aus und tat so, als würde er es essen.

Ein Mädchen kam zu ihm. »Schafe stehen nie alleine auf der Wiese«, sagte sie und ging auf alle viere. »Schafe sind immer viele!« Sie stellte sich neben Frido und rupfte auch Gras aus.

»Mäh!«, sagte Frido froh und es machte nichts, dass das Mädchen kein Fell hatte.

»Mäh!«, antwortete das Mädchen.

Zwei andere Kinder kamen dazu und wollten auch Schafe sein. Dann noch einer. Und immer mehr.

»Also Kinder, so geht das nicht!«, rief die Kindergärtnerin und klatschte in die Hände. »Wir haben hier eine Schafherde, aber keinen einzigen Schäferhund! Was sollen die armen Schafe machen, wenn der Wolf kommt? Oder wenn sie sich verlaufen!«

Ein paar Jungs erklärten sich sofort bereit die Schäferhunde zu sein. Sie krabbelten auf allen vieren um die Schafe herum, bellten, schnupperten und passten auf.

»Und wer ist der Schäfer?«

Ein Mädchen meldete sich. Sie bekam einen langen Stock und den Mantel von der Kindergärtnerin.

»Und was macht der Schäfer dann?«, wollte das Mädchen wissen.

Die Kindergärtnerin holte eine Flöte und der Schäfer blies hinein, was das Zeug hielt.

»Und dann hat der Schäfer Hunger und macht eine kleine Essenspause.« Das Mädchen holte ihre Kindergartentasche und packte die Brote aus. Die Schafe schielten zu ihr rüber. Die Schäferhunde hörten auf zu bellen. Alle hatten Hunger.

»Gras macht nicht satt, mäh!«, jammerte ein Schaf.

Die anderen mähten kräftig mit. Die Kindergärtnerin holte alle Taschen. Herde und Hunde wollten gerade aufstehen, als Frido sagte : »Aber wir sind Schafe. Und Hunde.«

»Mäh!« und »Wau!« machten alle. Da legte die Kindergärtnerin den Inhalt jeder Tasche auf den Boden, lauter kleine Häufchen. Frido hatte ein Leberwurstbrot, zwei Scheiben Gurke und vier Gummibärchen. Er beugte sich runter und schaffte es, ohne Hände in das Brot zu beißen. So futterten die ganze Schafherde und die Hütehunde. Nur der Schäfer und die Kindergärtnerin benutzten ihre Hände.

Als alle einigermaßen satt waren, sprang die Kindergärtnerin plötzlich auf, klatschte in die Hände und schrie: »Hokus Pokus Fidibus, dreimal schwarzer Kater! Alle Tiere sollen Kinder sein und Verstecken spielen. Ich zähle!«

Es klappte. Die Schafe wurden Kinder und rannten in alle Richtungen davon.

»Drei ... vier ... fünf!«, zählte die Kindergärtnerin.

»Kommst du mit?«, fragte Frido sein Fell.

Das Fell nickte.

Frido rannte los und versteckte sich ganz oben auf der Rutsche.

Edith Schreiber-Wicke

Als die Raben noch bunt waren

Es gab einmal eine Zeit, da waren die Raben bunt. Geradezu kunterbunt. Manche Raben waren rosa mit violetten Schwanzfedern. Andere gelb mit faustgroßen grünen Tupfen. Wieder andere hellblau mit zarten orangeroten Streifen. »Wir stammen in direkter Linie vom Regenbogen ab«, sagten die ältesten Raben stolz. Und niemand zweifelte daran. Prächtig sah das aus, wenn sich ein Schwarm Raben im Winter auf einem kahlen Baum niederließ.

»Wie schön ihr seid«, sagte ein Eichkater, der sein Rostrot ziemlich langweilig fand.

»Was, wer, wo, warum?«, fragte ein Maulwurf, der bekanntlich bei Tageslicht nicht gut sieht.

»Werd ich auch einmal so schön bunt?«, fragte ein Spatzenkind und plusterte sich gegen den kalten Wind auf.

»Iss endlich und gib Ruh«, antwortete die Spatzenmutter verärgert.

Angeblich war es ein Schneemann, der jene unselige Frage stellte. Vielleicht war er zornig, weil die Raben immer von seiner Nase naschten. Vielleicht war er neidisch auf ihre Buntheit. Möglicherweise hatte er einfach schlecht geträumt. Vom

Frühling. Oder – noch schlimmer – von einem sonnigen Sommertag.

Jedenfalls – er fragte. »Ich persönlich ziehe ja Weiß vor«, begann er. »Trotzdem würde mich eines interessieren: Welche Farbe ist für euereins eigentlich richtig? Ich meine, wie muss

ein wirklicher, echter Rabe aussehen?« Er richtete seine Frage an einen blau getupften.

»Tzzzz«, machte der blau getupfte. »Das siehst du doch. Elegantes Weizengelb mit Tupfen in der Farbe des Abendhimmels.«

»Ich lach mich kringelig«, krächzte ein rosagrün gestreifter. »Ein Rabe hat natürlich Streifen zu haben. Am besten kräftiges Nelkenrosa auf Birkenblattgrün.«

»Unsinn!«, rief ein violetter empört dazwischen. »Der Urrabe war fliederfarben. Das weiß doch jeder Piepsling.«

»Mir scheint, Violett macht blöd«, krächzte ein goldgelber mit moosgrünem Bauch. »Schaut einfach mich an, dann wisst ihr, wie ein echter, wirklicher, richtiger Rabe ausschaut.«

Alle schimpften empört durcheinander.

»Ich rede überhaupt nur mehr mit meinesgleichen«, krächzte einer und entfernte sich mit wütendem Flügelschlag. Es war der rosa gestreifte. Er flog davon, um andere rosa gestreifte Raben zu finden.

»Er ist zwar ebenso dumm wie rosa«, meinte ein gelb getupfter. »Aber wo er Recht hat, hat er Recht.«

Und auch er flog weg, um andere gelb getupfte zu finden.

Der große, bunte Schwarm der Raben zerstreute sich. Man sah nur mehr gleichfarbige Raben miteinander ziehen. Gleich gesinnt waren sie deswegen noch lange nicht. Jeder Rabe war ein bisschen anders. Und jeder war davon überzeugt, dass seine persönliche Farbe die einzig richtige war. »Geh doch zu den violetten, wenn dir was nicht passt«, konnte man etwa aus einem rosaroten Rabenschwarm hören.

»Du mit deinen grünen Tupfen sei ganz ruhig!«, tönte es

zurück. »Du kannst froh sein, dass dich die rosaroten überhaupt genommen haben.«

Damals entstand die Redensart: »Die streiten wie die Raben.«

Es kam noch schlimmer.

»Nieder mit Flieder«, brüllte eines Morgens ein türkisfarbener Rabenschwarm. Die bläulich grünen stürzten sich auf ihre violetten, lila- und fliederfarbenen Artgenossen. Sie hackten erbittert mit den Schnäbeln aufeinander los. Eine Menge bunter Federn blieb auf dem Kampfplatz zurück.

»Was hältst du von einem Nest – ganz in Lila und Türkis?«, fragte ein Amseljüngling seine Gefährtin.

»Schön – aber zu auffällig«, entschied sie seufzend und zeigte mit einer Kopfbewegung nach unten. Ein großer grauer Kater stapfte durchs morgenfeuchte Gras.

Überall sah man streitende, raufende, kämpfende Rabenschwärme. »Krieg der Farben« nannten sie das. Und waren auch noch stolz darauf.

»Wir kämpfen für Rosa und Recht!«, hieß der Kampfruf der Rosaroten. »Es gilt als erwiesen: Echt sind nur die Türkisen!«, krächzten die bläulich Grünen.

»Wir lassen nicht locker – ein Rabe ist ocker!«, brüllten die Gelblichen in Krächz-Chören.

Dann kam der Regen.

Es war kein gewöhnlicher Regen.

Es tropfte, trommelte, strömte schwarz vom Himmel.

»Hoffentlich schadet das meiner zartrosa Haut nicht«, sorgte sich das Schwein.

»Mein schönes Rostrot«, sagte der Eichkater. »Es wird doch wohl keine schwarzen Flecken kriegen?«

»Ein Frosch ganz in Schwarz? Ist ja arg, ist ja arg, ist ja arg!«, jammerte der Laubfrosch.

Nur die Amseln und der Maulwurf blieben gleichgültig. »Regt euch nicht auf«, sagten sie. »Schwarz ist eine sehr kleidsame Farbe.«

So plötzlich, wie der Regen begonnen hatte, hörte er auch wieder auf. Besorgt betrachtete jedes Tier sein Spiegelbild.

Das Schwein war schweinchenrosa geblieben,
das Reh rehbraun,
das Rotkehlchen rotkehlig,
der Feldhase feldgrau,
der Laubfrosch zartgrün wie Frühlingslaub.

Aber die Raben! Es war, als hätte der schwarze Regen nur die streitenden Raben treffen wollen. Da saßen sie jetzt, ebenso verdutzt wie schwarz.

Es gab keine rosa, lila, grünen, gelben Raben mehr. Keine getupften und keine gestreiften. Sie waren so gleich, dass sie Mühe hatten, sich selbst von den anderen zu unterscheiden. Und natürlich wusste keiner mehr, gegen wen er eigentlich kämpfen wollte. Sie waren rabenschwarz und sie blieben rabenschwarz.

Nur ein blaugrüngelber Rabe war zur Zeit des schwarzen Regens gerade auf Urlaub im Urwald. Als er zurückkam, fand er seine eigene Familie erst nach langem Suchen und Fragen.

»Ist es nicht ein bisschen auffällig, wie du herumfliegst?«, fragte ihn seine Schwester nach einiger Zeit verdrießlich.

»Ganz recht, zieh dir was Ordentliches an«, stimmte ein entfernter Onkel zu.

Da flog der bunte Rabe zurück in den Urwald.

Daniela Kulot

Uns kriegst du nicht

Der Hase Hobbel und der Kater Knobbel sind die besten Freunde, die man sich vorstellen kann.

Wenn sich Hobbel abends manchmal fürchtet, liest ihm Knobbel eine schöne Geschichte vor und alles ist wieder gut.

Und wenn es Knobbel mal langweilig ist, dann spielt ihm Hobbel Schattentheater vor und beide lachen sich kaputt.

Oder wenn sich Hobbel beim Rübenernten schwer tut, hilft ihm Knobbel und kurz darauf gibt es ein wunderbares Festmahl am See.

Eines Morgens sitzen Hobbel und Knobbel wieder am See.

»Wie ist das Leben schön!«, schnurrt Knobbel.

»Und zu zweit ist es noch viel schöner«, seufzt Hobbel.

Da raschelt es hinter ihnen im Gebüsch.

»Was war das?«, fragt Hobbel.

»Komm, wir sehen mal nach«, sagt Knobbel.

Sie schieben die Äste beiseite …

… und da steht Hasso, der Hund aus dem Nachbardorf.

»Nichts wie weg!«, schreit Hobbel.

»Rette sich, wer kann!«, schreit Knobbel.

»Hinterher!«, knurrt Hasso.

Hand in Hand laufen Hobbel und Knobbel, so schnell sie können.

Doch auch Hasso ist schnell. Er kommt immer näher. Da denkt Knobbel: »Wenn ich Hobbel jetzt loslasse, könnte ich mit meinen scharfen Katzenkrallen auf einen Baum springen. Allein könnte ich Hasso entwischen. Besser einer kommt davon als keiner.« – »Hilfe, er fasst uns!«, ruft er.

Und Hobbel denkt: »Wenn ich Knobbel jetzt loslasse, könnte ich mit meinen flinken Hasenbeinen viel schneller laufen. Alleine könnte ich Hasso entwischen. Besser einer kommt davon als keiner.«

Schon sind Bäume in Sicht. Und tatsächlich – sie lassen ihre Hände los.

Doch als Knobbel die Hand von Hobbel nicht mehr spürt, denkt er: »Wie konnte ich Hobbel nur loslassen! Wenn Hobbel nicht mehr da ist, wem soll ich dann abends auf dem Sofa vorlesen? Dann bin ich ganz allein und das Leben ist nicht mehr schön.«

Und Hobbel denkt: »Wie konnte ich Knobbel nur loslassen! Wenn Knobbel nicht mehr da ist, wem soll ich dann Schattentheater vorspielen? Dann bin ich ganz allein und das Leben ist nicht mehr schön.«

Da sehen sich Hobbel und Knobbel in die Augen.

»Wenn wir es schaffen, dann schaffen wir es zu zweit!« Und das geht nicht nur ins Herz, das gibt auch Kraft. Hand in Hand laufen sie, so schnell sie können. Hasso bleibt weit hinter ihnen.

Endlich sehen sie die rote Haustür offen vor sich. Doch Hobbel und Knobbel bleiben vor der Tür stehen.

»Jetzt habe ich sie alle beide!«, knurrt Hasso und springt auf sie zu.

Da weicht Hobbel nach links aus und Knobbel nach rechts. Hasso springt mitten durch die Tür, ins Haus hinein.

Schnell schließen Hobbel und Knobbel die Tür und drehen den Schlüssel um.

»Uns kriegst du nicht!«, jubeln sie. »Uns kriegst du nicht!«

Und vor Freude tanzen sie ums Haus herum.

»Zu zweit haben wir es geschafft – Hand in Hand!«

»Und weißt du, was das Beste ist?«, flüstert Knobbel Hobbel ins Ohr.

»Nein, was denn?«, fragt Hobbel.

»Dass uns so etwas nicht noch einmal passieren kann, denn …

… seit heute haben wir einen Wachhund im Haus.«

Ursula Wölfel

Die Geschichte von den Grasköpfen

Ein Friseur bekam eine Glatze. Kein Haarwasser konnte ihm helfen. Er versteckte seinen kahlen Kopf unter einer Perücke, aber trotzdem fühlte er sich als glatzköpfiger Friseur sehr unglücklich.

Seine Frau hatte Mitleid mit ihm. Sie dachte: »Man muss alles versuchen!«, und heimlich füllte sie ihrem Mann flüssigen Blumendünger in die Haarwasserflasche.

Eine Woche später wuchs dem Friseur junges grünes Gras auf dem Kopf. Die Leute in der Stadt staunten und waren begeistert. Sofort wurde der Kopfrasen modern. Aber Grashaare wuchsen nur auf echten Glatzköpfen. Bei allen anderen wirkte der Blumendünger nicht. Sie mussten eine Kunstgras-Perücke tragen oder ihre gewöhnlichen Haare grün färben. Man sah aber sofort, wer einen richtigen Graskopf hatte und wer nicht. Darum wurden die Leute mit dem natürlichen Kopfrasen von allen anderen sehr beneidet. Allerdings mussten sich die echten Grünköpfe vor Kühen, Pferden, Schafen und anderen Grasfressern in Acht nehmen. Deshalb gingen sie auch nicht mehr gern in den Zoo. Einem von ihnen hatte ein Riesenkänguru den Kopf wieder kahl gefressen.

Die Geschichte von den Grasköpfen

Michael Ende

Eine Zungenbrechergeschichte

Ein alter Lappe saß jeden Tag auf einer Treppe, die zu einer Kuppel hinaufführte. Deshalb hieß er der Kuppeltreppenlappe.

Der kleine Seppel, der ein gutes Herz hatte, brachte ihm ab und zu einen Teller Suppe und sagte: »Hier bringe ich dir deine Kuppeltreppenlappensuppe.«

»Fein«, antwortete der Lappe, »dann bist du also der Kuppeltreppenlappensuppenseppel. Und zum Dank für deine Freundlichkeit schenke ich dir hier meine bunte Kappe.«

Da hatte der kleine Seppel nun also eine Kuppeltreppenlappensuppenseppelkappe. Er setzte sie stolz auf seinen blonden Schüppel, man könnte auch sagen, auf seinen Kuppeltreppenlappensuppenseppelkappenschüppel.

Als die Zeit herankam, dass der kleine Seppel sich wieder einmal beim Friseur die Haare schneiden lassen musste, da fielen die ganzen Schnippel auf den Boden, alles lag voll mit den Kuppeltreppenlappensuppenseppelkappenschüppelschnippeln. Der Friseur kehrte sie sorgfältig zusammen, aber er warf sie nicht weg, denn er wusste wohl, dass es sich da um etwas Besonderes handelte. Darum tat er die Schnippel in eine besonders dafür hergestellte Mappe, man könnte auch sagen, in eine

Kuppeltreppenlappensuppenseppelkappenschüppelschnippelmappe. Diese Mappe verwahrte er in seinem Schuppen, das war nun also sein Kuppeltreppenlappensuppenseppelkappenschüppelschnippelmappenschuppen.

Bis hierher ist die Geschichte noch verhältnismäßig einfach, aber jetzt wird sie kompliziert.

Eines Tages kam nämlich ein Trapper, der hatte das Kinn voller Bartstoppeln. Er war eben ein richtiger Stoppeltrapper, denn er kam nicht oft dazu, sich zu rasieren, weil er in der Steppe lebte. Darum hieß er der Steppenstoppeltrapper. Obwohl er sonst ein starker Mann war, fühlte er sich diesmal ganz elend und schwach. Man könnte auch sagen, er war ein schlapper Steppenstoppeltrapper. Er hatte nämlich die Grippe, die so genannte Schlappersteppenstoppeltrappergrippe. Und weil er Fieber hatte und nicht mehr weiterkonnte, legte er sich einfach in den bewussten Schuppen des Friseurs, also in den Schlappersteppenstoppeltrappergrippenkuppeltreppenlappensuppenseppelkappenschüppelschnippelmappenschuppen.

Als der Friseur das bemerkte, beklagte er sich bitter, weil die ganze Sache nun sogar für ihn unsäglich schwierig wurde. Bei dem Versuch, den Namen seines Schuppens auszusprechen, bekam er einen richtigen Rappel. Aber das machte alles nur noch schlimmer, denn das war ja nun, mit einem Wort gesagt, ein Schlappersteppenstoppeltrappergrippenkuppeltreppenlappensuppenseppelkappenschüppelschnippelmappenschuppenrappel. In seiner Verzweiflung rief er zwei stadtbekannte Rüpel zu Hilfe, die sollten den Trapper wegjagen. Diese Rüpel waren aber Zwillinge und hießen deshalb die Doppelrüpel. Diese zwei bildeten auf der Stelle eine Spezialtruppe für ihre überaus schwierige Aufgabe und nannten sich die Schlappersteppenstoppeltrappergrippenkuppeltreppenlappensuppenseppelkappenschüppelschnippelmappenschuppenrappeldoppelrüpeltruppe.

Sie marschierten zu dem Schuppen, umstellten ihn und forderten den schlappen Trapper auf sich unverzüglich zu ergeben. Aber der war inzwischen wieder einigermaßen bei Kräften und griff sich einen Knüppel, man könnte auch sagen, einen Schlappersteppenstoppeltrappergrippenkuppeltreppenlappensuppenseppelkappenschüppelschnippelmappenschuppenrappeldoppelrüpeltruppenknüppel, und damit verhaute er die Zwillinge so, dass sie klein beigeben mussten und die Flucht ergriffen. Sie hinkten und hoppelten in einer malerischen Gruppe von dannen, sozusagen in einer Hoppelgruppe, und alle Leute, die es sahen, lachten und nannten sie die Schlappersteppenstoppeltrappergrippenkuppeltreppenlappensuppenseppelkappenschüppelschnippelmappenschuppenrappeldoppelrüpeltruppenknüppelhoppelgruppe.

Das war den Doppelrüpeln natürlich sehr peinlich und sie sannen auf Abhilfe.

In derselben Stadt gab es einen Erfinder, der sehr lebensechte Puppen bauen konnte. Bei ihm bestellten sie eine Zappelpuppe mit Lippen, die richtig plappern konnte. Natürlich kostete sie ein Vermögen, aber als die Puppe fertig war, da war sie tatsächlich eine Schlappersteppenstoppeltrappergrippenkuppeltreppenlappensuppenseppelkappenschüppelschnippel mappenschuppenrappeldoppelrüpeltruppenknüppelhoppelgruppenlippenplapperzappelpuppe, also ein wahres Wunderwerk.

Diese Puppe schickten sie, weil sie inzwischen selber zu schüchtern waren, zu dem alten Lappen, der noch immer auf der Treppe zur Kuppel saß, und sie teilte ihm mit: »Du bist eigentlich an allem schuld, denn mit dir hat das Unheil angefangen. Hättest du nicht die Suppen vom Seppel gegessen …«

Da sagte der Lappe: »Halt deine Klappe!«

Er hatte einfach keine Lust, sich das alles noch einmal anzuhören. Er hätte natürlich richtiger sagen müssen: Halt deine Schlappersteppenstoppeltrappergrippenkuppeltreppenlappensuppenseppelkappenschüppelschnippelmappenschuppenrappeldoppelrüpeltruppenknüppelhoppelgruppenlippenplapperzappelpuppenklappe, um ganz genau zu sein, aber er wollte sich nicht so sehr anstrengen, darum fügte er nur noch hinzu: »Was du da sagst, ist mir völlig schnuppe. Es ist mir sogar mehr als schnuppe, es ist mir ehrlich gesagt schlappersteppenstoppeltrappergrippenkuppeltreppenlappensuppenseppelkappenschüppelschnippelmappenschuppenrappeldoppelrüpeltruppenknüppelhoppelgruppenlippenplapperzappelpuppenklappenschnuppe!«

Und damit aß er einen Happen von seiner Suppe. Aber fragt mich jetzt bitte nicht, was das für ein Happen war.

Jo Pestum

Aufruhr im Murmelwald

Im Schein des Mondes dringen die Monsterkinder Tippelfax und Zappelfix und das Menschenkind Micki tief in den Murmelwald ein. Riesengroß ist der Murmelwald und er steckt voller Geheimnisse. Die Waldwiese ist ungefähr in der Mitte.

Alle Tiere des Waldes sind auf der Wiese versammelt. Als sie Tippelfax und Zappelfix und Micki kommen sehen, plappern sie alle erregt durcheinander. Aber so geht das selbstverständlich nicht.

»Ruhe!«, fordert der Hirsch mit seiner lauten Stimme. »Haltet mal alle die Klappe! Jetzt rede ich.« Er dreht den Kopf zu den Kindern und wackelt zornig mit dem Geweih. »Gut, dass ihr uns besucht. Ihr müsst uns helfen. Es sind fremde Tiere in unseren Wald gekommen. Einfach so! Die müssen weg, die haben hier nichts zu suchen.«

Zappelfix fragt: »Was für Tiere sind denn das?«

»Waschbären!«, ruft das Reh. »Ausgerechnet Waschbären!«

Das Wiesel piepst: »In unserem Wald hat es noch nie Waschbären gegeben. Die sollen verschwinden, aber sofort! Die gehören nicht zu uns.«

»Genau!«, mümmelt der Hase und lässt die Ohren hin und her schlenkern. »Wir dulden hier keine Fremden.«

»Mal langsam«, sagt Tippelfax. »Warum sind die Waschbären denn in den Murmelwald gekommen? Haben sie euch das gesagt?«

»Warum! Warum!«, krächzt die Krähe und plustert empört die Federn auf. »Woher sollen wir das wissen? Mit solchen Tieren reden wir nicht.«

Der Hirsch fragt voll Ungeduld: »Also, was ist nun? Helft ihr uns die Waschbären zu verjagen? Ja oder nein?«

Noch einmal sagt Tippelfax: »Mal langsam. Man muss zuerst einmal mit ihnen sprechen. Man muss sie fragen: Warum seid ihr eigentlich in den Murmelwald gekommen? Und dann hört man sich in Ruhe ihre Gründe an. So geht das, kapiert?«

Der Fasan kräht beleidigt: »Ich rede jedenfalls nicht mit ihnen. Sich einfach bei uns einzunisten! Ohne zu fragen! Das ist unerhört.«

»Wo haben sie sich denn eingenistet, diese Waschbären?«, will Zappelfix wissen.

Das Wildschwein erhebt sich aus seiner Kuhle. Bisher hat es geschwiegen. Nun grunzt es ärgerlich: »Bei den hohen Buchen am Bach! Dort haben sich diese Fremdlinge eingenistet. So etwas Ähnliches wie ein Nest haben sie sich aus Zweigen gebaut. Oben in einer Astgabel. Ich verlange: Fort mit dem fremden Pack!«

Und zum dritten Mal sagt Tippelfax: »Mal langsam. Wir gehen zu ihnen und werden mit ihnen verhandeln. Wartet hier auf uns!«

Micki denkt: Das ist ein guter Vorschlag! Und neugierig ist

er natürlich auch, denn er hat bisher noch nie einen Waschbären gesehen. Wie schauen Waschbären überhaupt aus?

Da gucken sie vom Baum herunter! Vater Waschbär, Mutter Waschbär und die drei Kinder Waschbär. Micki ist entzückt. Kuschelig sehen sie aus, so richtig zum Knuddeln.

»He, ihr!«, ruft Zappelfix. »Können wir mal mit euch reden? Wir kommen im Auftrag der Tiere des Murmelwaldes.«

Mutter Waschbär fragt ein wenig ängstlich: »Kommt ihr in friedlicher Absicht oder seid ihr böse?«

Tippelfax winkt beschwichtigend. »Wir kommen in friedlicher Absicht. Aber die Tiere dieses Waldes, die machen sich Sorgen. Die meinen, ihr gehört nicht hierher, ihr habt hier nichts zu suchen. Weil ihr fremd seid.«

Da antwortet Vater Waschbär: »Papperlapapp! Wenn wir mal ein paar Wochen hier wohnen, dann sind wir nicht mehr fremd. Dann merken die anderen Tiere, dass wir gute Nachbarn sind.«

»Jeder, der neu irgendwo ankommt«, fügt Mutter Waschbär hinzu, »ist zuerst einmal fremd. Aber das gibt sich mit der Zeit. Dann hat man sich ja kennen gelernt.«

Zappelfix gibt zu bedenken: »Aber ihr seht so ein bisschen ungewöhnlich aus. Ich glaube, man hat etwas Angst vor euch.«

Mutter Waschbär stöhnt tief. »Das ist das uralte Problem. Alle haben zuerst einmal Angst vor allem, was sie noch nicht kennen und was ihnen fremd ist. Das geht den Tieren so und den Menschen und den Zwergen und den Monstern. Ich sage nur eins: Vorurteile! Wenn man sich ein bisschen Mühe gibt, können alle gut miteinander auskommen. An uns soll's nicht liegen.«

Die drei Waschbärkinder rufen: »Wir möchten gern mit den anderen Tierkindern spielen!«

Micki findet das schön.

Er gibt sich Mühe, einen richtigen Satz in der Tiersprache zu bilden. »Warum seid ihr denn eigentlich hierher in den Murmelwald gekommen?«

»Gute Frage!« Vater Waschbär putzt sich den Schnurrbart. »Meint ihr vielleicht, wir hätten ohne Grund unsere alte Hei-

mat verlassen! Oh nein! Aber wir mussten fliehen. Das war nicht leicht für uns. In dem Wald, in dem wir bisher wohnten, werden alle Bäume umgesägt. Häuser sollen dort gebaut werden. Schöner Mist! Wir mussten abreisen. Und nun sind wir hier und bleiben auch hier. Alles klar?«

»Ja, ja, wir verstehen das schon«, lächelt Zappelfix, »aber wie sollen wir das den anderen Tieren erklären? Ich glaube, die haben wirklich Vorurteile gegen Waschbären.«

Da hat Mutter Waschbär eine Idee. »Ihr könntet ihnen eine Nachricht von uns überbringen. Sagt ihnen: An jedem Samstagabend waschen die Waschbäreneltern ihre Waschbärenkinder hier am Bach. Und alle Tiere des Waldes dürfen dann auch ihre Kinder herbringen. Die werden alle gründlich gewaschen.«

Der Waschbärvater nickt dazu. »Vom Waschen verstehen wir nämlich was. Das sollte allgemein bekannt sein. Außerdem fordern wir keine Belohnung für das Tierkinderwaschen. Wir machen das ganz umsonst.«

»So ist es«, bestätigt Mutter Waschbär. »Und bei so einem Waschtag kommt man miteinander ins Gespräch und lernt sich kennen. Dann sind wir den anderen Tieren nicht mehr fremd und sie sind uns nicht mehr fremd. Im Grunde ist die Sache ganz einfach.«

Micki denkt: Ja, im Grunde ist die Sache ganz einfach.

Die drei Waschbärkinder quieken vom Baum herunter: »Wir können dann immer prima mit den anderen Tierkindern spielen und im Wasser plantschen. Das ist lustig.«

Tippelfax erklärt feierlich: »Wir werden eure Nachricht überbringen. Hoffentlich gefällt den anderen Waldtieren die Idee!«

Als Zappelfix, Micki und Tippelfax zurückkommen zur Waldwiese, geht das aufgeregte Durcheinandergeplapper sofort wieder los.

»Ruhe!«, fordert der Hirsch mit seiner lauten Stimme. Dann fragt er die drei Kinder: »Nun, was haben eure Verhandlungen ergeben? Wir hören!«

Da berichtet Tippelfax von der Idee der Waschbären und erklärt den Vorschlag vom allgemeinen Tierkinder-Waschsamstagabend.

Zappelfix ruft: »Vom Waschen verstehen die Waschbären nämlich was!«

Plötzlich ist es ganz still. Alle Tiere denken angestrengt nach. Tierkinderwaschen ist immer eine schwierige Angelegenheit. Tierkinder lassen sich nun mal nicht gern waschen, weil sie wasserscheu sind. Sie strampeln und schreien. Aber Sauberkeit ist wichtig! Wenn also die Waschbären in Zukunft die Tierkinderwäsche übernehmen wollen – ha, das wäre doch eine wunderschöne Erleichterung für die Tiereltern! Gar nicht schlecht, der Vorschlag!

Das Wildschwein grunzt dreimal. Dann brummt es: »Wir könnten es ja mal ausprobieren. Mir scheint, einen Versuch wär's schon wert. Kurz und gut: Von mir aus dürfen die Waschbären im Murmelwald wohnen.«

Nach kurzer Beratung beschließen die Waldtiere einstimmig: Familie Waschbär darf bleiben!

Ursula Wölfel

Die Geschichte vom klugen Kamel

Einmal hat ein Mann ein Kamel gestohlen. Er ist einfach damit fortgeritten. Die Leute haben zuerst nichts davon gemerkt. Sie haben noch geschlafen.

Der Mann ist auf dem Kamel durch die Wüste geritten und es war sehr heiß in der Wüste.

Der Mann wurde müde. Er hat sein Zelt aufgeschlagen und hat sich in den Schatten gelegt.

Da ist auch das Kamel in das Zelt gekrochen. Der Mann hat geschrien, er hatte Angst. Das ganze Zelt war voll Kamel! Und der Mann konnte nicht mehr hinaus, das riesige Tier hatte sich vor den Zelteingang gelegt.

Der Mann war in seinem eigenen Zelt gefangen, er hat gezappelt und geheult.

Aber darum hat das Kamel sich gar nicht gekümmert. Es ist liegen geblieben wie ein Berg, es hat auf die Leute gewartet. Die haben das Kamel schon gesucht und sie konnten von weitem das Geschrei hören.

Die Leute haben den Mann verprügelt und weggejagt und dem Kamel haben sie Zucker gegeben und alle haben es gelobt, weil es solch ein kluges Kamel war.

Achim Bröger

Bruno und der kleine Mann

Auf dem Gehsteig krabbelte etwas sehr Kleines. Bruno bückte sich und sah einen winzigen Mann.

»Pass doch bitte besser auf«, schimpfte der, »beinahe hättest du mich zertreten.«

Bruno entschuldigte sich und fragte: »Warum bist du eigentlich so klein?«

»Ich will dir das gerne erzählen. Aber hier auf dem Gehsteig ist es zu gefährlich für mich. Die Leute passen nicht auf, wohin sie treten. Steck mich doch in deine Tasche und trag mich zu dir nach Hause.«

In seiner Wohnung hob Bruno den Mann auf den Tisch und setzte ihn vor den Toaster. »Stell ihn doch an«, bat der Kleine und sah zu Bruno hinauf. »Ich friere etwas.«

Der Toaster wurde wärmer. Der kleine Mann zog seine Beine an und begann zu erzählen.

»Früher, als ich noch groß war, hatte ich immer sehr viel Angst. Im Kindergarten vor der Kindergärtnerin. Zu Hause vor meinem Vater. In der Schule vor dem Lehrer. Im Beruf vor meinem Chef. Wenn sie mit mir schimpften, stand ich da und konnte vor Angst nicht sprechen. Am liebsten wäre ich in einer Bodenritze verschwunden. Aber damals klappte das noch nicht.

Eines Tages schrie mich ein Busschaffner an. Plötzlich war ich dreißig Zentimeter kleiner. Von diesem Tag an wurde ich jedes Mal, wenn mich jemand anschrie, ein Stück kleiner. Ich reizte die Leute sogar, um sie zum Schreien zu bringen. Das Kleinerwerden sollte ganz schnell gehen. Mit rotem Gesicht stand ich da und strengte mich an zu schrumpfen.

Bevor ich weitererzähle, Bruno, knips doch bitte den Toaster aus. Mir wird heiß. Hast du vielleicht etwas Milch für mich?«

Bruno goss Milch in einen Teller und stellte ihn auf den Tisch. Der kleine Mann legte sich auf den Tellerrand, beugte sich über die Milch und trank. Als er keinen Durst mehr hatte, sprang er auf die Tischplatte und setzte sich wieder vor den Toaster. Dann erzählte er weiter.

»Ja, ich schrumpfte immer mehr. So lange, bis von meinen 165 Zentimetern nur noch vier Millimeter übrig waren. Die Wohnung kam mir riesig vor. Genau 412-mal so groß wie vorher. Weil ich 412-mal so klein war.

Natürlich änderte sich mein Leben völlig. Am wichtigsten fand ich, dass niemand mit mir schimpfte. Es sah mich ja niemand mehr, wer sollte also schimpfen? Allerdings gab es auch Nachteile. Ich konnte den Telefonhörer nicht mehr heben und den Kühlschrank nicht mehr öffnen. Radio und Fernsehen konnte ich auch nicht mehr einschalten.

Manchmal kroch ich unter der Tür durch und wartete auf dem Flur, bis irgendein Nachbar vorbeikam. Im richtigen Augenblick sprang ich ihm ans Hosenbein oder auf den Schuh. Ohne es zu wissen, trug er mich dann spazieren.

Eines Tages entdeckte ich etwas Seltsames. Ich stand gerade wieder vor der Tür und wartete auf ein Hosenbein. Da sah ich vor der Nachbartür jemanden stehen. Der war genauso klein wie ich, vielleicht sogar noch kleiner.

Wir rannten aufeinander zu. Und ich freute mich riesig, dass ich nicht mehr alleine war.

Der andere erzählte, dass es in vielen Wohnungen kleine Menschen gibt. Frauen, Männer, Alte, Junge. Alles Leute, die Angst hatten. Und keine mehr haben, seitdem sie klein sind. Oft wohnen sie mit den normalgroßen Menschen zusammen, werden aber völlig übersehen. Deswegen können wir überall ungestört leben. – Ich erzähle gleich weiter«, sagte der kleine Mann. »Aber weißt du, was ich erst mal tun möchte? Ich möchte mich auf den Plattenteller setzen und Karussell fahren.«

»Gerne«, meinte Bruno, »ich habe meinen alten Plattenspieler noch.« Er nahm den kleinen Mann in die Hand und trug ihn zum Plattenspieler. »Auf wie viel Umdrehungen soll ich den Apparat einstellen?«

»Mmh, erst mal auf 33 und dann auf 45.« Der kleine Mann fuhr so lange, bis es ihm etwas schwindlig wurde. Bruno stellte den Plattenspieler ab. Als sich der kleine Mann einen Augenblick ausgeruht hatte, erzählte er weiter.

»Als wir zu zweit waren, gingen wir wochenlang durch Wohnungen und suchten nach kleinen Menschen. Schließlich hatten wir über hundert gefunden. Wir trafen uns alle in meiner Wohnung und berieten, was man tun könnte. Es wurde beschlossen, das Land der kleinen Menschen zu gründen.

Am Waldrand wollten wir wohnen. Ganz in der Nähe des

Bruno und der kleine Mann

Sees vor der Stadt. Eines Nachts wurden alle Dinge, die wir brauchten, auf Spielzeugautos geladen. Die zogen und schoben wir bis zum Waldrand. Seit der Zeit wohnen wir dort und es gefällt uns allen sehr gut. Manchmal kommt einer von uns in die Stadt, um nachzusehen, ob immer noch so viel geschimpft wird. Wenn das einmal nicht mehr so ist, wollen wir vielleicht wieder zurück.«

Bruno musste versprechen, dass er niemandem erzählt, wo man das Land der kleinen Leute findet. »Wir bekommen sonst zu viel Besuch«, sagte der kleine Mann. »Die großen Leute würden alles zertreten. Ich gehe jetzt«, sagte der kleine Mann. »Bring mich doch bitte zur nächsten Haltestelle und setze mich in die Straßenbahn. An der Endstation steige ich aus und warte auf einen Spaziergänger, der zum See will. Er wird mich mitnehmen, ohne dass er es merkt.«

Bruno hob den kleinen Mann auf die Hutkrempe und ging zur Haltestelle. Dort verabschiedeten sie sich voneinander.

Manchmal bekommt Bruno ganz kleine Briefe mit winzigen Briefmarken zugeschickt. »Aus einem fremden Land«, sagt der Briefträger.

Bruno weiß es besser. Aus dem Land der kleinen Leute kommen die Briefe. Sie schreiben ihm, dass er sie doch mal besuchen soll. Nächsten Sonntag will er hinfahren. Als letzter Satz steht da meistens: »Sei vorsichtig, einer von uns könnte gerade da stehen, wo du mit deinen dicken Füßen hintrittst. Viele Grüße, deine kleinen Leute.«

Ursula Wölfel

Die Geschichte von der Bachstelze

Einmal ist eine Bachstelze über die Wiese gelaufen. Sie hat hier ein bisschen gepickt und da ein bisschen gepickt und mit dem Schwanz gewippt und gezwitschert. Aber der Kater ist durchs Gras geschlichen. Grade wollte er auf die Bachstelze

losspringen, da ist sie aufgeflogen, und der Kater ist auf seine Pfoten gefallen. Die Bachstelze hat sich auf einen Stein im Bach gesetzt und gezwitschert und mit dem Schwanz gewippt und ein Tröpfchen Wasser getrunken. Wieder ist der Kater herangeschlichen. Grade wollte er wieder losspringen, da ist die Bachstelze aufgeflogen, und der Kater ist ins Wasser geplumpst. Die Bachstelze hat sich auf einen Baum gesetzt und mit dem Schwanz gewippt und gezwitschert und zugesehen, wie der Kater niesen musste. Der wollte jetzt auf den Baum springen. Er hat sich schon geduckt und die Pfoten eingestemmt und die Krallen ausgestreckt. Da hat ihm die Bachstelze – plitsch! – ein Häufchen auf den Kopf gemacht. Der Kater hat geschrien und ist nach Hause gerannt und hat sich drei Stunden lang geputzt. Und die Bachstelze ist wieder über die Wiese gelaufen und hat gepickt und mit dem Schwanz gewippt und gezwitschert.

Werner Färber

Quak, der Frosch

Jeden Abend – kurz vor dem Einschlafen – kommen die Tiere zu Paul und Lisa ins Zimmer. Paul behauptet fast immer, Lisa würde nur ihre Stimme verstellen und so tun, als redeten die Tiere miteinander. Immer wieder versucht Paul Lisa zu ertappen. Doch wenn er das Licht anknipst, sind die Tiere verschwunden und Lisa liegt ganz ruhig im Bett.

»Bssssssss«, macht eine Schnake. Sie schwirrt Paul ganz dicht am Ohr vorbei.

»Lisa, ich kann nicht schlafen«, sagt Paul. »Da ist so eine blöde Schnake im Zimmer.«

Lisa antwortet nicht. Ob sie schon schläft?

»Bssssssss«, macht die Schnake wieder. Paul haut im Dunkeln nach ihr. Eine Weile ist es ruhig.

»Puh«, sagt da auf einmal eine piepsige Stimme, »das war knapp.«

»Ist das die Schnake?«, flüstert Paul zu Lisa hinüber.

»Weiß ich doch nicht«, flüstert Lisa zurück. »Kannst ja Licht machen und nachsehen.«

Paul lässt das Licht aus.

»Quak«, ertönt eine gequetschte Stimme. »Quak-quak. Hat

sich gerade jemand über Schnaken beschwert? Ich bin der Frosch und biete untertänigst meine Hilfe an. Quak.«

Paul weiß nicht recht, ob er sich melden soll. Er hat ja keine Ahnung, was so ein Frosch für seine Hilfe verlangen könnte. Am Ende will der Glibberkerl, dass er ihn küsst. So wie im Märchen. Igittigittigitt.

Paul zieht es vor, sich nicht zu melden.

»Bssssssss«, macht die Schnake wieder ganz dicht an seinem Ohr. Dann ist es still. Paul glaubt die Schnake auf seiner Wange zu fühlen.

Klatsch! – Paul haut sich mit der flachen Hand ins Gesicht.

»Bssssssss«, macht die Schnake. »Uiuiui, schon wieder so knapp«, piepst sie im Davonfliegen.

»Soll ich jetzt helfen, oder nicht? Quak«, fragt der Frosch.

Paul hört die Schnake schon wieder. Wenn sie noch länger

um seine Ohren schwirrt, kann er die ganze Nacht nicht schlafen. Lieber will er einen Frosch küssen.

»Ja, bitte, lieber Frosch«, sagt Paul. »Hilf mir.«

»Und was – quak – bekomme ich dafür?«, fragt der Frosch.

»Ähm – was – ähm – möchtest du?«, will Paul wissen. »Bitte keinen Kuss, bloß keinen Kuss«, sagt Paul leise zu sich selbst.

»Ich möchte – quak –«, fängt der Frosch an, dann ist er wieder still.

»Ja?« Paul ist ganz bang.

»Ich möchte, dass du mir morgen fünf Fliegen fängst und auf die Fensterbank legst.«

Paul fällt ein Stein vom Herzen. Der Frosch ist anscheinend ganz schön dumm. Fünf Fliegen – das macht Paul mit links. »Einverstanden«, sagt er. »Und jetzt?«

»Schlopp«, macht der Frosch. »Quak – schon geschehen.«

»Echt? So schnell?«, fragt Paul. »Arme Schnake.«

»Quak, was heißt hier arme Schnake? Quak«, antwortet der Frosch. »Ich denke, sie hat dich gestört? Quak.«

Paul dreht sich um und lauscht in die Stille. Keine Schnake. Wie hat der Frosch das nur so schnell geschafft? Und das auch noch im Dunkeln?

Doch Paul ist viel zu müde, um weiter darüber nachzudenken. Er bekommt nicht einmal mehr mit, dass Lisa wenig später das Licht anknipst, um nach einer Schnake zu suchen, die ihr andauernd um die Ohren surrt.

Jo Pestum

Das Regenmatschfußballspiel

Für die Mädchen und Jungen war das ein prächtiges Abenteuer. »Wir gehen für drei Tage ins Schullandheim!« Laut gejubelt hatten sie bei dieser Nachricht. Die Eltern, die Klassenlehrerin und die Kinder der 3d waren sich einig: Noch vor den Sommerferien sollte die Busfahrt in die Eifel gestartet werden. Ja, sie wünschten sich ein paar herrliche Tage im Schullandheim.

Und es wurde auch ein tolles Erlebnis. Am schönsten, das fanden alle Kinder hinterher, war das lustige Regenmatschfußballspiel. Und das kam so:

Am Morgen waren sie zu einer langen Wanderung durch die Wälder aufgebrochen. Sie hatten Tiere beobachtet, Blumen bestaunt und am Waldrand ein großes Picknick veranstaltet mit Wettspielen und Liedersingen.

Als dicke Tintenwolken am Himmel aufzogen, sagte Frau Hinrichs: »Liebe Leute, packt die Sachen zusammen! Bald wird es regnen.«

Also liefen sie lachend und schwatzend zurück zum Schullandheim am Rand des Dorfes. Noch regnete es aber nicht.

»Was machen wir denn bis zum Mittagessen?«, fragte Uta.

»Wir spielen Völkerball!«, schlug die Lehrerin vor.

»Völkerball ist doof«, meinte Gregor. »Ich bin für Fußball. Wer ist auch für Fußball?«

Sie stimmten also ab. Die Mehrheit war für Fußball. Und so zogen sie rasch ihr Sportzeug an und liefen zum Bachufer hinunter, denn dort gab es einen Bolzplatz, der gehörte der Dorfjugend. Es kamen auch gleich einige Kinder aus dem Dorf vorbei und fragten: »Dürfen wir mitspielen?«

»Ist doch klar!«, sagte Klassensprecherin Mirjam.

»Ich bin die Schiedsrichterin!«, rief Frau Hinrichs.

Nun wurden Mannschaften gewählt. Zweiundzwanzig Kinder aus der 3d und dazu acht Kinder aus dem Dorf. Himmel, jede Mannschaft hatte also fünfzehn Spielerinnen und Spieler – und das bei dem kleinen Platz! Ein richtiges Fußballspiel konnte das nicht werden, aber ein großer Jux.

Und es wurde ein großer Jux! Denn nun fing es an zu regnen. Und wie! Es goss wie aus Kübeln.

»Weiter!«, kreischte Mario. »Wir spielen weiter! Wir sind doch nicht aus Zucker.«

»Wollt ihr das wirklich?«, fragte Frau Hinrichs.

»Jaaaa!«, brüllten alle begeistert.

Also spielten sie weiter. Natürlich konnte man das nicht Fußball nennen. Alle rannten wild und kreuz und quer hinter dem bunten Plastikball her. Ein Lärm war das! Wer gerade mal den Ball sah, trat einfach dagegen. Der hüpfte mal zu dieser Seite, mal zu jener, flog in die Höhe, wurde geköpft oder in die Luft geknallt. Und der Regen wurde immer schlimmer.

Schlimmer? Nein, das fanden die Kinder gar nicht. Sie hatten Spaß an diesem Regenspiel. Natürlich waren alle längst klatschnass bis auf die Haut. Aber das machte doch nichts. Der Platz am Bach war längst zu einer klebrigen, matschigen Schlammpfütze geworden.

Und die Kinder?

Die sahen aus wie Schokoladenosterhasen.

»Das Runde ist der Ball!« Bettina lachte. »Die Matschkugel!«

Da pfiff Frau Hinrichs auf der Trillerpfeife. »Schluss, liebe Leute, Schluss! Ich kann euch gar nicht mehr erkennen. Ihr seht alle aus wie Monster.«

So sahen sie wirklich aus. Schnell ins Haus! Raus aus den Sachen und unter die Duschen! Aber dieses Matschspiel hatte Spaß gemacht.

»Heut Abend gibt's noch ein großes Würstchengrillen!«, rief Frau Hinrichs. »Und alle Kinder aus dem Dorf sind eingeladen!«

Edith Schreiber-Wicke

Das verbotene Zimmer

Wie unwissend sie sind, dachte Jester. Er beobachtete aus den Augenwinkeln, wie sein Mensch sorgfältig die Tür zum großen Kratzsofa-Zimmer schloss. War ihnen wirklich noch immer nicht klar, dass geschlossene Türen kein Hindernis für ihn waren? Ein Sprung, volles Gewicht auf den Türgriff, und man war, wo man sein wollte.

»Ich muss weg«, sagte Jesters Mensch. »Sei ein netter kleiner Kater. Nicht an den Vorhängen schaukeln. Keine Tapeten abziehen. Den Farn in Ruhe lassen.«

»Keine Sorge«, sagte Jester. »Es gibt etwas viel Interessanteres.« Seit Tagen war sein Mensch sorgfältig darauf bedacht, Jester von diesem Zimmer fern zu halten.

»Ich wollte, ich könnte verstehen, was du sagst.« Jesters Mensch kraulte Jester hinter den Ohren.

»Ich nicht«, sagte Jester. »Es genügt, dass *ich* verstehe, was *du* sagst.«

»Schlaf ein bisschen, da bist du am bravsten«, sagte Jesters Mensch.

Jester hörte die Wohnungstür ins Schloss fallen.

»Jetzt!«, sagte er zu sich selbst.

Er schnellte hoch, bekam die Türklinke zu fassen, spürte, wie sie nachgab. Die Tür war offen. Jester sah all die Neuigkeiten mit einem Blick. In der Ecke des Zimmers wuchs ein grüner Baum. Auf dem Boden standen äußerst interessante Dinge herum. Zunächst kratzte Jester ein wenig an dem blau gestreiften Sofa. Dann griff er mit frisch geschärfter Kralle in eine Schachtel. Lustig. Eine Goldschnur, die immer länger wurde, je mehr man daran zog. Sie hörte überhaupt nicht mehr auf, länger zu werden. Jester nahm das Ende der Schnur zwischen die Zähne. Er sprang aufs Sofa, auf die Kommode, aufs Fensterbrett. Er rannte im Kreis um den Schaukelstuhl und den Esstisch. Langsam überzog sich das Zimmer mit goldener Kordel.

Nettes Spiel, dachte Jester. Wird aber auch langweilig.

Er beäugte den Baum. Als Kratzbaum war er ungeeignet. Zu viele stachelige Äste im Weg. Aber zum Klettern war er hervorragend. Immer dünner wurden die Äste, je weiter man nach oben kam. Prächtige Aussicht auf das ganze Zimmer, stellte Jester fest.

Irgendwie kam Bewegung in den Baum. Jester klammerte sich an den dünnen Wipfel, sauste knapp am Tisch vorbei, sprang gerade noch rechtzeitig ab. Schwer atmend saß er dann zwischen Goldschnüren, dem umgestürzten Baum, einer zerbrochenen Obstschale und mehreren Äpfeln. So ein Schrecken macht müde.

Jester sprang aufs Sofa und rollte sich behaglich zurecht. »Schlaf ein bisschen«, hatte sein Mensch gesagt.

Na gut, dachte Jester, ich bin ein netter kleiner Kater und schlaf ein bisschen.

Brüder Grimm

Die Bremer Stadtmusikanten

Es hatte ein Mann einen Esel, der schon lange Jahre die Säcke unverdrossen zur Mühle getragen hatte, dessen Kräfte aber nun zu Ende gingen, sodass er zur Arbeit immer untauglicher ward. Da dachte der Herr daran, ihn aus dem Futter zu schaffen, aber der Esel merkte, dass kein guter Wind wehte, lief fort und machte sich auf den Weg nach Bremen; dort, meinte er, könnte er ja Stadtmusikant werden. Als er ein Weilchen fortgegangen war, fand er einen Jagdhund auf dem Wege liegen, der japste wie einer, der sich müde gelaufen hat.

»Nun, was japst du so, Packan?«, fragte der Esel.

»Ach«, sagte der Hund, »weil ich alt bin und jeden Tag schwächer werde, auch auf der Jagd nicht mehr fortkann, hat mich mein Herr wollen totschlagen, da hab ich Reißaus genommen; aber womit soll ich nun mein Brot verdienen?«

»Weißt du was«, sprach der Esel, »ich gehe nach Bremen und werde dort Stadtmusikant, geh mit und lass dich auch bei der Musik annehmen. Ich spiele die Laute und du schlägst die Pauken.« Der Hund war zufrieden und sie gingen weiter. Es dauerte nicht lange, so saß da eine Katze an dem Weg und machte ein Gesicht wie drei Tage Regenwetter.

»Nun, was ist dir in die Quere gekommen, alter Bartputzer?«, sprach der Esel.

»Wer kann da lustig sein, wenn's einem an den Kragen geht«, antwortete die Katze, »weil ich nun zu Jahren komme, meine Zähne stumpf werden und ich lieber hinter dem Ofen sitze und spinne als nach Mäusen herumjage, hat mich meine Frau ersäufen wollen; ich habe mich zwar noch fortgemacht, aber nun ist guter Rat teuer: Wo soll ich hin?«

»Geh mit uns nach Bremen, du verstehst dich doch auf die Nachtmusik, da kannst du ein Stadtmusikant werden.« Die Katze hielt das für gut und ging mit. Darauf kamen die drei Landesflüchtigen an einem Hof vorbei, da saß auf dem Tor der Haushahn und schrie aus Leibeskräften.

»Du schreist einem durch Mark und Bein«, sprach der Esel, »was hast du vor?«

»Da hab ich gut Wetter prophezeit«, sprach der Hahn, »weil Unserer Lieben Frauen Tag ist, wo sie dem Christkindlein die Hemdchen gewaschen hat und sie trocknen will; aber weil morgen zum Sonntag Gäste kommen, so hat die Hausfrau doch kein Erbarmen und hat der Köchin gesagt, sie wollte mich morgen in der Suppe essen und da soll ich mir heut Abend den Kopf abschneiden lassen. Nun schrei ich aus vollem Hals, solang ich noch kann.«

»Ei was, du Rotkopf«, sagte der Esel, »zieh lieber mit uns fort, wir gehen nach Bremen, etwas Besseres als den Tod findest du überall; du hast eine gute Stimme und wenn wir zusammen musizieren, so muss es eine Art haben.« Der Hahn ließ sich den Vorschlag gefallen und sie gingen alle viere zusammen fort.

Sie konnten aber die Stadt Bremen in einem Tag nicht erreichen und kamen abends in einen Wald, wo sie übernachten wollten. Der Esel und der Hund legten sich unter einen großen Baum, die Katze und der Hahn machten sich in die Äste, der Hahn aber flog bis in die Spitze, wo es am sichersten für ihn war. Ehe er einschlief, sah er sich noch einmal nach allen vier Winden um, da deuchte ihm, er sähe in der Ferne ein Fünkchen brennen, und rief seinen Gesellen zu, es müsste nicht gar weit ein Haus sein, denn es scheine ein Licht. Sprach der Esel: »So müssen wir uns aufmachen und noch hingehen, denn hier ist die Herberge schlecht.« Der Hund meinte, ein paar Knochen und etwas Fleisch dran täten ihm auch gut. Also machten sie sich auf den Weg nach der Gegend, wo das Licht war, und sahen es bald heller schimmern und es ward immer größer, bis sie vor ein hell erleuchtetes Räuberhaus kamen. Der Esel, als der Größte, näherte sich dem Fenster und schaute hinein.

»Was siehst du, Grauschimmel?«, fragte der Hahn.

»Was ich sehe?«, antwortete der Esel. »Einen gedeckten Tisch mit schönem Essen und Trinken und Räuber sitzen daran und lassen's sich wohl sein.«

»Das wäre was für uns«, sprach der Hahn.

»Ja, ja, ach, wären wir da!«, sagte der Esel. Da ratschlagten die Tiere, wie sie es anfangen müssten, um die Räuber hinauszujagen, und fanden endlich ein Mittel. Der Esel musste sich mit den Vorderfüßen auf das Fenster stellen, der Hund auf des Esels Rücken springen, die Katze auf den Hund klettern und endlich flog der Hahn hinauf und setzte sich der Katze auf den Kopf. Wie das geschehen war, fingen sie auf ein Zeichen insgesamt an ihre Musik zu machen; der Esel schrie, der Hund bellte, die Katze miaute und der Hahn krähte; dann stürzten sie durch das Fenster in die Stube hinein, dass die Scheiben klirrten. Die Räuber fuhren bei dem entsetzlichen Geschrei in die Höhe, meinten nicht anders, als ein Gespenst käme herein, und flohen in größter Furcht in den Wald hinaus.

Nun setzten sich die vier Gesellen an den Tisch, nahmen mit dem vorlieb, was übrig geblieben war, und aßen, als wenn sie vier Wochen hungern sollten.

Wie die vier Spielleute fertig waren, löschten sie das Licht aus und suchten sich eine Schlafstätte, jeder nach seiner Natur und Bequemlichkeit. Der Esel legte sich auf den Mist, der Hund hinter die Tür, die Katze auf den Herd bei der warmen Asche und der Hahn setzte sich auf den Hahnenbalken; und weil sie müde waren von ihrem langen Weg, schliefen sie auch bald ein. Als Mitternacht vorbei war und die Räuber von weitem sahen, dass kein Licht mehr im Haus brannte, auch alles ruhig schien, sprach der Hauptmann: »Wir hätten uns doch nicht sollen ins Bockshorn jagen lassen«, und hieß einen hingehen und das Haus untersuchen.

Der Abgeschickte fand alles still, ging in die Küche ein Licht anzuzünden, und weil er die glühenden, feurigen Augen der Katze für lebendige Kohlen ansah, hielt er ein Schwefelhölzchen daran, dass es Feuer fangen sollte. Aber die Katze verstand keinen Spaß, sprang ihm ins Gesicht, spie und kratzte. Da erschrak er gewaltig, lief und wollte zur Hintertüre hinaus, aber der Hund, der da lag, sprang auf und biss ihn ins Bein; und als er über den Hof an dem Miste vorbeirannte, gab ihm der Esel noch einen tüchtigen Schlag mit dem Hinterfuß; der

Die Bremer Stadtmusikanten

Hahn aber, der vom Lärmen aus dem Schlaf geweckt und munter geworden war, rief vom Balken herab »Kikeriki!«.

Da lief der Räuber, was er konnte, zu seinem Hauptmann zurück und sprach: »Ach, in dem Haus sitzt eine gräuliche Hexe, die hat mich angehaucht und mit ihren langen Fingern mir das Gesicht zerkratzt; und vor der Türe steht ein Mann mit einem Messer, der hat mich ins Bein gestochen; und auf dem Hof liegt ein schwarzes Ungetüm, das hat mit einer Holzkeule auf mich losgeschlagen; und oben auf dem Dache, da sitzt der Richter, der rief: ›Bringt mir den Schelm her.‹ Da machte ich, dass ich fortkam.«

Von nun an getrauten sich die Räuber nicht weiter in das Haus, den vier Bremer Musikanten gefiel's aber so wohl darin, dass sie nicht wieder herauswollten. Und der das zuletzt erzählt hat, dem ist der Mund noch warm.

Werner Färber

So eine Sauerei

Im kleinen Wald hinter der abgelegenen Landstraße lebt das Wildschwein mit seinen Freunden.

Ob Fuchs oder Hase, ob Eichhörnchen oder Hirsch, das Wildschwein findet immer jemanden zum Spielen.

Nur wenn es badet, verziehen sich die Freunde naserümpfend. Sie haben eben keine Ahnung, wie schweinisch gut es ist, im Schmodderschlamm zu matschen.

Eines Tages dringt von der Straße her ein schrilles Quieken durch den Wald. Das Wildschwein läuft hin, um nachzusehen. Vor ihm liegt, soeben bauchgelandet, ein merkwürdig rosarotes Tier. Schnell holt das Wildschwein seine Freunde.

»Eine Waldfee!«, haucht das Eichhörnchen.

»Na ja, ich weiß nicht«, meint der Hirsch, »vielleicht ein Mensch?«

»O nein«, sagt der Fuchs. »Nur ein Schwein.«

Das Wildschwein ist empört. »Was heißt hier nur? Und überhaupt, ein Schwein sieht anders aus!«

»Eine Waldfee ist es nicht. Es ist ein Hausschwein, basta«, antwortet der Fuchs und geht.

Neugierig nimmt das Wildschwein die Verfolgung auf.

Der Fuchs hat Recht. Das unbekannte Tier sieht wirklich schweinemäßig aus.

Jedenfalls die Nase.

Doch warum ist es rosa, nackt und rund?

Weil es ein warmes Haus zum Wohnen hat?

Was sucht das schwanzgelockte Knickohr hier im Wald?

Das Wildschwein bleibt ihm auf den Fersen.

Erschrocken sieht das Wildschwein zu, wie eine Kastanie nach der anderen im rosaroten Maul verschwindet.

So eine Frechheit!

Jetzt nimmt ihm dieses Ringelschwein auch noch die Freunde weg!

Ohne zu fragen, legt es sich unter dem Lieblingsbaum des Wildschweins schlafen.

»Jetzt reicht's mir aber!«, brüllt das Wildschwein wütend.

»Du frisst meine Kastanien, machst dich an meine Freunde ran und schläfst auf meinem Platz!«

Das fremde Schwein weiß nicht, wie ihm geschieht. Im Schweinsgalopp sucht es das Weite und taucht im Schlammloch unter. Stinksauer springt das Wildschwein hinterher.

Die Schlammschlacht tobt,
es patscht und quatscht,
es matscht und platscht.

Und diese Sauerei macht schließlich beiden Schweinen Spaß.

Im kleinen Wald hinter der abgelegenen Landstraße leben das Wildschwein und das Hausschwein mit ihren Freunden …

Thomas Fuchs

Anton mag keine Spaghetti mehr

Eigentlich sind Spaghetti Antons Lieblingsessen. Seine Mama kann die langen Nudeln gar nicht oft genug kochen. Doch im Moment hat Anton sein Lieblingsessen satt. Er kann keine Nudeln mehr sehen. Von ihm aus soll seine Mama Rosenkohl, Kohlrabi und sogar Spinat kochen, am besten mit Kartoffeln oder Reis, Hauptsache keine Pasta.

Und alles nur wegen einer blöden Einladung …

Am letzten Donnerstag trafen Mama und Anton im Treppenhaus nämlich Frau Böttcher. Frau Böttcher ist ihre Nachbarin, sie wohnt eine Treppe höher. Und da stellten Antons Mama und Frau Böttcher fest, dass sie doch eigentlich schon seit ewigen Zeiten einmal zusammen zu Abend essen wollten. Und weil man sich ja gerade traf, hatten sich Mama und Frau Böttcher mit den Kindern und Ehemännern gleich für Samstagabend verabredet. Spaghetti sollte es geben.

Anton fand, dass das eine gute Idee war. Er mochte die vier Kinder von Frau Böttcher, obwohl nur der Jüngste in seinem Alter war. Was er weniger gut fand, war, dass seine Mama am Samstag plötzlich anfing zu putzen und Anton sein Zimmer aufräumen sollte. Und zwar richtig gründlich. Kaum war er mit seinem Zimmer fertig und wollte raus, hatte Mama noch Müll, der runtergebracht werden sollte, Altpapier für den Container und Teppichfußböden, die unbedingt staubgesaugt werden mussten. Da Antons Papa sich zum Einkaufen in den Supermarkt verdrückt hatte und endlos lange wegblieb, hatte Anton keine Chance. *Er* musste seiner Mama helfen.

Gegen vier Uhr durfte Anton immerhin noch ins Freibad, aber nur unter der Bedingung, spätestens gegen sieben wieder zurück zu sein, denn um acht würde ja Familie Böttcher kommen.

Als Anton um halb acht zurückkam, herrschte immer noch Hektik in der Wohnung. Seine Mama kniete im Badezimmer auf dem Fußboden und schrubbte mit einem Schwämmchen die Ecken rund um das Klo. Antons Papa stand in der Küche am Herd und kochte in drei Töpfen zugleich Spaghettisaucen. In einen vierten, ganz großen Topf sollten dann die Nudeln rein. Antons Papa zeigte stolz auf die drei Saucentöpfe und sagte, dass er diesmal völlig neue Rezepte ausprobiert habe. Einmal eine Sahnesauce, dann eine mit Curry, Muscheln und Erbsen, und als Antons Papa sah, wie Antons Mundwinkel herabsackten, beeilte er sich zu ergänzen: Natürlich auch die klassische Bolognese-Sauce mit Hackfleisch.

Weiter kam er nicht, denn da rief Antons Mama aus dem Badezimmer, dass Anton bitte sofort seine nassen Sachen aufhängen und sich umziehen solle, anschließend könne er ihr dann beim Tischdecken zur Hand gehen.

Anton klappte mit seiner Mama den Tisch aus und mit der gelben Tischdecke, den neun Tellern und Gläsern sah das wirklich nach einer tollen Tafel aus.

Pünktlich um acht Uhr waren sie fertig. Mit der Wohnung, dem Essen und sich selbst. Die Eltern öffneten den Wein, Anton durfte eine Cola haben und dann saßen sie da und warteten. Nach einer viertel Stunde hatte immer noch niemand geklingelt und Antons Mama und Papa begannen sich zu streiten: ob sie wirklich für heute verabredet wären, dass es unhöflich sei, jetzt einfach so bei Böttchers zu klingeln und zu fragen, wo sie bleiben würden, und was das Ganze mit der Einladung überhaupt solle. Ausnahmsweise gäbe es heute mal ein gutes Fernsehprogramm.

Fünf vor halb neun wurde Anton losgeschickt bei Böttchers zu klingeln. Aber das brauchte er gar nicht, denn auf halber Treppe kam ihm Mirko, der jüngste Böttcher, schon entgegen.

Fast im selben Moment fragten die beiden: »Wo bleibt ihr denn?« Und waren darüber genauso verdutzt wie Frau Böttcher und Antons Mama, die Sekunden später ebenfalls im Hausflur standen.

Beide Mütter hatten einfach gedacht, sie wären die Gastgeber und nicht die Gäste. Und das bedeutete nun für Anton und die anderen: Spaghetti satt bis zum Abwinken. Denn auch Familie Böttcher hatte natürlich für neun Personen Nudeln gekocht. Ebenfalls nach dem Motto, lieber ein paar mehr als zu wenig.

Also gingen sie nach oben zu Böttchers. So viele Nudeln wie in den Schüsseln auf dem Tisch von Familie Böttcher hatte Anton noch nie gesehen. Nach dem dritten Teller konnte er nicht mehr. Und dann sagte seine Mama noch zu Frau Böttcher, dass das mit den anderen Nudeln in der eigenen Wohnung kein Problem wäre. Anton würde Spaghetti lieben und dann gäbe es eben mal eine Nudelwoche. Die gab es dann auch tatsächlich.

Am Sonntagmittag Spaghetti mit Sahnesauce, abends Bratnudeln mit Eiern und Schinken. Am Montag Pasta mit Curry-Erbsen-Muschel-Sauce. Am Dienstagmittag wartete ein Nudelauflauf auf ihn und als es dann zum Abendessen wieder Nudeln gab, hatte Anton die Nase voll. Da half es auch nichts, dass Antons Mama endlich Spaghetti mit seiner Lieblingssauce auftischte. Sogar seine heiß geliebte Pasta alla Bolognese hat Anton inzwischen über.

Ach ja, und sein Zimmer hatte Anton völlig umsonst aufgeräumt.

Milan

Der schnelle Fuchs und der kluge Krebs

In einem Fluss, der durch einen Wald floss, lebte ein weiser Krebs. Er lebte genau dort, wo der Fluss die schönste Kurve durch den Wald machte und das Wasser klar und süß war, unter der Wurzel einer alten Eiche.

Dass er weise und klug war, wusste jeder Bewohner des Waldes. Und so passierte es nicht selten, dass die Waldbewohner zu ihm kamen, um seinen Rat einzuholen.

Jeden Abend nach Sonnenuntergang versammelten sie sich am Fluss, um Wasser zu trinken und um die Geschichten des alten, weisen Krebses zu hören. Sie alle waren dank seiner Geschichten glücklich und zufrieden.

Eines Tages aber kam ein junger Fuchs in den Wald, um sich dort niederzulassen. Als er hörte, wie alle anderen den alten Krebs und seine weisen Geschichten priesen, begann er zu lachen und sagte höhnisch: »Geschichten zu erzählen ist dumm, Geschichten zu hören ist noch dümmer. Heutzutage ist es nur wichtig, kräftig und schnell zu sein. *Ich* bin ab jetzt der Allerwichtigste in diesem Wald, da ich der Allerschnellste bin!« Er erzählte das jeden Tag, überall und jedem.

So erreichten seine Worte auch den alten Krebs. Als der davon hörte, lächelte er. »Armer, junger Fuchs. Er denkt nur an seine Schnelligkeit und vergisst dabei völlig, weise zu sein. Es ist die Zeit gekommen, ihm eine Lehre zu erteilen.«

Er beauftragte seinen guten Freund, den alten Hasen, dem Fuchs eine Botschaft zu überbringen. Diese lautete: Der Krebs wäre bereit mit dem Fuchs einen Wettlauf zu machen. Hierbei werde der Krebs, wie jeder Krebs in dieser Welt, rückwärts laufen und dennoch als Sieger ins Ziel kommen.

Als der Hase dem Fuchs diese Botschaft überbrachte, begann dieser aus vollem Hals zu lachen. »Der Krebs und seine Geschichten sind wirklich dumm! Es ist die Zeit gekommen, ihm eine Lehre zu erteilen. Ich werde seine Herausforderung annehmen.« So sprach er und ging sofort zum Fluss.

Der Krebs wartete dort bereits auf ihn. Auch die anderen Wald- und Flussbewohner waren gekommen. Sie alle wollten sehen, wie dieser Wettstreit enden würde.

Der alte Hase zeichnete am Flussufer mit einem Ast die Startlinie in den Sand. Zweihundert Hasensprünge davon entfernt dann die Ziellinie.

Schließlich standen der alte Krebs und der junge Fuchs an der Startlinie und warteten auf den Beginn des Rennens.

Als der Hase rief »Auf die Plätze, fertig, los«, rannte der Fuchs vorwärts und der alte Krebs, wie jeder Krebs auf der Welt, rückwärts los. In dem Moment, als der Fuchs an seinem Gegner vorbeizog, ergriff dieser blitzschnell und geschickt mit seinen Scheren den buschigen Schwanz des Tieres.

Der Fuchs lief, so schnell er konnte, sein Rennen, ohne zu bemerken, dass er dabei den Krebs mit sich durch das Rennen trug.

Als er kurz vor der Ziellinie war, drehte er sich noch einmal um, um zu sehen, wo der alte Krebs wohl geblieben war. Dabei bewegte er seinen Schwanz, an dem der Krebs hing, so über die Ziellinie, dass dieser das Rennen gewann.

Als der Fuchs erkannte, dass er nur Zweiter geworden war, ging er, ohne auch nur ein Wort zu sagen, beschämt zurück in den Wald.

Noch am selben Abend kam er wie alle anderen Bewohner des Waldes zum Fluss, um zu trinken und um dem alten, weisen Krebs beim Erzählen seiner Geschichten zuzuhören.

Angela Sommer-Bodenburg

Gerneklein

Gerneklein war das jüngste der Eulenkinder. Er hatte drei Geschwister, aber die waren schon in die Welt hinausgeflogen. Nur Gerneklein lebte noch bei Mutter und Vater Eule. Jeden Tag dachte er: Ach, wie gut ich es habe. So schön wie hier kann es nirgendwo sein! Und zu Mutter Eule sagte er: »Ich will nicht erwachsen werden, niemals!«

»Doch«, antwortete Mutter dann, »eines Tages wirst du erwachsen werden und davonfliegen. Das ist bei allen jungen Eulen so.«

»Nicht bei mir«, sagte Gerneklein. Und so ließ er sich bei allem, was junge Eulen lernen müssen, viel, viel Zeit.

Wenn Mutter Eule sagte: »Heute wollen wir fliegen üben. Komm, Gerneklein!«, antwortete er: »Ach nein, heute nicht, morgen!« Und er redete und bat, bis sie sagte: »Gut, morgen.«

Und wenn Vater Eule sagte: »Komm, Gerneklein, heute gehen wir auf Mäusejagd!«, antwortete Gerneklein: »Nein, heute nicht, morgen!« Und er bettelte, bis Vater Eule zustimmte: »Na gut, dann morgen.«

So kam der November. Auf ihrem Dachboden war es immer noch schön warm, aber draußen begann die Nahrung knapp zu werden. Manchmal waren Vater Eule und Mutter Eule die halbe Nacht unterwegs. Wie lang wurde Gerneklein da die Zeit! Und wie unheimlich waren die Geräusche, die er hörte: Das Holz knackte und knarrte, der Wind heulte und pfiff, Regentropfen schlugen auf das Dach.

Und dann, eines Nachts, näherten sich Schritte – leise, vorsichtige Schritte. Gerneklein duckte sich, aber die Schritte kamen näher, immer näher. Plötzlich schauten ihn zwei große grüne Augen an.

»Sieh da, ein Eulenkind!«, sagte eine raue Stimme.

»Wer bist du?«, fragte Gerneklein.

Ein heiseres Lachen ertönte. »Ich bin Minka, die Katze. Und ich liebe junge Eulen!«

»Was willst du?«, fragte Gerneklein zitternd.

»Mit dir spielen«, antwortete die Katze und schlug mit der Pfote nach ihm. Gerneklein drückte sich eng an die Wand und sah sie mit großen, furchtsamen Augen an. Wären doch Mutter und Vater Eule jetzt bei ihm!

»Warum fliegst du nicht weg?«, fragte die Katze.

»Ich kann nicht fliegen«, antwortete Gerneklein.

»Du kannst nicht fliegen?«, sagte die Katze und lachte. »Aber das Spiel macht nur halb so viel Spaß, wenn du nicht fliegen kannst.«

»Welches Spiel?«, fragte Gerneklein ängstlich.

Die Katze ließ ihre Zähne blitzen. »Katz und Eule!«

In diesem Augenblick kam Mutter Eule durch das Eulenloch hereingeflogen. Ohne zu zögern, stürzte sie sich auf die Katze. Es gab einen kurzen Kampf, dann rannte die Katze davon.

Froh und erleichtert kuschelte sich Gerneklein an seine Mutter. »Oh, Mutter Eule, ich habe solche Angst gehabt!«, sagte er.

Mutter Eule machte ein strenges Gesicht. »Morgen kommst du mit uns und lernst, wie man fliegt und jagt!«, sagte sie.

»Nein«, antwortete Gerneklein, »heute noch!«

Karen Holländer

Als die Bären Hochzeit feierten

Heute ist ein ganz besonderer Tag. Anton und Emmi Bär heiraten! Doch gerade als die ganze Hochzeitsgesellschaft fotografiert werden soll, braust der Frühlingswind übers Land.

»Verflixt, mein Hut!«, ruft Anton Bär. »Oje, mein Schleier!«, jammert Emmi Bär, doch da ist es schon zu spät. Antons Hut und Emmis Schleier werden vom Wind hoch in den Himmel hinaufgewirbelt.

Nach einer Weile wird der Wind müde und Antons Hut und Emmis Schleier landen in einem Bach.

»Wie hübsch!«, quaken die Frösche und machen es sich in diesem seltsamen Boot gemütlich.

Im Sommer sitzt ein Angler auf der Brücke und freut sich: »Ich glaube, jetzt habe ich einen dicken Fisch am Haken!«

Doch als er die Angelschnur aus dem Wasser zieht, hängt daran nur ein nasser Hut mit einem nassen Schleier.

Genug für heute, denkt der Angler enttäuscht. Er packt seine Siebensachen, hängt Hut und Schleier zum Trocknen in einen Apfelbaum und zieht seiner Wege.

»Was für ein schönes Nest!«, gurren zwei Tauben und polstern Antons Hut mit Emmis Schleier aus.

Frau Taube brütet in Antons Hut sechs Eier aus. Daraus schlüpfen sechs Küken, die vor Hunger niemals Ruhe geben. Als sie groß geworden sind, verlassen sie das Nest und fliegen davon.

Im Herbst klettern Olli und Biggi Ferkel auf den Apfelbaum und entdecken das verlassene Taubennest. Biggi setzt sich den Schleier auf und Olli den Hut, und dann spielen sie Heiraten. Zur Feier des Tages essen sie so viele Äpfel, dass sie davon Bauchweh bekommen.

»Warum musstet ihr auch so viele Äpfel essen!«, sagt ihre Mama und steckt die Schweinchen ins Bett. Zum Trost liest sie ihnen eine Geschichte vor. Ihr Papa geht aufs Feld hinaus und schmückt die Vogelscheuchen Willi und Lilli mit Antons Hut und Emmis Brautschleier. »Vertreibt schön die Vögel!«, grunzt er zufrieden.

In der Nacht werden die beiden Vogelscheuchen von zwei geheimnisvollen Gestalten besucht. Es sind Fred Fuchs und Katja Katze.

»Wie für mich gemacht!«, sagt Katja und mopst Lillis Kopfschmuck. »Den kann ich gut brauchen!«, knurrt Fred und reißt Willi Antons Hut vom Kopf.

Fred und Katja wandern übers Land, von Haus zu Haus. Eines Tages klopfen sie auch an die Tür von Familie Bär. Fred Fuchs will gerade sein Sprüchlein aufsagen, da ruft Emmi Bär erstaunt: »Anton, sieh nur, mein Schleier! Und dein Hut!«

Katja und Fred tauschen Hut und Schleier gegen zwei handgestrickte Wollmützen und eine leckere Suppe. So etwas Gutes haben die beiden schon lange nicht mehr gegessen.

Als die Bären Hochzeit feierten

Jetzt hängen Hut und Schleier an der Wand über dem Hochzeitsfoto und manchmal brummen Emmi und Anton Bär: »Was für eine Geschichte!«

Im Winter, als die Bärenkinder draußen im Garten Schneebären bauen, betteln sie so lange, bis ihre Mama ihnen Hut und Brautschleier als Schneebärschmuck ausleiht.

Aber gerade als die Bärenkinder den Schneebären Hut und Schleier aufsetzen, kommt ein eisiger Windstoß. Er wirbelt Hut und Schleier hoch in den Himmel hinauf.

»Bleibt da, ihr Ausreißer!«, rufen die Bärenkinder. »Wohin treibt es euch denn jetzt schon wieder?«

»Fort!«, flüstert der stürmische Winterwind. »Fort zu neuen Abenteuern und neuen Geschichten!«

Ulrike Kuckero

Vom Huhn, das auch einmal warten wollte

Es war einmal ein Huhn, das lebte mit anderen Hühnern zusammen auf einem Bauernhof. Tagsüber suchte es Körner und Würmer auf dem Hof und im Garten, abends ging es mit den anderen Hühnern zurück in den Stall, um auf der Hühnerstange zu schlafen. So ging das tagein, tagaus.

Eines Tages, das Huhn hatte soeben im Hühnerstall ein Ei gelegt und wollte nun draußen etwas frische Luft schnappen, da sah es den Hofhund am Tor sitzen und hinaus auf die Straße starren. »Warum sitzt du nicht auf deinem Platz neben der Tür des Bauern?«, fragte ihn das Huhn.

Der Hund starrte weiter hinaus auf die Straße. Schließlich knurrte er: »Ich warte.«

Das Huhn schwieg überrascht. So etwas hatte es noch nie gehört. Schüchtern fragte es: »Warten? Was ist das denn?«

Langsam drehte der Hund seinen Kopf herum und schaute das Huhn gelangweilt an. »Das verstehen Hühner nicht«, erklärte er schließlich und legte den Kopf wieder zwischen seine Vorderpfoten.

»Ich schon! Erklär's mir«, gackerte das Huhn und flatterte aufgeregt auf das Tor zur Straße.

Der Hund sah das Huhn an, das ihm nun den Blick auf die Straße versperrte, und sagte missmutig: »Warten ist, wenn man will, dass etwas passiert, und dann passiert es. Und jetzt geh da runter, ich will auf die Straße sehen.«

»Gute Idee!«, gackerte das Huhn und flatterte wieder neben den Hund. Es hockte sich ins Gras, kniff die Augen zu und hielt die Luft an.

»Was machst du denn jetzt?«, fragte der Hund genervt.

Das Huhn öffnete ein Auge und sah den Hund vorwurfsvoll an. Dann sperrte es den Schnabel auf und holte tief Luft. »Ich hab gewartet, aber es passiert nicht«, sagte es und schüttelte ärgerlich seine Flügel aus.

Der Hund, der bislang eigentlich keine Lust hatte, sich mit einem Huhn zu unterhalten, wurde neugierig. »Was denn?«, fragte er und hob den Kopf.

»Ich warte, dass ich ein zweites Ei lege, aber es passiert nicht«, antwortete das Huhn enttäuscht.

Der Hund ächzte verächtlich. »Hühner sind dumm!«, sagte er dann zufrieden und legte den Kopf wieder zwischen die Vorderpfoten. »Ich denke, ihr legt nur ein Ei am Tag. Dann ist es dumm, darauf zu warten, dass du noch ein Ei legst. Da kannst du ja lange warten. Genau genommen bis morgen!«

Das Huhn schüttelte verärgert den Kopf. So weit hatte es selber schon gedacht.

»Schau mal«, sagte der Hund, dem das Huhn auf einmal ein wenig Leid tat. »Man kann auch warten, dass was passiert und es passiert nicht. Besser ist es, zu warten, weil man weiß, dass es passiert. Ich zum Beispiel warte auf mein Herrchen. Ich weiß, dass er gleich wiederkommt.«

»Und warum soll der Bauer wiederkommen?«, fragte das Huhn, das auf einmal keine Lust mehr hatte zu warten.

»Mein Herrchen bringt mir immer leckere Wurst mit, darum«, verriet der Hund und leckte sich die Schnauze.

»Gute Idee«, murmelte das Huhn, zupfte seine Federn zurecht und starrte wie der Hund auf die Straße hinaus.

Eine lange Weile sprach niemand.

Schließlich knurrte der Hund: »Und was tust du jetzt?«

»Ich warte«, sagte das Huhn stolz und blinzelte ein paar Mal.

»Worauf denn dieses Mal?«, fragte der Hund. »Willst du vielleicht zwei Eier auf einmal legen?«

»Ha«, gackerte das Huhn, »ich bin doch nicht blöd! Ich warte auf den Bauern!«

»Warum das denn?«, fragte der Hund erstaunt. »Mein Herrchen bringt dir keine Wurst mit.«

»Ach«, sagte das Huhn gekränkt, »dein Herrchen ist auch mein Herrchen. Ich warte auf mein Herrchen, dass es mir was mitbringt.«

Siegessicher stieß der Hund ein heiseres Lachen aus. »Dass ich nicht lache! Welcher Bauer bringt seinen vielen Hühnern was mit, wenn er vom Einkaufen zurückkommt?«

Jetzt sprang das Huhn auf und plusterte wütend all seine Federn zu einem dicken Ballon. »Wieso seinen vielen Hühnern?«, rief es erbost. »Schließlich wartet hier nur ein Huhn, und das bin ich! Also kriegt auch nur das eine Huhn was, weil es nämlich gewartet hat!«

Der Hund verstummte. Wütende Hühner soll man nicht noch reizen, das wusste er schon lange. Also schwieg er und blinzelte weiter auf die Straße hinaus, und nach einer Weile schlief er ein.

Das Huhn jedoch war blitzwach und schaute und schaute, wann der Bauer heimkäme. Und als der Bauer endlich kam, war es als Erstes an seinem Hosenbein und pickte zart gegen seinen Schuh.

»Hehe«, lachte der Bauer seiner Frau zu, »sieh dir dieses Huhn an. Benimmt sich wie unser Hund. Da hast du ein Stückchen Wurst!«, rief er und warf dem Huhn ein Stückchen von der Wurst hin.

Zufrieden rannte das Huhn mit seinem Stückchen Wurst einige Meter weiter und gackerte dem Hund zu: »Siehst du? Ich wollte, dass was passiert, und dann ist es auch passiert!«

Den Rest der Wurst gab der Bauer dem Hund, tätschelte seinen Kopf und sagte: »Dieses Mal hast du ja nicht allein auf mich gewartet, nicht wahr?«

Gierig verschlang der Hund die Wurst. Als alles aufgegessen war, schielte er zum Huhn hinüber, das mit seinem Stückchen Wurst immer noch nicht fertig war.

Bestimmt gibt das Huhn mir was ab, wenn ich mich brav hinsetze und warte, dachte der Hund. Er setzte sich brav hin und starrte auf das Stückchen Wurst, das allmählich kleiner wurde.

»Was ist?«, fragte das Huhn schließlich. »Musst du mir zuschauen, wie ich meine leckere Wurst aufpicke? Du machst mich ganz nervös!«

»Ich warte«, sagte der Hund und starrte weiter den Rest der Wurst an.

Das Huhn dachte nach. »Ha!«, rief es schließlich. »Du wartest, dass was passiert, aber es passiert nicht!«

Damit pickte es den Rest der Wurst auf und lief dann zu den anderen Hühnern im Garten, um noch ein paar Würmer zu finden.

Jonas Kötz

Als die Milch sauer wurde

Das ist Bauer Dietrich. Er lebt auf einem alten Hof auf der Insel Krautsand. Fast immer hat er gute Laune, denn es gibt wenig, worüber er sich ärgern kann.

Und das sind Dietrichs Tiere: Sabine das Huhn, das immer fleißig Eier legt. Schnatterlie die Gans, die darauf besteht, Nattalie genannt zu werden, aber daran hat sich noch nie einer gehalten. Wolli Wollmann der Schafbock, Karl-Horst der Kater und Rosa die Kuh, die die beste Milch weit und breit in ihrem Euter hat.

Jeden Morgen trinkt Dietrich nach dem Melken eine große Tasse Milch. »Hmm, wie lecker!«

Aber eines Morgens ist alles anders.

»Igittigittigitt, was ist denn heute bloß mit meiner Milch los!«, ruft Dietrich. »Die ist ja sauer!« Er stürzt zum Telefon, um seinen alten Schulfreund, den Tierarzt, um Hilfe zu bitten.

Der kommt sofort und beguckt sich Rosa die Kuh genau. »Also, da bin ich platt«, sagt er. »Das habe ich noch nie erlebt. Saure Milch aus dem Euter! Nein, Dietrich, da kann ich dir nicht weiterhelfen.«

Daraufhin ruft Dietrich den Tierprofessor aus der Stadt nach Krautsand. Auch er nimmt Rosa die Kuh ganz genau unter die Lupe. Dabei murmelt er etwas Lateinisches wie: »Schwarzus bunti experimenti.« Aber was man gegen die saure Milch machen kann, weiß er auch nicht.

Dietrich holt seine Nachbarin, Bella Spielvogel, die sich sehr gut mit allen möglichen Heilmitteln auskennt. Sie schaut Rosa tief in die Augen, legt ihr die Hand auf das weiche, warme Fell und versucht mithilfe des kreisenden Pendels den Grund für die saure Milch herauszufinden. Umsonst. Auch sie kann das Rätsel nicht lösen.

Keiner kann Bauer Dietrich helfen. »Was soll ich bloß machen?«

Er beobachtet seine Tiere ganz genau und bemerkt, dass Wolli Wollmann der Schafbock ständig müde ist und viel häufiger ein Nickerchen macht als sonst.

Auch Schnatterlie die Gans hält ihren Schnabel und verschläft den ganzen Tag. Und Rosa die Kuh schläft sogar beim Fressen ein.

Die Mäuse werden immer frecher, weil Karl-Horst der Kater lieber schläft, als aufzupassen. Und Sabine das Huhn hat seit zwei Tagen keine Eier mehr gelegt.

»Da stimmt doch was nicht!«, denkt Bauer Dietrich. »Was die wohl nachts machen, wenn sie tagsüber so müde sind? Ich muss der Sache auf den Grund gehen!«

Er stellt sich vor dem Schlafengehen den Wecker auf zwanzig vor eins und schläft ein.

Kaum hat der Wecker geklingelt, steht Dietrich auf, geht über die kalte Diele zur Stalltür, macht sie leise auf und da …

… tanzt der Tanzbär aus dem Wanderzirkus. Er feiert mit allen Tieren eine tolle Party. Die Wildeste von allen ist Rosa die Kuh. Sie tanzt und dreht sich so doll, dass ihr Euter hin- und herwackelt. Kein Wunder, dass die Milch dabei sauer wird.

Bianka Minte-König

Das nigelnagelneue Nilpferd

Ein nigelnagelneues Nilpferd ist im Zoo eingetroffen.

Es kommt vom fernen, fernen Nil. Der fließt durch Afrika, wo fast immer die Sonne scheint. Es ist trocken und warm dort und an seinen Ufern gibt es jede Menge Sand. So eine sandige Gegend nennt man Wüste. Dort ist es so, als ob der Strand gar nicht mehr endet. Und die Sandburgen sind riesengroß und heißen Pyramiden.

Wer aus einem solchen Land kommt, in dem alles unermesslich groß und einzigartig ist, der kann schon mal der Meinung sein, ebenfalls groß und einzigartig zu sein.

Das nigelnagelneue Nilpferd war genau dieser Meinung und trug darum seine breite Nilpferdnase ziemlich hoch. So hoch, dass es mit seinen kleinen Äuglein kaum darüber hinwegschauen konnte.

Und weil es so natürlich nicht besonders gut sehen konnte, musste es sehr langsam gehen und vorsichtig Fuß vor Fuß setzen.

Da sah es aus wie eine Schönheitskönigin, die auf dem Laufsteg schreitet. Nur sein Po war sehr viel dicker, als es damit wackelte.

»Dieses Nilpferd«, sagte der Affe Labertasche, »mag zwar nigelnagelneu sein, aber es ist eine Zumutung für unsere Gemeinschaft.«

»Jawohl, Zumutung!«, kreischte Askabar der Papagei und spreizte sein Gefieder. »Sollen wir es fortjagen?«

Allerdings war der Papagei selbst ziemlich eingebildet und bei den anderen Tieren nicht besonders beliebt. Und der Affe Labertasche war sogar der Schrecken des Zoos, weil er immer schaurige Geschichten erzählte, die sich bald als Lügen herausstellten.

Aber das nigelnagelneue Nilpferd stellte ihre Schwächen vollkommen in den Schatten. Außerdem hatten sich die anderen Zootiere schon längst an die beiden gewöhnt. An das nigelnagelneue Nilpferd aber nicht. Es war eben nigelnagelneu.

Deshalb rotteten sie sich alle zusammen und zogen zum Nilpferdgehege. Dort öffnete der Affe Labertasche das Gittertor und alle Tiere stimmten ein schreckliches Gebrüll an, um das Nilpferd fortzujagen.

Das nigelnagelneue Nilpferd spazierte gerade am Rand seines Wasserbeckens entlang und bekam so einen Schreck, dass es das Gleichgewicht verlor und mit einem lauten Platsch in das Wasser fiel, was aber Nilpferden im Grunde nichts ausmacht. Es bereitet ihnen sogar richtiges Vergnügen!

Das Wasser aber spritzte zu allen Seiten aus dem Becken und die Tiere wurden pitschepatschenass.

Als das nigelnagelneue Nilpferd wieder auftauchte, sah es die pitschepatschenassen Tiere und musste ganz fürchterlich laut lachen. Und wenn Nilpferde lachen, dann wackeln die Wände und die Erde bebt.

Die Tiere sahen sich gegenseitig an und fanden plötzlich, dass sie nur noch wenig Furcht erregend, aber dafür wirklich sehr lustig aussahen. Dem mächtigen Löwen hing die Mähne triefend herunter und er sah aus wie ein Jammerlappen. Dem Lama klebte das Fell wie ein klatschnasser Pullover an seinem mageren Körper. Es sah aus, als ob es vor dem Schleudergang aus der Waschmaschine gesprungen wäre. Der Beutel der Kängurumama war voll Wasser. Ihr Kängurubaby paddelte fröhlich darin herum wie in einer Badewanne.

Anfangs kicherten nur die Flamingos, dann aber auch die Giraffen und die Paviane. Schließlich ging das Gelächter wie eine Welle durch den ganzen Zoo, bis es beim Zoodirektor ankam.

Der wunderte sich sehr und ging gleich hinaus, um nachzusehen, was die Tiere denn so in Aufruhr gebracht hatte. Als er sie alle am Nilpferdgehege versammelt sah, war seine Verwunderung noch größer und er rief nach den Tierwärtern, um die Tiere wieder einzufangen.

»Du kannst bei uns bleiben«, sagte der Affe Labertasche zum nigelnagelneuen Nilpferd, bevor ihn sein Wärter fortzog. »Nicht, weil du so nigelnagelneu bist, sondern weil es hier seit Jahren nicht mehr so lustig gewesen ist.«

Günter Spang

Williwack als Hotelportier

Das große, schöne Hotel stand in der Mitte der Stadt und hieß »Zum goldenen Schaf«. Pinguin Williwack bekam das Zimmer 333; das lag hoch droben im siebzehnten Stock. Wenn man zum Fenster hinausschaute, dann sahen die Menschen unten auf der Straße noch kleiner aus als Zwergpudel. Williwacks Zimmer war ein bisschen winzig, aber dafür hatte es eine eigene Badekabine mit einer großen, bis an den Rand mit Wasser gefüllten Wanne und mit einer gekachelten Duschnische. Nur hatte die Badewanne leider ihre Tücken, denn als Williwack jubelnd hineinhüpfte, sprang sofort alles Wasser heraus und er saß im Trockenen. Die Duschnische dagegen war praktischer. Williwack brauchte nur mit dem Schnabel einen Hebel zur Seite zu schieben, dann sprühte eiskaltes Wasser von der Decke herab; das machte ihm Spaß. Die ganze Nacht saß er unter der sprühenden Dusche, schlief ein bisschen und planschte dann wieder und fand, dass er eigentlich recht dankbar sein konnte. Vielleicht, dachte er, ist das Leben hier im Hotel doch sehr schön? Wenn man immer unter der Dusche sitzen darf?!

Am nächsten Morgen jedoch sah alles ganz anders aus. Als

Williwack vergnügt aus dem Hotel auf die Straße hinausspazierte, um die nähere Umgebung zu besichtigen, sah er zwei Männer auf einer Leiter stehen; die schraubten gerade das Schild »Zum goldenen Schaf« ab und hängten dafür ein neues auf; das hatte die Inschrift »Zum höflichen Pinguin«. Kaum hatte Williwack die goldenen Buchstaben bewundert, kam der dicke Hotelbesitzer angerannt. Er rief: »Gott sei Dank, da bist du ja! Ich hab dich schon im ganzen Haus gesucht! Von nun an bleibst du brav hier draußen neben dem Eingang stehen und wenn Gäste kommen oder wenn Gäste das Hotel verlassen, machst du schön eine Verbeugung. Verstanden?«

Williwack nickte. Er verstand zwar ganz und gar nicht, warum er immer auf derselben Stelle stehen sollte, aber dann dachte er sich: Hier draußen ist es bestimmt sehr interessant, weil man so viele Menschen und Hunde sieht!

Also blieb er stehen und machte seine Verbeugungen und das tat er den ganzen Tag lang. Es war anstrengend, ja, zumal Williwack die Sonne auf den Kopf schien. Aber der Liftboy Peter schenkte ihm eine Sonnenbrille und die Kellnerin Fräulein Rosie brachte ihm zwischendurch auf einem silbernen Tablett dreimal je sieben Räucherheringe; da konnte es Williwack schon aushalten. Und einen kleinen Eimer mit Trinkwasser brachte ihm die Kellnerin Fräulein Rosie auch.

Trotzdem war Williwack todmüde, als ihn der dicke Hotelbesitzer endlich schlafen gehen hieß. Schon als er im Lift nach oben fuhr, fielen ihm die Augen zu. In seinem Zimmer angelangt konnte er gerade noch die Dusche anstellen – bums, da war er eingeschlafen. So erging es ihm von nun an jeden Tag.

Der dicke Hotelbesitzer war sehr zufrieden mit Williwack.

Denn sosehr Williwack die Arbeit auch anstrengte, immer war er zu den Hotelgästen höflich und freundlich. Wenn ein Gast im Auto vorfuhr, eins, zwei, drei war Williwack am Wagenschlag und machte seine Verbeugung. Er trug den Damen stets die Handtasche nach und den Herren den Hut oder den Zylinder und er achtete immer darauf, dass niemand etwas im Auto liegen ließ: einen Regenschirm zum Beispiel oder eine Tabakspfeife. Und wenn jemand aus Versehen ein Taschentuch fallen ließ, hob Williwack es sofort auf und brachte es ihm.

Einmal ertappte Williwack einen Taschendieb, der einem Herrn vor dem Hoteleingang eine goldene Uhr aus der Westentasche stibitzte. Der Taschendieb ließ die Uhr in seiner Rocktasche verschwinden, doch Williwack zog sie ihm mit dem Schnabel gleich wieder heraus. Dann trompetete er so aufgeregt, dass der bestohlene Herr auf den Dieb aufmerksam wurde und ihn so lange festhielt, bis die Polizei kam. Alle Zeitungen veröffentlichten Artikel darüber und brachten ein Bild von Williwack. Da war er bald in ganz Melbourne als der aufmerksamste und freundlichste Hotelportier bekannt. Aber auch als der tüchtigste. Denn Williwack blieb auch im strömenden Regen diensteifrig vor dem Hotel stehen – ohne Regenschirm! Da wollten alle Reisenden, die in die Stadt kamen, plötzlich nur noch im Hotel »Zum höflichen Pinguin« wohnen. Jeden Tag und jede Nacht waren sämtliche 344 Zimmer belegt und der dicke Hotelbesitzer verdiente dadurch viel Geld. Darüber freute er sich so sehr, dass er eines Abends zu der Kellnerin Fräulein Rosie sagte: »Ab morgen bekommt Williwack dreimal täglich nicht nur sieben Räucherheringe, son-

Williwack als Hotelportier

dern acht. Und nicht nur einen kleinen Eimer mit Trinkwasser, sondern einen großen!«

»Jawohl!«, erwiderte da die Kellnerin Fräulein Rosie und freute sich für Williwack, denn sie hatte ihn schon vom ersten Tage an in ihr Herz geschlossen.

Christamaria Fiedler

Die Party der Möbel

Es war wie an jedem Abend. Die Mama war zu Bett gegangen, der Papa war zu Bett gegangen und das Kind Katarina war schon lange vorher zu Bett gegangen.

Die Katze hatte es sich auf der Heizung gemütlich gemacht, der Vogel hatte den Kopf unters Gefieder gesteckt und auch der Hund hatte sich in seinem Körbchen zusammengerollt.

»Schlafen sie endlich?«, knarrte der Dielenschrank.

»Sie schlafen!«, meldete die Schlafzimmertür. »Ich höre den Vater schnarchen.«

»Au fein!«, freute sich das Sofa. »Dann sind wir ja unter uns. Was wollen wir tun?«

»Fernsehen!«, schlug die neue Lampe vor, aber das wollte der Fernseher nicht.

»Sie wissen vielleicht noch nicht, dass ich hier den ganzen Tag eingeschaltet bin«, beschwerte er sich. »Die kleine Katarina kriegt nämlich nie genug von mir. Und dann diese schreckliche Zapperei! Mir brummt abends der Kopf!«

»Dann können wir uns ja Gespenstergeschichten erzählen!«, freute sich der Küchenstuhl mit dem blauen Kissen.

Er liebte Gespenstergeschichten.

»Och, das hatten wir doch gestern erst!«, protestierte sein Bruder, der Küchenstuhl mit dem roten Kissen, der keine Gespenstergeschichten mochte.

»Und wie findet ihr Verstecken?«, piepste der Schirmständer aufgeregt. »Ich halte mir die Augen zu und zähle bis zehn!«

»Verstecken ist doof!«, maulte die Schrankwand. »Ich will was spielen, wo ich mitspielen kann! Wo soll sich denn eine Schrankwand verstecken?«

Das sahen alle ein. Ein Weilchen war es still in der Wohnung. Nur die alte Standuhr tickte leise. Sie hatte schon bei den Vormietern gestanden und so manches erlebt. Plötzlich räusperte sich der Sekretär am Fenster, der sonst mit niemandem sprach: »Ich habe schon lange kein Konzert mehr gehört. Was, ähem, halten Sie denn von Mozart?«

»Mozart ist alle!«, rief der Kühlschrank aus der Küche. »Katarina hat gestern heimlich die letzten beiden Mozartkugeln aus meinem Mittelfach genascht.«

»Wo bin ich bloß gelandet?«, stammelte der alte Sekretär und klapperte entsetzt mit seinen kostbaren Beschlägen. »Ich meine doch die Musik von Mozart! Und Sie reden von Pralinen …«

»Sie halten mich wohl für ungebildet?«, fragte der Kühlschrank eisig. »Sind Sie eigentlich über meine Hightech-Qualitäten informiert, Herr Sekretär?«

»Beruhigen Sie sich!«, mischte sich der CD-Player ein. »Ich schau mal, ob ich bei meinen CDs etwas von Mozart finde.«

»Schauen Sie lieber, ob Sie Tanzmusik finden!«, verlangte die gläserne Vitrine, die ein wenig vorlaut war. »Dann könnten wir eine Party machen!« Sie lachte klirrend.

»Au ja, eine Party!«, riefen alle wie aus einem Munde. Nur

der Sekretär schwieg gekränkt. In welche Gesellschaft war er bloß geraten!

Die anderen aber feierten ihr Fest.

Das Küchenspind bot Häppchen an, der Kühlschrank Cola mit Eis und alle tanzten ausgelassen zu den Rolling Stones, den Spice Girls und der Kelly Family. Nur manchmal hielten sie inne und spitzten die Ohren, ob Katarina, Mama und Papa, der Hund, die Katze und der Vogel nicht etwa aufgewacht waren. Dann feierten sie fröhlich weiter.

Als es auf Mitternacht zuging, sang der Dielenschrank knarrend Seemannslieder, die Polstermöbel schunkelten und die Dusche im Badezimmer sprühte vor Begeisterung. So eine Stimmung hatten sie hier noch nie erlebt.

Da hielt es auch der Sekretär nicht mehr in der Rolle des Spielverderbers aus. Galant verbeugte er sich vor der Standuhr, von der er vermutete, dass sie trotz ihrer Jahre einen guten Foxtrott zu schätzen wusste. Doch es war zu spät. Die alte Standuhr musste nämlich pünktlich um Mitternacht schlagen und eine Unpünktlichkeit hatte sie sich in hundert Jahren noch nicht erlaubt.

»Ein andermal gern, Herr Sekretär!«, sagte sie taktvoll. »Jetzt bin ich leider im Dienst.« Dann holte sie tief Luft und ließ es würdevoll zwölf Mal schlagen. Dingdong … dingdong … dingdong …

Als der letzte Ton verklungen war, sah sie sich zufrieden um. Es war schlagartig still geworden in der Wohnung – wie immer nach dem letzten Schlag. Alles schlief. Auch Möbel müssen schlafen gehen, dachte sie gähnend, damit sie morgens wieder munter sind. Dachte es und … schlief ein.

Ursula Wölfel

Die Geschichte von der Schnecke in der Stadt

Einmal wollte eine Waldschnecke nicht mehr im Wald bleiben. Es war ihr zu eng zwischen all den Bäumen. Darum ist die Schnecke aus dem Wald gekrochen und ihr kleines rundes Haus hat sie mitgenommen.

Sie ist durch die Wiese gekrochen, sie ist über das Feld gekrochen und sie ist den Weg entlanggekrochen.

Am Abend war die Schnecke in der Stadt und sie ist immer weiter durch die Straßen gekrochen, bis zum Morgen. Da war sie gerade mitten auf einem großen Platz und auf einmal hat sie Angst bekommen.

Die Menschenhäuser waren so groß und das Schneckenhäuschen war so klein! Und ganz allein war die Schnecke auf dem riesigen Platz, nur Luft war um sie herum, gar nichts Grünes war da! Die Schnecke hat den Kopf in ihr Haus gezogen und sie ist still sitzen geblieben.

Da sind Schulkinder über den Platz gekommen. Sie haben gerufen: »Da ist eine schöne Schnecke!«

Die Schnecke hat ihren Kopf wieder aus ihrem Haus gestreckt. Sie hat sich gefreut. Die Schulkinder haben die Schnecke vorsichtig aufgehoben.

Ein Junge hat sie über den großen Platz getragen, er hat sie in einen Garten gebracht. Da hat es der Schnecke gut gefallen und sie ist immer in der Stadt geblieben. Sie ist eine Stadtschnecke geworden.

Achim Bröger

Eine haarsträubende Geschichte

»Hast du eben Herrn Felix und Herrn Konrad gesehen?«, fragt der Mann mit Regenschirm die Frau mit Dackel. »Ich glaube, die haben sich nicht gegrüßt.«

»Nicht gegrüßt«, murmelt die Frau mit Dackel. Kopfschüttelnd geht sie weiter, trifft an der nächsten Ecke den dicken Mann. »Stell dir vor«, sagt sie zu ihm, »nicht mal gegrüßt haben sich der Herr Felix und der Herr Konrad. Und böse angesehen haben sie sich auch.«

»Nicht gegrüßt und böse angesehen«, wiederholt der dicke Mann schnaufend. Dann geht er weiter, trifft an der nächsten Ecke den wichtigen Mann mit Aktentasche. »Guten Tag, wichtiger Mann mit Aktentasche«, grüßt er. »Weißt du schon das Neueste? Der Herr Felix und der Herr Konrad haben sich nicht gegrüßt. Bitterböse angesehen haben sie sich, außerdem sind sie wütend aneinander vorbeigegangen.«

»Nicht gegrüßt, bitterböse angesehen und wütend aneinander vorbeigegangen«, wiederholt der wichtige Mann mit Aktentasche. Dann geht er weiter, trifft an der nächsten Ecke den lustigen Mann und sagt: »Der Herr Felix und der Herr Konrad machen mir Sorgen. Die grüßen sich nicht mehr. Dafür se-

hen sie sich bitterböse an und drohen sich mit der Faust. Und der eine soll den anderen gestoßen haben, bestimmt sogar umgestoßen, so wütend sind sie aufeinander. Sicher hat der Herr Felix den Herrn Konrad umgestoßen, denn der Herr Felix ist stärker.«

»Nicht gegrüßt, bitterböse angesehen, mit der Faust gedroht und umgestoßen«, wiederholt der lustige Mann. Dann geht er weiter, trifft an der nächsten Ecke die kleine Frau mit Blümchenhut. »Hallo«, sagt er zu ihr, »toller Hut, das Ding auf deinem Kopf. Aber stell dir vor, der Herr Felix hat den armen Herrn Konrad nicht gegrüßt und bitterböse angesehen. Mit der Faust hat er ihm gedroht. Auf die Straße geworfen hat er ihn auch, dass er beinahe überfahren worden wäre. Wenn das die Frau Konrad erfährt, die wird es dem Herrn Felix aber geben.«

»Nicht gegrüßt, bitterböse angesehen, mit der Faust gedroht, umgeworfen, fast überfahren worden. Zum Glück wird die Frau Konrad ihrem Mann helfen«, sagt die kleine Frau mit Blümchenhut. Dann geht sie weiter, trifft an der nächsten Ecke den humpelnden Mann. »Wie geht's?«, fragt sie.

»Schlecht«, sagt er.

»Aber dem Herrn Konrad geht's schlechter«, sagt die Frau mit Blümchenhut. »Herr Felix, dieser Rohling, hat ihn nicht gegrüßt, bitterböse angesehen, mit der Faust umgestoßen und vor ein Auto gerollt. Der sieht jetzt aus! Dicke Beule am Kopf, blaues Auge, ganz schlimm. Zum Glück ist die Frau Konrad kräftig, die wird's dem Herrn Felix ordentlich geben. Erst vorhin habe ich sie im Laden gesehen. Sie hat Konservendosen eingekauft.«

»Nicht gegrüßt, bitterböse angesehen, mit der Faust aufs Auge gehauen, vor das Schienbein getreten. Durchhauen wird die Frau Konrad den Herrn Felix dafür«, sagt der humpelnde Mann und humpelt weiter, trifft an der nächsten Ecke den Mann mit Glatze. »Schon gehört?«, fragt er ihn. »Der Felix, dieser Lumpenkerl, hat den armen Herrn Konrad nicht gegrüßt, bitterböse angesehen, mit der Faust aufs Auge gehauen, vor das Schienbein getreten, auf die Straße geworfen, dass er beinahe unter ein Auto gerollt wäre. Dicke Beule, blaues Auge, alles ganz schlimm. Aber dann kam die kräftige Frau Konrad. Die hat es dem Herrn Felix gezeigt. Geschimpft, auf den Zeh gestiegen, eine Dose Bohnen an den Kopf geworfen. Und die Konradkinder waren auch dabei. Die Felixkinder und die Felixfrau sind hergerannt. Tolle Keilerei! Polizei- und Krankenwagen kamen, Feuerwehr fehlte auch nicht, und die hat alle nass gespritzt.«

»Nicht gegrüßt, bitterböse angesehen, mit der Faust aufs Auge geschlagen, gegen das Schienbein getreten, unter ein Auto gerollt. Dicke Beule, blaues Auge. Tolle Familienkeilerei mit Polizei und Krankenwagen. Zum Glück ist dann die Feuerwehr gekommen und jetzt sind alle nass«, wiederholt der Mann mit Glatze und murmelt: »Da können einem ja die Haare zu Berge stehen.« Dann geht er weiter, trifft an der nächsten Ecke … den armen Herrn Konrad. »Ooooch … das tut mir aber furchtbar Leid«, sagt der dicke Mann mit Glatze. »Wie geht's denn?«

»Sehr gut, aber ich habe leider keine Zeit. Ich treffe nämlich meinen Freund, den Herrn Felix. Wir wollen zusammen ein Bier trinken.«

»Das versteh ich nicht«, wundert sich der Mann mit Glatze. »Der Herr Konrad hinkt nicht, der ist nicht nass. Der sieht aus und tut so, als wäre ihm gar nichts passiert. Das versteh ich wirklich nicht«, wundert er sich noch mal.

Sigrid Heuck

Der Esel und der Elefant

Kurz nachdem er die Welt erschaffen hatte, machte der liebe Gott einmal einen Spaziergang durch Afrika. Er wanderte durch die Wüste, den Urwald und über die Steppen und er war stolz auf das, was er geschaffen hatte. Elefanten begegneten ihm, Löwen, Gazellen, Flamingos und viele andere Tiere.

Doch weil der liebe Gott schon ziemlich alt und ein bisschen kurzsichtig war, fiel es ihm oft schwer, die Tiere voneinander zu unterscheiden. Sie hatten nämlich alle noch keine Farbe.

Deshalb sagte er einmal »Guten Morgen, Leopard!« zur Gazelle und »Fein, dich zu treffen, Giraffe!« zum Flamingo. Dann erklärten ihm die Tiere entrüstet, dass er sich geirrt habe.

So geht das nicht weiter, dachte der liebe Gott. Dagegen muss ich etwas tun.

Er schickte ein paar Vögel in seine Werkstatt, um Farbtöpfe zu holen, und rief alle Tiere zusammen.

»Ich will euch ein bisschen anmalen«, erklärte er ihnen. »Damit man euch besser voneinander unterscheiden kann.«

Niemand wollte der Erste sein. Doch schließlich trat das Zebra vor. »Mir ist's recht«, sagte es. »Mal nur zu!«

Und weil der liebe Gott den anderen Tieren zeigen wollte, was er konnte, gab er sich mit dem Zebra besondere Mühe.

Er malte schwarze Längsstreifen, dann Schrägstreifen und Querstreifen, mal dick und mal dünn, wie es gerade so auf den Körper passte.

»Bravo!«, jubelten die Tiere, als er fertig war und seine Pinsel auswusch.

Da lief das Zebra gleich neugierig zum nächsten Wasserloch, um sich darin zu betrachten.

Jetzt drängte sich der Leopard vor. Er bekam dunkle Flecken auf sein gelbes Fell getupft. Die Giraffe wurde mit einem Netzmuster überzogen und die Gazellen erhielten weiße Bäuche und schwarze Striche an den Seiten.

So arbeitete der liebe Gott und merkte nicht, dass ihm allmählich die Farbe ausging. Am Ende waren nur noch der Esel und der Elefant übrig. Doch die Farbtöpfe waren leer.

»Bitte, bitte!«, schrie und jammerte der Esel. »Mal mir irgendein Zeichen auf den Rücken, sonst verwechseln mich die Leute mit dem Elefanten, weil ich genauso grau bin wie er. Dann fangen sie mich ein und brechen mir die Zähne aus, weil sie es als Elfenbein verkaufen wollen!«

»Ach je!«, klagte der liebe Gott. »Ich hab nichts mehr. Alle meine Farben sind schon verbraucht.«

Da zupfte ihn ein kleiner Vogel an der Kutte.

»An dem Pinsel ist noch etwas schwarze Farbe«, piepste er. »Das könnte reichen.«

Der liebe Gott nahm seinen Pinsel und malte dem Esel ein schwarzes Kreuz auf den Rücken. Den allerletzten Rest strich er auf die Gelenke.

»Bist du jetzt zufrieden?«, fragte er, als er fertig war.

»Iah!«, schrie der Esel und trabte davon.

Nur der Elefant blieb für immer einfarbig grau. Bei seiner Größe hätte der liebe Gott zu viel Farbe verbrauchen müssen.

Angelika Glitz

Das Findel-Ei

Einmal flog ein Ei vom Himmel. Es landete – plumps – im Nest von Frieda Gefieder. Doch die putzte gerade ihre Federn und merkte nichts.

Erst als die Kleinen schlüpften, wunderte sie sich etwas.

»Hallo, Mama!«

»Hallo, Mama!«

»Hullo, Mumu!«

»Wer sagt hier Mumu?«, fragte sie.

»Ubu«, sagte ein Kleiner mit Rüssel und wackelte lustig mit den Ohren.

»Hör mal zu, Kleiner«, sagte Frieda Gefieder. »Ich bin nicht deine Mumu. Ich bin deine Mama!«

»Mumu«, trötete das Ubu.

»Nein, Kind, sprich mir langsam nach: M – a – m – a!«

»Mumuu!«

»MAMA, MAMA, MAMA!«

»Mumu, Mumu, Mumu!«

Sie übten so lange, bis sich drei Stockwerke höher Elli Eule beschwerte. »Huhu«, schimpfte Elli Eule. »Wie soll man denn bei so'm Radau den ganzen Tag verschlafen?«

»Ich übe doch bloß mit meinem Kind sprechen«, krächzte Frieda Gefieder. »Es hat einen Sprachfehler.«

Da guckte Elli Eule dem Ubu in die Ohren. Sie schaute ihm in den langen, langen Hals und wusste Bescheid. »Das ist nicht dein Kind, liebe Frieda. Das ist logisch eine Giraffe.«

»Und was hat eine Giraffe in meinem Nest zu suchen?«

Das wusste Elli Eule auch nicht.

Also setzten sie das Ubu im Giraffental aus. Dort traf es Mama Gaff und Töchterchen Gitti. Die frühstückten Wipfelklee und kauten, ohne zu krümeln.

»Mumu?«, fragte das Ubu. *»Wuu guht's? Wuu stuht's?«*

Mama Gaff rümpfte tadelnd die Nase. »Beim Essen spricht man doch nicht«, schmatzte sie vornehm. »Guck, wie hübsch meine kleine Gitti schon essen kann.«

Ja, Hunger hatte das Ubu auch. Flupsch, flupsch, saugte es zwei Wipfelkleeblätter in den Rüssel. Die blieben darin stecken. Und es musste niesen. *»Hutschuuuh!«*

Leider Mama Gaff mitten ins Gesicht.

Mama Gaff fiel beinah in Ohnmacht. »Du isst wie ein Schwein«, empörte sie sich. »Und Schweine sind kein Umgang für Gitti.«

Schnell zeigte sie dem Ubu den Weg zur Schweinekuhle. »Wenn du immer dieser Ameisenstraße folgst«, sprach sie, »dann findest du ganz viele Schweine. Schweine wie dich.«

»Uch su. Tschuss«, trötete das Ubu und marschierte los. Kein Weg war ihm zu steinig, zu hoch oder zu feucht. Doch irgendwann war es müde. Zum Glück fand es einen Sitz. Der war weich und gemütlich.

Doch nicht lange. Denn schon brüllte Hans Hauptmann:

Das Findel-Ei

»Fremdkörper im Osteingang! Alle Ameisen in den Po beißen! Fertig! Los!«

Die Ameisen bissen sich an der dicken Ubuhaut aber bloß die Zähne aus. Also hoben sie das Ubu auf ihre starken Schultern …

… und trugen es weit, weit fort auf eine Dschungellichtung. Dort war es still und einsam. Nur manchmal raschelte es in den Bäumen.

»Mumu«, trompetete das Ubu. *»Mumu!«*

Das hörte Mampfred Maul, der gerade aus dem Sumpf auftauchte.

Er hatte noch Schlamm in den Ohren und verstand: »Muh-Muh. Muh-Muh!« Da steht ja eine Dschungelkuh, dachte er. Und das passte ihm ausgezeichnet, denn Tauchen macht hungrig. Langsam kroch er näher.

»Mumu, Mumu!«, trötete das Ubu und winkte.

»Ja, du bist eine feine Muh-Muh«, säuselte Mampfred Maul. Er riss sein Maul auf und einhundert Zähne blitzten in der Sonne. Das Ubu hielt sich erschrocken an einem Stein fest. (Aber das war gar kein Stein, sondern ein Fuß mit Tupfen. Tupfen, wie das Ubu sie hatte.) Der Tupfenfuß trat Mampfred Maul aufs Maul. Und Mampfred biss sich auf die Zunge.

»Schu Hiefe!«, schrie er. »Schu Hiefe! Hier ich ei Monscher u wi mich freschen!«

Da kamen die Tiere gerannt. Sie wollten das Monster sehen, das Mampfred Maul fressen wollte. Dabei war es nur die Ubu-Mama. Sie war vom fernen Planeten Ubunus gekommen, um das Ubu zu suchen. Es war ihr beim letzten Vulkanausbruch aus dem Nest geflogen.

»Muun Sufßur!«, posaunte sie. *»Uch hubu duch su lungu gusucht. Uuf dum Murs. Uuf dum Mund. Uuf dur Vunus. Und jutzt flugun wur nuch Huus.«* Vorher gab sie dem Ubu noch ein Fläschchen Lavamilch zu trinken und wedelte vor Glück mit dem Schwanz.

Der Schwanz war dick und kräftig. So kräftig, dass er die Tiere – *wusch* –

von der Erde fegte …

… ins Weltall hinein.

Dort flogen sie immer der Milchstraße nach, bis in eine ferne Galaxie, genau auf den Planeten Ubunus zu. Wo sie vom Himmel fielen …

… und in einem Nest landeten.

»Wu kummun duu dunn hur?«

»Wuu suhun duu dunn uus?«

»Wuu trunkun duu dunn Luvumulch uhnu Russul?«

Ursula Wölfel

Die Geschichte von der Schildkröte und dem Igel

Einmal hatte ein Junge eine Schildkröte, die war immer traurig. Sie wollte nicht immer allein in der engen Kiste sitzen. Aber das konnte sie ja dem Jungen nicht sagen.

Der Junge hat ihr Salat und Erdbeeren gegeben, aber die Schildkröte war immer noch traurig. Der Junge hat ihren Kopf gestreichelt, aber sie war immer noch traurig.

Da hat der Junge die Kiste mit der Schildkröte in den Garten gebracht. Er hat gesagt: »In der Sonne wirst du vielleicht wieder lustig.«

Dann ist er zum Spielen auf die Straße gelaufen. Die Schildkröte ist aus der Kiste geklettert. Sie hat im ganzen Garten nach einer anderen Schildkröte gesucht, aber da war keine. Da waren nur die Vögel, die haben geschrien: »Was bist du denn für ein komisches fremdes Tier?«

Und der Dackel von nebenan hat gekläfft: »Was bist du denn für ein hässliches fremdes Tier?« Jetzt war die arme Schildkröte noch trauriger als zuvor.

Sie wollte sich im Gebüsch verstecken, aber der Igel hat im Gebüsch gesessen. Die Schildkröte ist sehr erschrocken, sie wollte weglaufen, sie wollte wieder in die Kiste klettern. Aber da hat der Igel gerufen: »Wer bist du denn? Du gefällst mir gut!«

Und der Igel und die Schildkröte sind Freunde geworden. Jetzt war die Schildkröte immer lustig. Das hat der Junge gemerkt. Er hat die Schildkröte nicht wieder in die Kiste gesetzt. Sie durfte jetzt immer im Garten bei dem lieben Igel bleiben.

Achim Bröger

Zwei Raben mit Rucksack im See

Die Rabin Kra-Kra und der Rabe Kra flogen zum großen See. Sie war eine sehr kleine Rabin. Er war sehr groß. Und jeder trug einen Rucksack. Die beiden hockten sich in die Sonne. Überall gab es Leute und andere Raben. Die Leute badeten, fuhren Boot und spielten Ball. Die anderen Raben saßen auf einem Zaun und lästerten: »Guckt mal, die seltsamen Raben-Typen sind wieder da. Mini und Monster. Viel zu klein und viel zu groß. Und was holen die denn jetzt aus dem Rucksack?«

Badesachen packten die kleine Rabin und der große Rabe aus.

»Baden ist hier völlig unmöglich für Raben. Alles viel zu voll«, krächzten die anderen. »Sie werden untergetaucht und sie kriegen einen Ball an den Schnabel.«

Da hatten sich der große Rabe und die kleine Rabin schon umgezogen. Und sie gingen über den Strand zum Bootshaus. »Wir wollen gar nicht baden. Wir wollen Boot fahren«, sagten sie. »Das wird bestimmt schön.«

»Überhaupt nicht! Boot fahren ist un-rabig«, krächzten die anderen.

Nur eine sehr junge Rabin meinte leise: »Ich könnte mir das prima vorstellen.«

Aber leider hatte der Bootsverleiher alle Boote verliehen, und er sagte: »Außerdem kriegen Raben bei mir sowieso nix!«

»Hm«, machten der große Rabe und seine kleine Freundin. Und weil ihnen gar nichts einfiel, machten sie noch einige Male traurig »hm«.

Schadenfroh krächzten die anderen: »Hm-hm-hm.«

Jetzt flüsterten Kra-Kra und Kra miteinander. Dann gingen sie zum Bootssteg und der große Rabe hüpfte ins Wasser.

»Hier wird nicht gebadet!«, rief der Bootsverleiher.

»Wir baden nicht«, sagte die kleine Rabin und der große Rabe sagte: »Wir fahren nämlich Boot. Und das Boot … das bin ich.«

Rücken-nach-unten und Schnabel-nach-oben schwamm er im Wasser. Die Rucksäcke lagen auf seinem Bauch. Und die kleine Rabin saß auf einem Rucksack. Aus dem anderen holte sie ein Paddel, eine Hupe und den Regenschirm. Und sie paddelte ihren Freund langsam zwischen den Schwimmern und Bootsfahrern durch. Manchmal hupte sie. Der große Kra fragte: »Was bin ich eigentlich? Ein Schwimmer? Ein Boot? Ein Floß? Oder eine Insel?«

»Egal«, sagte die kleine Rabin. »Vor allem bist du mein Freund, mit dem ich so was machen kann. Bin klein genug dazu. Und du bist überhaupt riesig.«

Als die Sonne heiß schien, spannte die kleine Rabin den Regenschirm über sie beide. Und als Wind kam, blies er in den Schirm. So wurde er ein Segel.

Zum Glück hatten die beiden was zu futtern mit, denn

Bootfahren macht hungrig. Kra-Kra fütterte ihren großen Freund. Neidisch sahen die anderen Raben vom Ufer zu.

Plötzlich flog die sehr junge Rabin zu den beiden und fragte: »Könnt ihr einen Matrosen gebrauchen?«

»Können wir«, sagten sie. Die junge Rabin hatte Saft mit, den süffelten sie zu dritt. Und sie ließen sich treiben.

Bald sah man vom Ufer nur noch einen großen Federpunkt und über ihm einen Sonnenschirm. Unter dem war's schön auf dem See. Und plätscherig war's auch.

Manchmal hupte es da draußen von der Raben-Insel. Nur so … aus Spaß. Warum auch sonst?

Christian Berg

Tamino Pinguin und das größte und schönste Geschenk der Welt

Es war an einem Sonntag am Südpol. Draußen stürmte und schneite es. Drinnen war es schön kalt. Tamino Pinguin lag in seinem Zimmer und spielte Pingputerspiele. Nachdem er dasselbe Spiel ungefähr zweiundzwanzig Mal gespielt und jedes Mal gegen sich selbst verloren hatte, wurde ihm allmählich ziemlich langweilig. So langweilig, dass er beinahe einschlief. Als er das Spiel gerade zum dreiundzwanzigsten Mal spielen wollte, klingelte das Pingufon.

»Hallo, Tamino, bist du es?«, fragte Pingzessin Nanuma am anderen Ende der Leitung.

»Ja, ich bin's«, sagte Tamino. »Schön, dass du anrufst. Mir ist sooo langweilig. Wollen wir uns nicht treffen?«

»Nein, ich habe leider überhaupt keine Zeit. Muss Vorbereitungen treffen«, antwortete Nanuma. »Du weißt doch: Ich habe übermorgen Geburtstag.«

»Ach, stimmt ja«, schwindelte Tamino, denn Nanumas Geburtstag hatte er völlig vergessen. »Was wünschst du dir denn von mir?«

»Groß muss es sein – und schön«, sagte Nanuma. »Dir wird bestimmt etwas einfallen. Aber jetzt muss ich Schluss machen,

Tamino. Ich muss noch alle meine Freundinnen anrufen und sie zu meiner Feier einladen. Tschüss!«

Und schon hatte sie aufgelegt.

Am nächsten Tag ging Tamino gleich nach dem Mittagessen ins Pingkaufcenter. Dort gab es jede Menge Geschenke und bestimmt auch eins für Nanuma. Tamino hatte sich gerade ein wenig umgesehen, als ein gut gekleideter Pinguinverkäufer auf ihn zugeschossen kam.

»Guten Tag, junger Mann«, näselte er eingebildet. »Kann ich Ihnen helfen?«

»Ja, bitte«, sagte Tamino, »ich suche ein Geburtstagsgeschenk für meine Freundin, Pingzessin Nanuma.«

»Oh, für eine Pingzessin«, lächelte der Verkäufer. »Da haben wir einiges anzubieten: hübsche Hüte und Haarspangen, Eisperlenketten, Eisblumenvasen, Kochtöpfe aus Gold, Fischgrätbesteck, Pingputer, Pingseher und Pingsettenrekorder ...«

»Nein, so was nicht«, unterbrach ihn Tamino, »ich dachte eher an ...«

»Ich hab's: eine zwölfstöckige Eiscremetorte mit Makrelengeschmack und elektrischer Beleuchtung!«, rief der Verkäufer.

»Ich weiß nicht, ob Nanuma sich darüber freuen würde«, sagte Tamino. »Ich schaue lieber noch mal woanders. Auf Wiedersehen!«

Vor dem Pingkaufcenter traf Tamino seinen besten Kumpel Atze, der gerade auf dem Weg zum Pingtarrenunterricht war.

»Atze, fällt dir etwas ein, was ich Nanuma zum Geburtstag schenken könnte?«, fragte Tamino.

»Schenk ihr doch ein Pingsurfbrett«, schlug Atze vor, »dann könnt ihr immer zusammen pingsurfen gehen.«

»Ich weiß nicht …«, meinte Tamino. »Nanuma mag Pingsurfen nicht, weil ihr dabei immer die Krone vom Kopf rutscht.«

»Sonst fällt mir auch nichts ein«, sagte Atze. »Nanuma hat doch schon alles, was ein Pingzessinnenherz begehrt, oder? Aber jetzt muss ich wirklich weiter. Tschüss, Tamino, bis morgen in der Schule!«

Tamino kratzte sich am Kopf. Da hatte er eine Idee: Ephraim, der weise Buckelwal, konnte ihm bestimmt weiterhelfen! Doch der war heute auch keine große Hilfe. Er spielte nämlich gerade mit seiner Verlobten Emily Pott Fangen und hatte überhaupt keine Zeit, Tamino einen Rat zu geben.

»Wenn man sich wirklich lieb hat, Tamino, fällt einem immer etwas ein, womit man dem anderen eine Freude machen kann«, schnaubte er und verschwand mit Emily wieder in den Fluten.

Tamino watschelte nach Hause. In seinem Kopf arbeitete es fieberhaft, aber ihm fiel und fiel nichts ein. Ob Mama eine Idee hatte?

Aber Mama war bei ihren Freundinnen zum Eiswassertrinken. Dafür war Papa da. Die ganze Küche war in eine einzige Eier- und Fischpampe getaucht, denn Papa versuchte gerade, Fischpfannekuchen fürs Abendessen zu backen.

»Papa, kann ich dich mal was fragen?«, fragte Tamino und setzte sich mit eingezogenen Beinen auf einen Stuhl, um nicht mit den Füßen in der Pampe zu stehen.

»Alles, mein Sohn, nur nicht, wann es heute Abendessen gibt«, antwortete Papa und warf einen Pfannekuchen in die Luft.

»Kannst du mir vielleicht sagen, was ich Nanuma zum Geburtstag kaufen soll?«, fragte Tamino. »Sie hat doch schon alles!«

»Wer sagt denn, dass du ihr etwas kaufen musst?«, meinte Papa geistesabwesend. »Dir fällt bestimmt etwas ein. Und jetzt lass mich bitte in Ruhe Pfannekuchen backen. Wenn deine Mutter diese Bescherung hier sieht, trifft sie der Eisschlag.«

Tamino watschelte hinaus in die Dämmerung und grübelte über das, was Papa gesagt hatte, nach. Gedankenverloren achtete er gar nicht darauf, wohin er eigentlich watschelte, und plötzlich stand er vor dem Eispalast, in dem Nanuma mit ihrem Papa und ihrer Mama wohnte.

In Nanumas Zimmer brannte Licht. Tamino setzte sich auf einen Schneehügel und schaute zu ihrem Fenster hinauf.

»Ach, Nanuma«, seufzte er. »Wie kann ich dir nur zeigen, dass ich mein Herz an dich verloren habe?«

Im selben Augenblick hatte er die rettende Idee, sprang auf und machte sich sogleich ans Werk.

Der Mond, Freund und Beschützer aller Pinguine, schaute zu, wie Tamino mit den Flügeln Schnee zu einem Haufen zusammenschob. Bald war der Haufen so groß wie Tamino, dann so groß wie seine Lehrerin, Frau Robbe, dann so groß wie Harald, der See-Elefant. Größer und immer größer wurde der Schneehaufen, fast war es schon ein kleiner Berg. Tamino kletterte hinauf und machte sich an die eigentliche Arbeit. Schließlich musste das größte und schönste Geburtstagsgeschenk der Welt am nächsten Morgen fertig sein!

Als Nanuma aufgewacht war, sprang sie aus dem Bett und rannte zum Fenster, weil sie sehen wollte, ob sie schönes Geburtstagswetter hatte. Und das hatte sie! Die Sonne strahlte vom Himmel, als wollte sie ihr selbst gratulieren. Nanuma blinzelte in das helle Licht – und traute ihren Augen nicht. Was war denn das?

Vor ihrem Fenster ragte ein riesiges Herz aus Schnee in den Himmel empor. Darauf stand: »Tamino liebt Nanuma!« Und unter dem Herz lag Tamino Pinguin und schlief tief und fest.

Nanuma stürmte nach draußen. Mit dem größten und schönsten Kuss, den Nanuma ihrem Tamino jemals gegeben hatte, weckte sie ihn.

»Ach, Tamino«, sagte sie, »ein größeres und schöneres Geschenk habe ich noch nie bekommen!«

»Gern geschehen«, meinte Tamino. »Alles Gute zum Geburtstag! Ich freue mich, dass du dich freust. Aber jetzt hätte ich gerne ein anständiges Frühstück!«

»Das sollst du haben«, sagte Nanuma, »das größte und schönste Frühstück der Welt!« Sie hakte Tamino unter und führte ihn in den Palast.

Nanumas Geburtstagsfeier wurde ein voller Erfolg. Alle hatten ihren Spaß. Der Thronsaal war mit Eiszapfen-Girlanden geschmückt. Es gab Eistorte und Eisschokolade mit Heringssahne. Und es wurden lustige Spiele gemacht, Makrelenschnappen zum Beispiel und Schneegroßfüßler-um-die-Wette-Bauen.* Nanuma war glücklich.

Tamino war ein bisschen müde, denn er hatte ja fast die ganze Nacht durchgearbeitet. Und Nanumas Freundinnen waren ein bisschen neidisch. Nicht so sehr auf all die Geschenke, die Nanuma bekommen hatte. Nein, so einen Freund wie Tamino wollten sie auch haben!

Nanuma freute das sehr, denn sie wusste, dass eigentlich ihr Tamino das größte und schönste Geschenk der Welt für sie war.

* Großfüßler nennen die Pinguine die Menschen.

Angelika Glitz

Ein Wunsch für Rudi

Rudi baumelt an der Kletterstange und wartet auf Milli. Da landet plötzlich eine Fee vor seiner Nase.

»Hallo, ich bin eine schöne Fee … und du hast einen Wunsch frei«, sagt die Fee.

»Wieso nur einen?«, fragt Rudi und plumpst von der Stange. »Hat man nicht immer drei Wünsche frei?«

»Wohl zu viele Märchen gelesen«, sagt die Fee. »Einen Wunsch und keinen Wunsch mehr.«

»Da muss ich aber scharf nachdenken«, sagt Rudi. »Hm, vielleicht wünsche ich mir, dass ich beim Fußball die meisten Tore schieße? Ach nee, das ist blöd. Die schieße ich ja sowieso. Oder vielleicht, dass ich beim Murmeln immer gewinne. Ich gewinne Millis ganze Murmeln. Nur, mit wem soll ich murmeln, wenn Milli keine mehr hat?«

Die Fee schaut auf die Uhr. »Ich sehe schon, ich muss dir helfen«, sagt sie. »Am besten, du wünschst dir, dass du bis in die Puppen fernsehen darfst. Das wird immer gerne gewünscht.«

»Gar nicht übel«, überlegt Rudi. »Da kann ich mir mit Teddy einen Monsterfilm anschauen. Ein Wuschelmonster saust umher und zwickt den Kindern in die Füße. Huh, wie spannend. Aber vielleicht kann Teddy danach nicht schlafen und liegt die ganze Nacht wach, der Arme. – Stopp«, ruft Rudi. »Ich will lieber was anderes.«

Die Fee verdreht die Augen. »Und was?«, knurrt sie.

Rudi kratzt sich den Kopf. »Vielleicht einen Hund. Oder besser gleich einen Löwen? Hm, wenn ich einen Löwen habe, kann ich ihm ... Tricks beibringen. Und mit ihm Gassi gehen. ›Roaaar‹, brüllt mein Löwe. Er macht einen riesengroßen Haufen. Und wer muss die Schweinerei wegmachen? Ich – Ieeeeh!«

Auf den Schreck setzt sich Rudi erst mal hin.

»Heh«, faucht die Fee. »Jetzt wird nicht geschaukelt. Jetzt wird sich was gewünscht.«

»Okay, okay«, sagt Rudi. »Vielleicht wünsche ich mir ja, dass ich Ritter bin. Mal überlegen. Hm, als Ritter ...

Also ich reite auf einem Ritterpferd. Pfft, faucht mich plötzlich ein fieser Drache an. Dem verpasse ich ... BUMM ... eine Beule. Dann schleppe ich den schlappen Drachen rauf zum Schloss. Und weil der König so stolz auf mich ist, kriege ich eine Belohnung. Ich muss die Prinzessin heiraten. Hilfe, rette sich, wer kann!«

»Komm sofort da runter«, brüllt die Fee. »Ich will auch mal Feierabend machen.«

Rudi klettert noch ein bisschen höher. »Soll ich mir vielleicht wünschen, dass ich ein Affe bin? Affen können viel Quatsch machen und müssen keine Prinzessinnen heiraten. Hm, zuerst stelle ich einen neuen Rekord im Lampenschaukeln auf, dann zeige ich meinen Eltern, wie toll ich jonglieren kann und beschieße den Mecker-Nachbarn mit Bananen. Und

Ein Wunsch für Rudi

Mama ruft im Zoo an, weil sie findet, dass ein Affe in der Wohnung nichts zu suchen hat.«

»Huaah«, brüllt die Fee. »Wenn du dir nicht sofort etwas wünschst …!«

Rudi rutscht das Seil hinunter. »Ich will aber kein Affe sein«, sagt er.

»Was zum Spinneteufel dann?«, schreit die Fee. »HUAAH!«

»Vielleicht Astronaut«, sagt Rudi und hält sich die Ohren zu. »Ich fliege zum Mars … und bin weit weg von dieser Fee. Auf dem Mars sind alle Männchen lieb zu mir. Und ein kleiner Grüner lädt mich sogar zum Essen ein. Es gibt marsianische Steinsuppe. Was anderes als Steine gibt es auf dem Mars nämlich nicht. ›Hast du Lust auf ein Spielchen?‹, frage ich meinen neuen Freund nach dem Essen. Der Grüne starrt meinen Fußball an. ›Lecker Stein, prima Nachtisch‹, sagt er und stopft ihn sich ins Maul. So ein blöder Fußballfresser! – Weißt du, Fee«, sagt Rudi und streichelt seinen Ball. »Ich hab's mir überlegt. Ich wünsche mir nichts. Es kann alles so bleiben, wie es ist. War aber trotzdem nett von dir mal vorbeizuschauen. Tschüs!«

Da packt die Fee ihn am Kragen. »Heißt das, ich war die ganze Zeit umsonst auf diesem öden Spielplatz?«, brüllt sie. »Du wünschst dir jetzt was, capito, sonst verwandele ich dich in einen Regenwurm.«

»Oh herrje«, sagt Rudi, »dann wünsche ich mir eben … ein … einen … eine – Kiste. Eine große Kiste mit Deckel.«

»Was für ein bekloppter Wunsch«, sagt die Fee. Aber sie lässt Rudi immerhin los und schwingt ihren Zauberstab. »Plop«, steht eine große Kiste mit Deckel vor Rudis Nase.

»Und?«, fragt die Fee. »Was willst du jetzt damit?«

»Guck doch mal rein«, sagt Rudi.

Da beugt sich die Fee ganz weit vor. Und Rudi kitzelt ihr die Füße.

»Huhuhi, lass das«, kichert die Fee.

Sie lässt ihren Zauberstab fallen und plumpst kopfüber in die Kiste. Krawumm – fällt der Deckel zu. Und Rudi setzt sich oben drauf. Sicher ist sicher.

»Huhu«, sagt da jemand von hinten. Es ist Milli. »Was ist denn da in der Kiste?«, fragt sie.

»Och«, grinst Rudi und lässt den Zauberstab – blubb – in den Gully plumpsen. »Bloß so ein Geheimnis.«

Ludwig Bechstein

Das Märchen vom Schlaraffenland

Hört zu, ich will euch von einem guten Land erzählen, in das so mancher auswandern würde, wenn er nur wüsste, wo es liegt. Aber der Weg dorthin ist weit. Der Name dieses schönen Landes ist Schlaraffenland.

Die Häuser sind dort mit Eierkuchen gedeckt, die Türen und Wände sind aus Lebkuchen und die Balken aus Schweinebraten. Um jedes Haus steht ein Zaun aus Bratwürsten und alle Brunnen sind voll mit Wein und Champagner, die einem nur so in den Mund fließen, wenn man ihn an die Röhre hält. Auf den Birken und Weiden wachsen frisch gebackene Brötchen, und unter den Bäumen fließen Bäche von Milch. Die Fische schwimmen im Schlaraffenland ganz nahe am Ufer und oben auf dem Wasser, und sie sind auch schon gekocht oder gebacken. Und wenn einer wie ein echter Schlaraff trotzdem zu faul ist, sich nach ihnen zu bücken, dann braucht er nur zu rufen: »Bst! Bst!«, dann kommen die Fische aufs Land marschiert und hüpfen dem guten Schlaraffen in die Hand.

Und glaubt mir, dass die Vögel dort gebraten in der Luft herumfliegen, Gänse und Truthähne und Tauben. Und wem es zu viel Mühe macht, die Hand danach auszustrecken, dem fliegen sie schnurstracks in den Mund hinein. Die Spanferkel geraten dort jedes Jahr überaus köstlich. Sie laufen gebraten herum und jedes trägt ein scharfes Messer im Rücken, damit sich jeder, der möchte, ein frisches, saftiges Stück davon abschneiden kann.

Die Käse liegen im Schlaraffenland herum wie die Steine, groß und klein. Die Steine selbst sind kleine Fleischpastetchen. Im Winter, wenn es regnet, regnet es Honig in süßen Tropfen, da kann man lecken und schlecken, dass es eine Lust ist. Und wenn es schneit, dann schneit es klaren Zucker. Und wenn es hagelt, dann hagelt es Würfelzucker, gemischt mit Feigen, Rosinen und Mandeln.

Im Schlaraffenland legen die Pferde keine Pferdeäpfel, sondern große Eier, ganze Körbe voll, und davon ganze Haufen. Und Geld kann man von den Bäumen schütteln wie Kastanien. Jeder kann sich das Beste herunterschütteln und was weniger wert ist, lässt man einfach liegen.

In jenem Land gibt es auch große Wälder. Dort wachsen in den Büschen und auf den Bäumen die allerschönsten Kleider: Röcke, Mäntel, Hosen und Jacken in allen Farben. Wer etwas Neues anzuziehen braucht, der geht in den Wald und wirft es mit einem Stein herunter. In der Heide wachsen schöne Damenkleider aus Samt und Seide. Die Wacholderstöcke tragen goldene Anstecknadeln und ihre Beeren sind nicht schwarz, sondern echte Perlen. An den Tannen hängen kunstvoll gefertigte Damenuhren. Auf den Stauden wachsen Stiefel und Schuhe, auch Herren- und Damenhüte.

Auch viel Spaß und Unterhaltung gibt es im Schlaraffenland. Wer hierzulande kein Glück im Spiel hat, hat es dort.

Auch für die Schlafsäcke und Faulpelze, die hier von ihrer Faulheit arm werden, sodass sie betteln gehen müssen, ist jenes Land wunderbar. Jede Stunde Schlafen bringt dort einen Gulden ein und jedes Mal Gähnen einen Doppeltaler. Wer die Leute am besten ärgern und verspotten kann, bekommt jeweils einen Gulden. Keiner darf etwas umsonst tun, und wer am besten lügen kann, bekommt eine Krone dafür. Hierzulande lügt so mancher, dass sich die Balken biegen, und erhält nichts für seine Mühe.

Wer gern arbeitet, Gutes tut und Böses lässt, von dem wendet sich dort jeder ab und er wird des Landes verwiesen. Aber wer gar nichts kann und dabei noch Wunder wie eingebildet ist, der wird dort als ein Edelmann angesehen. Wer nichts anderes kann als schlafen, essen, trinken, tanzen und spielen, der wird zum Grafen ernannt. Aber der Faulste von allen, der am wenigsten kann, wird König über das ganze Land und erhält ein großes Einkommen dafür.

Nun wisst ihr, wie das Schlaraffenland ist. Wer sich also dorthin auf die Reise machen will, aber den Weg nicht weiß, der fragt am besten einen Blinden. Aber auch ein Stummer ist gut dazu, denn der sagt ihm bestimmt keinen falschen Weg.

Um das ganze Land herum ist aber eine Mauer aus Reisbrei gezogen, hoch wie ein Berg. Wer hinein- oder hinauswill, der muss sich da erst einmal durchfressen.

Achim Bröger

Zwei Raben mit Rucksack spielen Verstecken

Die Rabin Kra-Kra und der Rabe Kra flogen zum hohen Baum am Feldweg. Sie war eine sehr kleine Rabin. Er war sehr groß. Und jeder trug einen Rucksack.

Die beiden landeten im Baum. Von den Ästen über ihnen krächzten jede Menge andere Raben: »Guckt mal, die zwei seltsamen Raben da unten. Sind viel zu klein und viel zu groß. So was Doofes.«

»Gar nicht doof«, sagte die kleine Rabin Kra-Kra.

Und der große Rabe Kra fragte: »Wollen wir Verstecken spielen?«

»Au ja!«, sagte Kra-Kra.

Die anderen Raben machten Rabatz: »Verstecken!«, krächzten sie. »Blödes Spiel für Raben, besonders für große! Jawoll!«

»Meint ihr wirklich?«, wollte eine ganz junge Rabin wissen.

»Klar!«, sagten die anderen. »Wirst du gleich sehen.«

Das Verstecken begann. Der große Kra schloss die Augen, bis die kleine Kra-Kra hinter einem Gebüsch saß. Nur eine Rabenfeder guckte hervor. »Such mich!«, rief Kra-Kra.

Kra suchte und suchte lange in der Gegend herum, bis er ihrem Versteck immer näher kam.

Aufgeregt schrien die anderen Raben durcheinander. Dann stand Kra vor dem Gebüsch. Und da hatte er die kleine Rabin endlich gefunden. »Jetzt bin ich mit dem Verstecken dran«, sagte er.

»Dazu ist er viel zu groß«, krächzten die anderen Raben.

Trotzdem versteckte sich Kra hinter einem Baum. Leider stand er nach beiden Seiten über.

Die anderen lachten, und er sagte: »Das war nur zur Probe. Gilt noch nicht.«

Danach versteckte er sich in einer Bodenmulde. Mit ihm drin war die Mulde ein schwarzer Federhügel. Fiel jedem sofort auf.

»Das gilt auch noch nicht«, sagte er und probierte ein drittes Versteck. Diesmal setzte er sich in ein Gebüsch. Natürlich war's zu klein für ihn.

»Haben wir doch gewusst!«, riefen die anderen Raben. »Es klappt nicht.«

Traurig sagte der große Kra: »Ich glaube, sie haben Recht.«

»Gar nicht«, widersprach die kleine Kra-Kra. »Du versteckst dich eigentlich gut. Nur, ich seh dich immer zu schnell. Jetzt machen wir das anders. Versteck dich noch mal.«

Kra versteckte sich wieder. Dieses Mal oben im Heuhaufen. »Man sieht ihn deutlich«, sagten die anderen.

»Ich komme!«, rief die kleine Rabin. Schnell holte sie ihren Schirm aus dem Rucksack. Sie spannte ihn auf und hielt ihn vor sich. So war ihr großer Freund für sie sehr gut versteckt.

Die kleine Rabin tastete herum. Mit Schirm vor der Nase und vor allem vor den Augen. Sie suchte den großen Raben hinterm Baum, hinter den Büschen, überall.

»Das ist Schummelei!«, schimpften die anderen aus dem Baum.

Nur die sehr junge Rabin sagte: »Ich find's prima.«

Groß saß Kra im Heu, hielt den Schnabel und rührte keine Feder. Näher und näher kam Kra-Kra. Sie stand schon vor dem Heuhaufen. Dann kletterte sie hinauf. Nur noch ein Stückchen war ihre Regenschirmspitze von Kra entfernt.

»Gleich hat sie ihn!«, riefen die anderen, still saß der große Kra. Die Regenschirmspitze berührte ihn fast. In dem Moment sagte die kleine Rabin: »Ich geb auf. Ich find ihn nicht!«

Sie senkte den Schirm. Direkt vor ihr saß der große Rabe im Heu, strahlte und rief: »Gewonnen!«

»So was Doofes!«, krächzten die anderen.

Kra hüpfte im Heuhaufen und rief: »Verstecken ist toll für große Raben!« Leise und nur zur kleinen Rabin sagte er: »Riesig, wie du das gespielt hast.«

Dann flogen sie weg. Nur die ganz junge Rabin im Baum winkte kurz und ganz versteckt hinter den beiden her.

Bald waren die kleine Rabin und der große Rabe nur noch zwei Federpunkte mit Beulen. Und die Beulen waren Rucksäcke. Was sonst?

Sigrid Heuck

Lizzy und der Zaubersee

Oft, wenn Western-Lizzy unzufrieden war oder sich über irgendetwas beklagte, sagte die Mutter zu ihr: »Ich glaube, Vater muss einmal mit dir zum Zaubersee der Elchflussindianer reiten.«

»Was ist das für ein See, Pa?«, fragte Lizzy ihn eines Abends, als sie gemütlich auf der Hausbank hockten.

Da erzählte der Vater eine Geschichte. Von den Elchflussindianern erzählte er und von ihrem weisen Medizinmann, von dem kleinen Indianerjungen Petah, der eine Brille tragen musste, von Long John Tabakstinker, seinem Freund, und von dem geheimnisvollen See in den blauen Bergen. »Jeder unzufriedene oder aufsässige, streitsüchtige oder missgünstige Elchflussindianer wurde an diesen See geschickt. Er durfte erst zurückkommen, wenn er wieder zufrieden und glücklich war«, schloss der Vater.

Ein paar Tage später musste sich Lizzy schrecklich ärgern: »Die Peggy darf abends schon viel länger aufbleiben als ich!«, schrie sie und stampfte mit dem Fuß auf.

»Die Peggy ist drei Jahre älter als du«, sagte die Mutter.

»Und was ist mit Tom?«, fuhr Lizzy fort. »Er ist nur ein Jahr älter und Pa nimmt ihn viel öfter mit als mich, wenn er in die Prärie reitet.«

»Tom soll frühzeitig die Arbeit mit den Rindern kennen lernen und deshalb muss er ihn begleiten.«

Aber Lizzys Empörung war so groß, dass sie tagelang mit bösem Gesicht herumlief.

Da beschloss der Vater mit ihr den Zaubersee zu besuchen. Er sattelte sein Pferd, packte etwas zum Essen ein, ließ Lizzy hinter sich im Sattel Platz nehmen und ritt los. Der Hund Buffalo Bill durfte auch mit.

Sie wateten durch den Elchfluss und überquerten die weite Prärie. Am Fuß der blauen Berge fanden sie einen schmalen Pfad. Sie ritten auf ihm durch tiefe Schluchten, über felsige Hänge und Bergrücken.

Kurz bevor die Sonne unterging, erreichten sie den See. Tiefblau und still lag er vor ihnen.

»Da ist er«, sagte der Vater. »Er ist eiskalt. Die Indianer glauben, dass das so ist, weil in seinem Wasser schon so viel Bosheit, Neid und Unzufriedenheit versunken sind.«

Er hockte sich mit Lizzy an die Uferböschung. Während das Pferd weidete und Buffalo Bill sich die wunden Pfoten leckte, beobachteten sie, wie die Sonne hinter den Bergen unterging. Im Schilf quakten die Frösche. Ein Reiher flog über das Wasser und in den Bäumen hinter ihnen zwitscherten die Vögel.

»Worüber hab ich mich eigentlich geärgert?«, fragte Lizzy.

»Das musst du selbst wissen«, antwortete der Vater.

Aber sie konnte sich nicht mehr daran erinnern. Was es auch gewesen war, dachte sie, wenn man es so schnell vergisst, dann kann es nicht wichtig gewesen sein. Und ihre Unzufriedenheit fiel von ihr ab und versank im See.

»Ach, geht's mir gut!«, rief sie fröhlich.

»Na, dann können wir ja beruhigt wieder heimreiten«, sagte der Vater. »Der alte Zauber wirkt immer noch.«

Ursula Wölfel

Die Geschichte von den beiden Heuhüpfern

Einmal haben zwei Heuhüpfer sich gezankt. Der eine hat gesagt: »Ich bin der beste Heuhüpfer! Ich kann viel höher hüpfen als du!« Und er ist auf einen hohen Baum gehüpft.

Der andere Heuhüpfer hat gesagt: »Nein! Ich bin der beste Heuhüpfer! Ich kann viel weiter hüpfen als du!« Und er ist mit einem riesigen Sprung über die ganze Wiese gehüpft.

Der Heuhüpfer auf dem Baum hat geschrien: »Sieh mich! Sieh mich! Wie hoch ich hüpfen kann!«

Und der Heuhüpfer in der Wiese hat geschrien: »Sieh mich! Sieh mich! Wie weit ich hüpfen kann!« Aber keiner hat den anderen gesehen und keiner hat den anderen gehört. Der eine hat viel zu hoch oben im Baum gesessen und der andere hat viel zu weit weg im Gras gesessen.

Den ganzen Tag haben sie geschrien und geschrien, und das war sehr langweilig. Am Abend ist der eine endlich wieder vom Baum gehüpft und der andere ist endlich wieder über die Wiese zurückgehüpft.

Der eine hat gesagt: »Du bist der beste Weithüpfer!«

Und der andere hat gesagt: »Du bist der beste Hochhüpfer!« Und sie haben sich wieder vertragen.

Nele Moost

Der Mondhund

Der kleine und der große Hund waren dicke Freunde. Der große Hund konnte alles. Der kleine Hund konnte wenig, aber das machte nichts. Der große Hund war ja sein Freund.

Abends erzählte der kleine Hund seinem Freund Geschichten vom Hund im Mond. Dann schauten sie gemeinsam in den Himmel und sie erkannten den kleinen blauen Hund im Mond ganz genau.

Die beiden Freunde hatten große Pläne für die Zukunft.

Eines Tages aber kam ein anderer Hund. Und der große Hund wollte von dem kleinen nichts mehr wissen.

Auf einmal war sogar der Mond leer.

Wenn man traurig ist, kann man nicht mal den Mondhund sehen, dachte der kleine Hund.

»Natürlich nicht, ich bin ja hier!«, sagte der Mondhund, der zu Besuch auf die Erde gekommen war.

Der kleine Hund spielte die ganze Nacht mit dem Mondhund. Sie kitzelten die Sterne, bis sie schnuppten. Sie bissen vom Mond ab, bis er sichelte. Und sie tanzten auf dem Licht, bis es erbleichte.

Dann kam der Morgen und der blaue Hund musste fort.

Der Mondhund

»Nicht weggehen!«, rief der kleine Hund.

Und der Mondhund antwortete: »Ich komme wieder, sooft du willst.«

Am nächsten Tag erinnerte sich der große Hund daran, wie schön es immer mit dem kleinen Hund gewesen war.

»Spielst du mit uns?«, fragte er ihn.

Der kleine Hund freute sich und sie blieben den ganzen Tag zusammen.

Am Abend aber schloss der kleine Hund die Augen und wartete auf seinen blauen Freund.

Ulrike Schultheis

Wie lange ist ein Jahr?

Sophia hat heute Geburtstag. Sie ist fünf Jahre alt geworden. Am Nachmittag sind ihre Freunde zum Feiern gekommen. Jetzt liegt Sophia im Bett. Sie ist sehr müde nach diesem schönen Tag. Die Mutter gibt ihr einen Gutenachtkuss.

»Du, Mami!« Plötzlich ist Sophia hellwach. »Wie oft muss ich noch schlafen, bis ich wieder Geburtstag habe?«

»Das dauert noch sehr lange«, sagt da die Mami, »ein ganzes Jahr.«

»Wie lange ist ein Jahr?«, fragt Sophia und setzt sich auf.

»Leg dich erst einmal gemütlich hin«, sagt die Mutter, »dann erzähle ich dir eine Jahreszeiten-Geschichte. Du wirst staunen, was alles geschieht, bis ein Jahr vorbei ist! Jetzt haben wir Winter. Draußen liegt Schnee. Es ist kalt und du musst dich warm anziehen, wenn du zum Schlittenfahren gehst. Im Winter ist auch der Fasching. Da dürft ihr euch alle verkleiden.«

»Ich will Ballett-Tänzerin sein!«, ruft Sophia aufgeregt. »Mit einem rosa Tüllröckchen und rosa Schleifen im Haar!«

»Das ist eine gute Idee. Und wenn der Fasching vorüber ist«, erzählt die Mutter weiter, »dann kommt langsam der Frühling.

Im Kindergarten bastelt ihr Sonnenscheiben und begrüßt damit die Frühlingssonne. Die warmen Strahlen der Sonne lecken den Schnee weg und wecken die ersten Blumen aus ihrem Winterschlaf. Weißt du, wie sie heißen?«

»Krokusse, Primeln und Schneeglöckchen«, sagt Sophia schnell, denn mit Blumen kennt sie sich aus.

»Bald darauf blühen auch Tulpen und Narzissen – und Ostern steht vor der Tür. Am Ostermorgen suchen wir aufgeregt im ganzen Garten nach Osternestern und bunten Eiern«, sagt die Mutter. »Wir sind dabei ganz vorsichtig, damit wir den Osterhasen nicht erschrecken. Vielleicht sitzt er ja noch ängstlich im Gebüsch!«

»Und wie geht es weiter, wenn der Osterhase da war?«, will Sophia wissen.

»Jetzt bekommen die Blumen und Sträucher endlich zarte Knospen. Wenn die Sonne dann noch kräftiger scheint, werden Gärten, Wiesen und Wälder wieder saftig grün. Nun ist auch der Sommer nicht mehr weit.«

»Da gehe ich ohne Mantel und ohne Mütze zum Spielen nach draußen! Und bei schönem Wetter machen wir alle zusammen eine Radtour!«

»Wenn der Sommer richtig warm ist, kannst du sogar alle Kleider ausziehen und als Nackedei im Schwimmbecken baden«, erklärt die Mutter. »Weißt du noch, was wir jedes Jahr im Sommer machen? Denk mal nach!«

»Wir fahren in die Ferien. Stimmt's?«

»Richtig!«, sagt die Mutter. »Wir fahren ans Meer. Da schmeckt das Wasser ganz salzig. Und wenn wir nach Hause zurückkommen, gehst du wieder in den Kindergarten. Bald darauf beginnt eine neue Jahreszeit. Weißt du, wie sie heißt?«

Sophia mag nicht mehr antworten. Sie ist müde. Aber sie will unbedingt wissen, wie die Geschichte weitergeht.

Die Mutter streicht ihr über die Haare und erzählt: »Es wird Herbst. Die letzten Äpfel, Birnen und Pflaumen sind gepflückt worden, die Bauern haben das Korn geerntet und das Heu in die Scheunen gebracht. Im Kindergarten feiert ihr deshalb das Erntedankfest. Die grünen Blätter an den Bäumen werden langsam gelb, braun und rot. Ein kühler Wind reißt sie von den Ästen und wirbelt sie über Straßen und Wege. Jetzt ist auch der Martinstag nicht mehr weit. Da geht ihr mit euren Laternen durch die dunkle Nacht und singt Laternenlieder. Dann kommt schon gleich der Winter mit Kälte und Nässe. Drinnen im Haus ist es warm und gemütlich. Wir basteln zusammen für das Weihnachtsfest. Dabei brennen die Kerzen auf dem Adventskranz. Jeden Tag darfst du ein Türchen am Adventskalender aufmachen. Beim fünften Türchen kommt abends der Nikolaus. Wenn du alle geöffnet hast, ist endlich Weihnachten. Das ist das schönste und größte Fest des Jahres, weil in dieser Nacht das Jesuskind auf die Welt gekommen ist im Stall von Bethlehem.«

»Am Abend kommt das Christkind und die Kerzen am Weihnachtsbaum brennen hell«, ruft Sophia. »Wir singen Weihnachtslieder und dann darf ich endlich die Geschenke auspacken!«

»Jetzt ist das Jahr fast zu Ende«, erzählt die Mutter weiter. »An Silvester genau um Mitternacht begrüßen wir das neue Jahr mit einem bunten Feuerwerk. Ein bisschen fürchtest du dich immer vor dem leuchtenden Feuerregen und den lauten Knallern.«

»Aber dann habe ich endlich wieder Geburtstag!«, seufzt Sophia und ist auch schon eingeschlafen.

Ja, dann hat Sophia wirklich wieder Geburtstag – genau sechsmal schlafen nach dem Neujahrstag.

Otfried Preußler

Das Märchen von Bettelmanns Hochzeit

Es war einmal ein junger Bettelmann, dessen Vater ist auch schon ein Bettelmann gewesen und ebenso sein Großvater und sein Urgroßvater. Es lag also in der Familie.

Der junge Bettelmann hatte von seinem Vater ein winziges Häuschen geerbt, das stand zwischen Büschen verborgen hinter dem Städtele. Es hatte Wände aus Holz und ein Strohdach, auf dem schon das Gras wuchs, so alt war es.

»Es ist traurig«, hatte der alte Bettelmann zu seinem Sohn gesagt, bevor er gestorben war, »es ist traurig, dass ich dich jetzt allein zurücklassen muss. Aber du wirst schon durchkommen in der Welt, denn ich hinterlasse dir das Häuschen, den Dudelsack und die Trommel. Du brauchst also nicht um Gottes Lohn zu betteln, sondern hast den Leuten etwas zu bieten. Freilich ist es schlimm, dass du zum Dudelsack nicht auch die Trommel schlagen kannst. Darum rate ich dir: Such dir bald eine Frau, die einen guten Namen hat und sich aufs Trommeln versteht.« Und dann ist er gestorben, der alte Bettelmann.

Der junge Bettelmann hat drei Tage lang geweint, und dann hat er seinen Dudelsack und die Trommel genommen und ist durch das Land gezogen, um sich eine Frau zu suchen. Aber er hat keine gefunden, die einen guten Namen hatte und zugleich auch trommeln konnte. Endlich, nach langem Suchen, hat er eine gefunden, die hat trommeln können und hatte auch einen guten Namen. Aber sie ist so hässlich gewesen, dass er sie beim besten Willen nicht hat nehmen wollen. Er hat sich höflich von ihr verabschiedet und ist wieder nach Hause gewandert.

Daheim in seinem Häuschen hat er traurig den Dudelsack und die Trommel in die Ecke gelegt. Wie er sich aber daneben auf den Fußboden setzen will, um ein bisschen auszuruhen, ruft plötzlich jemand: »Vorsicht!«

Der Bettelmann wundert sich und macht Licht. »Ist jemand im Haus?«, fragt er, und da antwortet ihm eine rostige Stimme, die klingt wie eine schlecht geschmierte Wetterfahne: »Jawohl, es ist jemand im Haus.«

Der Bettelmann schaut sich um, da sieht er ein Igele neben sich auf dem Boden sitzen.

»Da sind wir!«, krächzte das Igele.

»Ihr?«, fragte der Bettelmann. »Ist denn noch jemand hier?«

Da hört er noch ein hohes Stimmlein, das klingt beinahe so, wie wenn jemand auf einem hohlen Schlüssel pfeift. Und da sieht der Bettelmann, dass neben dem Igele noch ein Mäusele sitzt. »Aha«, sagt er, »ihr seid also zwei.«

Aber das Igele sagt: »Irrtum, drei sind wir!«

Und nun hört der Bettelmann etwas wispern, so leise, als ginge der Wind durch das Gras.

»Wenn du mich sehen willst, musst du dich bücken«, wispert das Stimmlein.

Der Bettelmann bückt sich also, da sieht er, dass neben dem

Igele und dem Mäusele noch ein Läusele sitzt. »Igele – Mäusele – Läusele«, sagt er und lacht, »eine nette Gesellschaft! Was wollt ihr denn eigentlich hier?«

Da erzählten die drei, dass sie auf der Wanderschaft sind und gerne bei ihm übernachten möchten. Nun, der Bettelmann hatte nichts dagegen, denn so viel Platz hatte er allemal in seinem Häuschen; und bevor sie alle miteinander einschliefen, sagte das Igele: »Weil du so freundlich zu uns bist, werden wir dir immer helfen, wenn du uns brauchst!«

Da seufzte der Bettelmann und meinte: »Das ist sehr lieb von euch, aber ich fürchte, mir ist nicht zu helfen«, und dann hat er ihnen von seinem Kummer erzählt.

»Großer Gott, wenn's weiter nichts ist!«, krächzte das Igele; und das Mäusele piepste: »Ein Mädchen mit einem guten Namen, das trommeln kann, wüssten wir schon!«

»Aber es darf auch nicht hässlich sein!«, warf der Bettelmann ein.

»Nein, nein!«, beruhigte ihn das Läusele. »Das Mädchen, das wir kennen, hat nicht nur einen guten Namen und kann trommeln, sondern es ist auch sehr schön!«

»Wir führen dich hin, wenn du willst!«, sagte das Igele, und dann schliefen sie ein.

Am anderen Morgen hat sich der junge Bettelmann wieder den Dudelsack und die Trommel umgehängt; dann hat er das Igele links und das Mäusele rechts in die Tasche gesteckt, setzte sich das Läusele hinters Ohr und begab sich mit ihnen auf die Wanderschaft. Gegen Abend kamen sie zu dem Dorf, wo das Mädchen wohnte, das schöner als schön war, einen guten Namen hatte und sich aufs Trommeln verstand.

Sie saß vor ihrem Haus, und weil sie so schön war, hat sich der Bettelmann gar nicht getraut »Guten Abend« zu sagen.

Aber er hat seinen Dudelsack aufgeblasen und ihr etwas vorgespielt. Das Mädchen hat ihm eine Weile zugehört, dann hat es gesagt: »Wie gut du den Dudelsack spielen kannst! Nun müsstest du nur noch jemand haben, der dich auf der Trommel begleitet.«

»Ja«, hat der junge Bettelmann gesagt, »du hast Recht, aber ich hab niemanden, der mich begleitet. Oder willst du es mal versuchen?«

Er hat ihr die Trommel gegeben, und dann haben sie miteinander gespielt, und sie hat die Trommel so hübsch geschlagen, dass es eine Lust war, ihnen zuzuhören. Das Igele quietschte vor Vergnügen, das Mäusele pfiff und das Läusele tanzte dazu.

Schließlich aber, als sie alle müde waren, hat der Bettelmann seinen Dudelsack beiseite gelegt und hat das Mädchen gefragt: »Sag mal, wie heißt du eigentlich?«

»Widele-Wedele«, hat das Mädchen geantwortet; und der Bettelmann hat in die Hände geklatscht und gerufen: »Widele-Wedele, du gefällst mir! Einen guten Namen hast du auch und trommeln kannst du einfach großartig! Wollen wir heiraten?«

»Darüber ließe sich reden«, sagte Widele-Wedele. »Komm am Sonntag wieder und bring deine Brautwerber mit. Am Sonntag kommt nämlich der König, der möchte mich unbedingt heiraten. Wer von euch beiden die besseren Brautwerber hat, der bekommt mich.«

Damit ist sie ins Haus gelaufen und hat die Tür zugesperrt.

»Wo nehm ich bloß die Brautwerber her?«, hat sich der Bettelmann traurig gefragt. Doch da krächzte das Igele: »Hast du nicht uns drei? Wir werden deine Brautwerber sein!«

Am Sonntag in der Früh ist der König mit großem Gefolge vor Widele-Wedeles Haus aufgezogen. Seine Brautwerber waren ein Ritter, ein Graf und ein richtiger Herzog.

Wie der König den Bettelmann da stehen sieht, zieht er die Nase und fragt: »Was tust du denn hier?«

Der Bettelmann hat geantwortet: »Ich will Widele-Wedele heiraten!«

»Was – du auch?«, hat der König gesagt und ein finsteres Gesicht gemacht. Widele-Wedele aber hat zum Fenster herausgeschaut und gerufen: »Wer die besseren Brautwerber hat, den nehme ich!«

Da hat der König gelacht und gesagt: »Nun, dann soll einer von deinen Brautwerbern mit meinem Ritter um die Wette laufen!« Der Ritter aber ist der schnellste Schnellläufer im ganzen Königreich gewesen, und das hat der König nicht gesagt.

Das Igele, das in des Bettelmanns linker Rocktasche saß, hat geflüstert: »Lass mich mit dem Ritter um die Wette laufen! Sag aber, dass wir barfuß laufen wollen!« Der Bettelmann hat es dem König gesagt, und der König war einverstanden und hat seinem Ritter befohlen die Schuhe auszuziehen (den schweren Eisenpanzer und seinen Ritterhelm hatte er ohnehin schon abgelegt).

Jetzt hat der Bettelmann in die linke Rocktasche gegriffen und das Igele neben dem Ritter ins Gras gesetzt. Wie aber der König mit seinem Taschentuch das Zeichen gibt und der Ritter loslaufen will – da springt ihm das Igele zwischen die Beine und schon hat der Ritter ein paar von den harten Stacheln in der Fußsohle! Während er Zetermordio schreit und vor Schmerzen auf einem Bein hüpft und sich die Stacheln herausziehen will, ist das Igele schon gelaufen und gelaufen und ist richtig als Erster am Ziel gewesen.

»Diesmal hast du mich drangekriegt«, hat der König zum Bettelmann gesagt, »aber ein zweites Mal wird es dir nicht gelingen! Der Herr Graf ist der beste Schwimmer im ganzen Königreich. Dein Brautwerber muss mit ihm um die Wette über den Fluss schwimmen!«

Das Mäusele, das in des Bettelmanns rechter Rocktasche saß, hat geflüstert: »Ich gewinne das Wettschwimmen!« Und der Bettelmann hat es aus der Tasche hervorgeholt.

Der Herr Graf aber hat sich rasch ausgezogen. Er hat nur seinen breiten Grafenhut aufbehalten, damit jedermann sehen konnte, dass er wirklich ein Graf war, selbst wenn er nackend im Fluss schwamm. Wie nun der König mit seinem Schnupftuch das Zeichen gibt – platsch!, da springt der Graf kopfüber in den Fluss und schwimmt aus Leibeskräften los. Aber das Mäusele hatte sich vorher auf den Hut des Herrn Grafen gesetzt und nun ließ es sich von ihm über den Fluss tragen.

Aber bevor der Graf noch richtig das Ufer erreichte, ist es mit einem weiten Sprung an Land gehüpft, und wiederum hatte der Bettelmann gewonnen!

Nun ist der König zornig geworden und hat zum Bettelmann gesagt: »Ein drittes Mal kriegst du mich nicht dran! Hier ist der Herzog. Er hat hundert gewappnete Reiter dabei, die werden jetzt den ganzen Platz im Kreis umstellen. Wenn es deinen Brautwerbern nicht gelingt, durch den Kreis zu kommen, seid ihr verloren – und Widele-Wedele wird meine Königin!«

Das Läusele aber, das hinter des Bettelmanns Ohr saß, hat ihm schnell etwas zugeflüstert; und der Bettelmann hat dem König geantwortet: »Gut! Aber wenn dein Herzog hundert gewappnete Leute hat, dann muss auch mein Brautwerber seine Leute mitbringen dürfen!«

Damit war der König einverstanden.

Da wimmelte es plötzlich von Läusen, und die Läuse krabbelten den Pferden in die Ohren und den Reitern unter die Waffenröcke und in die Hosenbeine ihrer Blechhosen. Die Pferde fingen zu stampfen und zu schnauben an und die Reiter begannen sich zu kratzen. Selbst der Herzog wusste sich nicht mehr zu helfen, so sehr juckte es ihn von oben bis unten am ganzen Körper. Und plötzlich machten alle hundert Reiter auf ihren Pferden kehrt und galoppierten davon, als säße ihnen der Teufel im Nacken. Und am schnellsten von allen galoppierte der Herzog davon, obgleich er ein richtiger Herzog war und schon manche Schlacht gewonnen hatte!

Am Fenster stand Widele-Wedele und lachte, dass ihr die Tränen über die Wangen kugelten.

Der König aber hat einfach nicht glauben wollen, dass er alle drei Wetten verloren hat, und er hat zu Widele-Wedele gesagt: »Immerhin bin ich der König, schon mein Vater ist König gewesen und mein Großvater auch! Du heiratest also in eine berühmte Familie und hast Aussichten!«

Der Bettelmann aber hat gesagt: »Bei mir sind die Aussichten viel größer, denn manchmal hat es ein Bettelmann schon zum König gebracht; und das ist viel besser, als wenn ein König zum Bettelmann wird, was es auch schon gegeben hat.«

Wie der König das hörte, ist er zornig auf sein Ross gesprungen und auf und davon geritten. Der Bettelmann aber hat Widele-Wedele gefragt: »Mädchen, willst du mich nehmen und zu meinem Dudelsack die Trommel schlagen?«

Darauf hat Widele-Wedele geantwortet: »Ja, mit Freuden!«

Da sind alle miteinander zurückgewandert zu des Bettelmanns Häuschen hinter dem Städtele und haben Hochzeit gefeiert. Widele-Wedele hat einen Kuchen gebacken, der Bettelmann hat einen feinen Kaffee gekocht und das Igele, das Mäusele und das Läusele sind die Hochzeitsgäste gewesen und haben sich's schmecken lassen.

Erhard Dietl

Schlaf gut, kleine Maus!

»Es ist schon spät, du musst ins Bett!«, sagt Mama Maus zur kleinen Maus.

»Noch 10 Minuten!«, ruft die kleine Maus. »Ich will nur noch ein paar Löcher in den Käse bohren!«

Die kleine Maus nagt 10 runde Löcher in den leckeren Käse.

»Jetzt hast du genug Käse gegessen!«, sagt Papa Maus. »Zähneputzen und dann ab ins Bett!«

»Noch 9 Minuten!«, ruft die kleine Maus. »Ich muss noch mein Rennauto hereinholen. Vielleicht regnet es in der Nacht!«

Die kleine Maus läuft nach draußen und fährt noch schnell 9 Runden mit dem Rennauto ums Haus. Dann holt sie es herein.

»Schlafanzug anziehen und dann marsch ins Bett!«, sagt Mama Maus.

»Noch 8 Minuten!«, ruft die kleine Maus. »Ich muss noch meinen Kaktus gießen!«

Die kleine Maus gibt dem Kaktus auf dem Fensterbrett 8 Tropfen Wasser. Mehr braucht er nicht.

»Du gehst jetzt sofort ins Bett!«, sagt Papa Maus.

»Gleich!«, ruft die kleine Maus. »Ich will nur noch dem Hamster Gute Nacht sagen! In 7 Minuten bin ich wieder da!« Der Hamster wohnt nebenan. Er liegt in seiner Hängematte und schnarcht.

»Gute Nacht, Hamster!«, sagt die kleine Maus zu ihm.

Doch der Hamster hört es nicht.

»Gute Nacht!«, sagt die kleine Maus 7-mal.

Der Hamster grunzt nur. Er hat einen festen Schlaf.

»Wenn du nicht sofort ins Bett hüpfst, werde ich sauer!«, sagt Mama Maus.

Die kleine Maus springt schnell in ihr Bett.

»Jetzt muss ich noch mal raus!«, ruft die kleine Maus. »Ich muss noch Wasser trinken. Ich habe so großen Durst vom Käseessen! Aber es dauert höchstens 6 Minuten!«

Die kleine Maus saust in die Küche und trinkt aus der Tasse 6 Schlucke kaltes Wasser.

»Schlaf jetzt, kleine Maus!«, sagt Papa Maus.

»Gute Nacht, kleine Maus!«, sagt Mama Maus.

»Noch 5 Minuten!«, ruft die kleine Maus. »Ich muss noch meine Kuscheltiere schmusen. Mama, wo ist mein Löwe? Mein Löwe ist nicht da!«

Mama Maus findet den Löwen unterm Sofa. Jetzt sind alle 5 Kuscheltiere im Bett versammelt. Die kleine Maus gibt jedem einen Kuss auf die Nase.

»Gute Nacht und träume schön!«, sagt Papa Maus.

»Jetzt muss ich aufs Klo!«, ruft die kleine Maus. »Ich habe so viel Wasser getrunken.«

»Aber beeil dich«, sagt Papa Maus.

»Dauert nur 4 Minuten!«, ruft die kleine Maus.

Im Klo drückt sie 4-mal fest auf die Spülung.

Schlaf gut, kleine Maus!

»So«, sagt Mama Maus. »Jetzt mach deine Augen zu und schlaf!«

»Ich kann noch nicht schlafen!«, ruft die kleine Maus.

»Aber warum denn nicht?«, fragen Mama Maus und Papa Maus.

»Ich hab meine Zähne noch nicht geputzt!«

»Dann aber schnell!«, sagt Mama Maus.

»Nur 3 Minuten!«, ruft die kleine Maus.

Im Bad schrubbt sie ihre 3 Zähne. Die zwei vorderen und auch den Backenzahn ganz hinten.

»Nun wird aber endlich geschlafen!«, sagt Papa Maus.

»Nur noch 2 Minuten!«, ruft die kleine Maus.

»Was ist denn jetzt noch?«, fragt Mama Maus.

»Ich muss euch ein 2-Minuten-Geheimnis sagen«, meint die kleine Maus. »Ich muss es euch ins Ohr flüstern.«

Die kleine Maus flüstert Mama Maus ins Ohr: »Du bist die allerliebste Mama Maus auf der ganzen Welt!«

Dann flüstert sie Papa Maus ins Ohr: »Du bist der allerliebste Papa Maus auf der ganzen Welt! Ihr 2 seid die allerallerliebsten!«

»Und du bist die liebste kleine Maus auf der ganzen Welt«, sagen Mama Maus und Papa Maus. »Und jetzt schlaf schön!«

»Noch 1 Minute!«, ruft die kleine Maus. »Einer von euch muss mir noch 1 Geschichte vorlesen. Sonst kann ich bestimmt überhaupt nicht einschlafen!«

»Na, meinetwegen«, seufzt Papa Maus. Er nimmt das Buch aus dem Regal und setzt seine Brille auf. »Also pass auf, die Geschichte geht so:

Es war einmal eine kleine Maus, die nicht schlafen gehen

wollte. Mama Maus sagte: Es ist schon spät, kleine Maus, du musst ins Bett!

Noch 10 Minuten!, rief die kleine Maus. Ich will nur noch ein paar Löcher in den Käse bohren! …«

Schlaf gut, kleine Maus!

Und träum was Schönes!

Thomas Fuchs

Das Seepferdchen

Jonas war es leid. Immer war er der kleinere Bruder und seine Schwester die Große. Egal wie sehr er sich auch anstrengte, seine ältere Schwester Natalie konnte alles besser oder durfte es als Erste. Sie hatte zuerst die große Schultüte, sie konnte eher Rad fahren als er und besser Ski laufen konnte sie auch.

Neben Natalie fühlte sich Jonas nicht nur jünger, sondern auch kleiner. Das ließ sie ihn auch immer wieder spüren. Zum Beispiel wenn sie mit ihm Monopoly spielte. Nur wenn Jonas ihr von Anfang an die guten und teuren Straßen gab, also die gelben, die grünen und die blauen, nur dann spielte sie mit ihm. Und wenn er sich auf solche Geschäfte nicht einließ, war er einfach nur der blöde, nervende kleine Bruder und Natalie spielte ohne ihn mit ihren Freundinnen.

Eine größere Schwester kann richtig fies sein. Und dass Jonas alles von ihr kaputtmacht, stimmt auch nicht. Was konnte er denn dafür, dass an ihrer Lieblingstasse der Henkel abgebrochen war? Er hatte sie doch nicht absichtlich heruntergeworfen.

Manchmal hatte Jonas daher überhaupt keine Lust mehr auf irgendwas. Natalie kannte ja sowieso schon alles oder konnte es besser. Jonas fühlte sich fast wie der Hase in der Geschichte von dem Wettlauf zwischen Hase und Igel. Egal wie sehr sich der Hase beim Laufen auch anstrengt, der Igel ist immer vor ihm da.

Deshalb hatte Jonas auch eigentlich gar keine Lust auf den Schwimmkurs, zu dem Papa ihn angemeldet hatte. Aber Papa meinte, Jonas müsse endlich schwimmen lernen. Natalie könne das ja auch. Was würde Jonas denn machen, wenn er mal zufällig auf einem Schiff wäre, und das würde, wie die Titanic beispielsweise, untergehen? Dann hätte er als Nichtschwimmer überhaupt keine Chance. Also ging Jonas brav jeden Dienstagnachmittag zum Schwimmkurs. Nach zwei Monaten konnte er tatsächlich richtig schwimmen und fand es toll. Als die Freibäder öffneten, war er fast jeden Nachmittag dort. Nicht mehr, um nur zu rutschen, wie früher, sondern richtig zum Schwimmen.

Am Donnerstag traf er Sylvia auf dem Spielplatz. Jonas kannte sie aus dem Schwimmkurs. Sylvia sagte, dass sie am Samstag um elf Uhr ihr Seepferdchen mache. Dafür müsse sie eine ganze Bahn im Becken schwimmen. Außerdem solle sie einen Tauchring vom Beckenboden hochholen, also ungefähr einen Meter tief tauchen. Und dafür bekäme sie dann ein kleines Stoffseepferdchen als Abzeichen und eine Urkunde. So richtig mit Stempel und Unterschrift. Das Seepferdchen würde ihre Mama an Sylvias Badeanzug nähen und dann könne jeder sehen, dass sie schwimmen kann.

So ein Seepferdchen hat Natalie nicht!, schoss es Jonas durch den Kopf. Und er beschloss, am Samstag auch das Seepferdchen zu erschwimmen.

Die nächsten Tage über musste sich Jonas immer wieder fest auf die Lippe beißen, um seinen Eltern und Natalie nichts von seinem Plan zu erzählen. Aber er behielt ihn für sich. Und als seine Familie und er am Samstag wie jedes Wochenende im Freibad waren, ging Jonas allein zum Bademeister und erklärte ihm, was er vorhatte.

Dann legte er los. Die eine Bahn war zwar anstrengender, als er gedacht hatte, doch er schaffte es. Und auch den Ring konnte er vom Beckenboden heraufholen. Der Sprung vom Startblock war anschließend nur noch Formsache. Dann hatte Jonas sein Seepferdchen.

Stolz zeigte er die Urkunde und das Seepferdchenabzeichen seinen Eltern und seiner großen Schwester.

Dass Natalie gleich am nächsten Tag ihren Freischwimmer

machte, störte ihn nicht. Sollte sie doch acht Bahnen schwimmen, zwei Meter tief tauchen und vom Ein-Meter-Brett springen.

Er fand sein Seepferdchen viel schöner und außerdem war er diesmal der Erste gewesen!

Brüder Grimm

Der Wolf und die sieben Geißlein

Es war einmal eine Geiß, die hatte sieben Kinder. Und sie hatte sie alle sehr lieb.

Eines Tages wollte sie in den Wald gehen und Futter holen. Da rief sie die sieben Geißlein herbei und sagte: »Kinder, ich will hinaus in den Wald. Hütet euch vor dem Wolf! Wenn er hereinkommt, frisst er euch alle mit Haut und Haaren. Der Bösewicht verstellt sich oft, aber an seiner rauen Stimme und an seinen schwarzen Pfoten werdet ihr ihn gleich erkennen.«

Die Geißlein sagten: »Wir passen schon auf uns auf. Du kannst ruhig gehen.«

Da war Mutter Geiß erleichtert und machte sich auf den Weg.

Es dauerte nicht lange und jemand klopfte an die Haustür und rief: »Macht auf, Kinder! Eure Mama ist da und hat jedem von euch etwas mitgebracht.«

Aber die Geißlein hörten an der rauen Stimme, dass es der Wolf war.

»Wir machen nicht auf!«, riefen sie. »Du bist nicht unsere Mama! Die hat nämlich eine helle und ganz liebe Stimme, deine Stimme dagegen ist rau. Du bist der Wolf!«

Da ging der Wolf in einen Laden und kaufte sich ein großes Stück Kreide. Das aß er und seine Stimme wurde hell. Schließlich kam er zurück, klopfte an die Haustür und rief: »Macht auf, Kinder! Eure Mama ist da und hat jedem von euch etwas mitgebracht.«

Aber der Wolf hatte seine schwarze Pfote ans Fenster gelegt. Das sahen die Kinder und riefen: »Wir machen nicht auf! Unsere Mama hat keine schwarze Pfote wie du. Du bist der Wolf!«

Da lief der Wolf zu einem Bäcker und sagte: »Ich habe mich an der Pfote gestoßen, streich mir Teig darüber.«

Und als ihm der Bäcker die Pfote bestrichen hatte, lief er zum Müller und forderte: »Streu mir weißes Mehl auf meine Pfote.«

Erst weigerte sich der Müller. Aber der Wolf drohte: »Wenn du es nicht tust, fresse ich dich.« Da fürchtete sich der Müller und machte ihm die Pfote weiß.

Nun ging der Bösewicht zum dritten Mal zur Haustür, klopfte an und sagte: »Macht mir auf, Kinder! Eure Mama ist heimgekommen und hat jedem von euch etwas mitgebracht.«

Die Geißlein riefen: »Zeig uns erst deine Pfote, damit wir wissen, dass du unsere Mama bist!«

Da legte er die Pfote ans Fenster. Da sie weiß war, glaubten sie, dass er ihre Mutter war, und machten die Tür auf. Wer aber hereinkam, war der Wolf!

Die Geißlein erschraken und wollten sich verstecken. Das erste sprang unter den Tisch, das zweite ins Bett, das dritte in den Ofen, das vierte in die Küche, das fünfte in den Schrank, das sechste unter die Waschschüssel und das siebte in den Kasten der Standuhr.

Aber der Wolf fand sie alle und überlegte nicht lange: Eins nach dem anderen verschwand in seinem Rachen! Nur das jüngste im Uhrkasten, das fand er nicht.

Als der Wolf satt war, schleppte er sich fort, legte sich draußen auf der grünen Wiese unter einen Baum und schlief ein.

Kurz darauf kam Mutter Geiß aus dem Wald heim. Ach, was erwartete sie da! Die Haustür stand sperrangelweit offen. Tisch, Stühle und Bänke waren umgeworfen. Die Waschschüssel lag in Scherben auf dem Boden. Decken und Kissen waren von den Betten gezogen. Die Mutter suchte ihre Kinder, aber sie waren nirgends zu finden. Sie rief sie nacheinander bei ihren Namen, doch keines antwortete. Endlich, als sie das jüngste nannte, rief eine ängstliche Stimme: »Ich stecke im Uhrkasten!«

Sie holte das Geißlein heraus und es erzählte ihr, dass der Wolf gekommen sei und die anderen alle gefressen habe. Da weinte die Mutter vor Kummer und drückte das siebte Geißlein ganz fest an sich.

Schließlich gingen die beiden jammernd aus dem Haus. Als sie auf die Wiese kamen, lag dort der Wolf unter dem Baum und schnarchte, dass die Äste zitterten. Mutter Geiß betrachtete ihn von allen Seiten und sah, dass sich in seinem dicken Bauch noch etwas regte und zappelte. Da dachte sie: Sind meine Kinder, die er zum Abendbrot verschlungen hat, vielleicht doch noch am Leben?

Das Geißlein musste nach Hause laufen und Schere, Nadel und Faden holen. Dann schnitt die Mutter dem Wolf den Bauch auf.

Kaum hatte sie einen Schnitt getan, streckte schon ein Geißlein den Kopf heraus. Und als sie weiterschnitt, sprangen nacheinander alle sechs heraus.

Sie waren also noch am Leben und es war ihnen nichts passiert. Der Wolf hatte sie nämlich in seiner Gier ganz hinuntergeschluckt!

Das war eine Freude! Die Kinder umarmten ihre Mutter und hüpften übermütig herum.

Da sagte Mutter Geiß: »Jetzt geht und sucht große Steine. Damit wollen wir dem Bösewicht den Bauch füllen, solange er noch schläft.«

Also schleppten die sieben Geißlein in aller Eile Steine herbei und steckten ihm so viele davon in den Bauch, wie sie hineinbringen konnten. Dann nähte Mutter Geiß ihn in Windeseile wieder zu, sodass der Wolf nichts merkte und sich nicht einmal regte.

Schließlich hatte der Wolf ausgeschlafen. Und weil er wegen der Steine in seinem Magen sehr durstig war, wollte er zum Brunnen gehen und trinken. Als er aufstand, stießen die Steine in seinem Bauch aneinander und rappelten.

Der Wolf wunderte sich: »Was rumpelt und pumpelt in meinem Bauch herum? Ich dachte, es wären sechs Geißlein, aber es sind lauter Steine!«

Und als er an den Brunnen kam und sich über das Wasser beugte, um zu trinken, da zogen ihn die schweren Steine hinein und er ertrank.

Die sieben Geißlein sahen das und kamen herbeigelaufen. Sie riefen laut: »Der Wolf ist tot! Der Wolf ist tot!«

Und weil sie sich so freuten, tanzten sie mit ihrer Mutter um den Brunnen herum.

Jo Pestum

Samstags in Buffalos Garage

Wir freuen uns die ganze Woche auf unsere Maschine. Aber eigentlich ist es Buffalos Maschine, und er heißt auch nicht Buffalo, sondern Buchalow. Aber Buffalo hört sich schöner an.

Samstags lässt Buffalo die Maschine laufen. Er steht dann mit verschränkten Armen und seligem Na-wie-hab-ich-das-wieder-gemacht-Lächeln neben der Steckdose, um im Falle einer Katastrophe schnell das Kabel herausreißen zu können. Aber bisher hat es noch keine Katastrophe gegeben und ich weiß genau: Es wird auch keine geben. Buffalo versteht das Maschinenbauen wie kein anderer.

Sara und ich hocken auf hochgestellten Ziegelsteinen dicht an der Garagenwand. Es wird nämlich langsam eng.

Natürlich haben wir das Kipptor zugemacht, weil wir nicht möchten, dass es einer von den andern sieht, wenn unsere Maschine läuft. »Die lachen uns doch bloß aus«, sagt Buffalo immer. Und Recht hat er damit. Unsere Maschine taugt nämlich zu gar nichts. Sie läuft einfach nur so.

Aber wie sie läuft!

Zuerst passiert nichts, wenn Buffalo den Strom einschaltet. Doch das überrascht uns nicht: Wir wissen ja Bescheid. Ganz langsam, als ob sie sich erst den Schlafdreck aus den Augen wischen müsste, fängt die Maschine an zu leben. Da ist ein Summen. Wie von einer winzigen Biene. Dann duftet es ein bisschen nach warmem Öl, dann surrt unten rechts ein winziges Rädchen an, wird schneller und schneller, und dann beginnen – das ist gerade das Wunderschöne – an ganz verschiedenen Stellen andere Räder zu kreisen, und dann und dann und dann. Hebelarme geraten in dumpfes Stampfen, Halbmondscheiben eiern hin und her, Ketten knirschen über Zahnräder, silbrige Kolben hüpfen auf und ab und bringen müde Räder zum Drehen, die stöhnen, als ob sie gar keine Lust hätten. Die Treibriemen zwitschern wie aufgescheuchte Spatzen.

Die ganze Garage zittert mit, und das Zittern geht uns durch die Beine und durch den Bauch bis in die Zähne. Natürlich ist unsere Maschine auch draußen zu hören. Da haben sich bestimmt schon Leute gefragt: Was mag da nur los sein in der Garage? Aber zu sehen ist ja nichts.

Jeden Samstag gibt es für Sara und mich eine Überraschung, denn die Maschine hat sich im Laufe der Woche wieder ein bisschen verändert. Da ploppelt, von einem dünnen Draht gezerrt, eine Kugel gegen ein Blech, und man kann 1-2-3, 1-2-3 dazu zählen. Da rollen plötzlich Räder wie Windmühlen rechtsrum und linksrum, und das sieht richtig verkehrt aus. Wenn wir uns freuen, steht Buffalo mit seinem Na-wie-hab-ich-das-wieder-gemacht-Lächeln daneben.

Jeden Abend nach der Arbeit ist Buffalo mit der Maschine zugange. Auch wenn er müde ist. Als Straßenbauarbeiter müsste Buffalo eigentlich immer müde sein. Vielleicht lässt er sich's nur nicht anmerken.

Auf dem Rückweg von der Schule gehen wir immer am Schrottplatz vorbei. Das ist natürlich ein Umweg, aber wir haben schon viele schöne Sachen gefunden, die hat Buffalo dann in die Maschine eingebaut.

Nein, unsere Maschine taugt zu gar nichts. Man kann nichts damit fabrizieren. Man kann sie zu nichts benützen. Sie läuft wirklich einfach nur so. Die Viertelstunde am Samstagnachmittag in Buffalos Garage ist die schönste Viertelstunde der Woche. Aber sie dauert eben nur eine Viertelstunde. Dann bullert Buffalos Frau gegen das Garagentor und ruft: »Hast du nichts Wichtigeres zu tun, Ewald? Kannst du dich nicht mal im Haushalt nützlich machen?« Ich denke, sie mag die Maschine nicht, weil sie lieber ein Auto in der Garage hätte. Buffalo macht sich aber nichts aus Autos.

Wenn er den Stecker aus der Steckdose zieht, ist er traurig. »Einmal muss Schluss sein«, sagt er. Die Maschine läuft noch eine Weile, wird langsamer und langsamer, die Hebelarme schnaufen auf halber Höhe aus und halten die Räder an. Das hört sich ganz seltsam an, wenn die Maschine still ist.

»Also, bis nächsten Samstag«, sagt Buffalo beim Abschließen.

Die Maschine wird größer und größer. Bald passt sie nicht mehr in die Garage. Was machen wir dann nur?

Nele Moost

Der kleine Frosch und der böse Zauberer

oder: Wen man lieb hat, den erkennt man immer

Es war einmal ein kleiner Frosch, der am liebsten zusammen mit seinem Hasenfreund vor dem Haus des bösen Zauberers freche Sprüche rief. Das war ein gefährliches Spiel. Denn der Zauberer wurde leicht wütend, besonders wenn man sein breites Maul verspottete. Aber das machte auch am meisten Spaß.

Der Hase rief immer: »Marmelade!«, und zog dabei die Mundwinkel bis an die Hasenohren und der kleine Frosch antwortete mit geschürzten Lippen: »Konfitüre!«

Eines Tages aber riss der Zauberer die Haustür auf und packte die beiden Schlingel am Kragen.

»Sag das noch mal!«, forderte er den Hasen auf.

Der aber schlotterte nur so vor Angst und stotterte bloß: »Ma-ma-mach ich nie wieder.«

Der Zauberer knurrte zufrieden und ließ ihn laufen.

»Und was ist mit dir?«, herrschte er den kleinen Frosch an.

Der kleine Frosch ließ sich nicht so leicht einschüchtern.

»Ich mach dir einen Vorschlag«, quakte er. »Sag mal: Konfitüre!« Und dabei spitzte er sein kleines Froschmaul so spitz wie eine Igelschnute.

»Das wirst du bereuen«, zischte der Zauberer und tippte dem kleinen Frosch mit dem Zauberstab auf die Nase.

»Hat ja gar nicht wehgetan«, versuchte der kleine Frosch zu widersprechen.

»Abwarten«, sagte der böse Zauberer. »Ab jetzt wird dich keiner mehr erkennen. Ab jetzt hat dich keiner mehr lieb.«

Der kleine Frosch hüpfte rasch nach Hause. Er hoffte seinen Hasenfreund am Teich zu treffen. Auf einmal stolperte er und fiel in ein Schlammloch.

Als er wieder auftauchte, hatte er sich in ein stinkeklebriges Dreckschwein verwandelt. Der Hase wartete am Teich. Als es hinter ihm raschelte, drehte er sich um und sah ein Dreckschwein auf sich zukommen. Mit dem wollte er nichts zu tun haben und den Fröschen ging es genauso.

»Was willst du denn bei uns?«, riefen sie. »Wage es bloß nicht, in unseren Teich zu springen. Du stinkst. Bleib ja draußen. Dich kennen wir nicht und dich wollen wir nicht. Hau ab!«

Da grunzte das Dreckschwein traurig vor sich hin. Als die alte Unke das hörte, kam sie näher.

»Irgendwie kommst du mir bekannt vor«, überlegte sie und setzte ihre Tiefsehbrille auf, mit der sie jedem mitten ins Herz gucken konnte. »Du bist also ein Dreckschwein?«, fragte sie und das Dreckschwein nickte.

»Aber du bist auch noch was anderes?«, fragte sie weiter, und als das Dreckschwein wieder nickte, erkannte sie ganz deutlich den kleinen Frosch.

Da hüpfte die Unke mit ihm in ihre Badewanne und die beiden plantschten so lange, bis der Zauber gebrochen war. Die Frösche staunten mächtig, als unter dem Dreckschwein der

Der kleine Frosch und der böse Zauberer

kleine Frosch zum Vorschein kam. Der kleine Frosch aber war über alle Maßen froh und auch gleich wieder ein bisschen übermütig. Er erzählte der Unke den Breitmaulfroschwitz und quakte: »Die Unke hat mich immer lieb, trara. Der blöde Zauber wirkt nimmer dar.«

Da donnerte und blitzte es über dem Haus des bösen Zauberers.

»Abwarten«, drohte der Zauberer.

Am Abend wollte der kleine Frosch mit seinen Freunden ein Lied singen. Der Mond war aufgegangen und alle stimmten sich ein.

Auf einmal verschluckte der kleine Frosch einen feuerroten Wurm und verwandelte sich in einen ohrenbetäubenden Schreihalsdrachen, der Feuer spie, trotzig mit dem Fuß aufstampfte und wie eine Nervensäge quietschte, wenn er versuchte einen Ton zu singen. Die anderen Frösche hielten sich die Ohren zu. Mit so einem wollte keiner was zu tun haben.

In seiner Not stampfte der Schreihalsdrachen zur alten Unke. Die setzte ihre Tiefsehbrille auf und kitzelte den Schreihals am Bauch, bis er lachen musste. Dann kitzelte sie seine Nase, bis er niesen und husten musste. Und auf einmal hatte er den roten Wurm ausgespuckt.

»Wusst ich's doch, dass du mein kleiner Frosch bist«, sagte die Unke und nahm ihn in den Arm.

»Ätsch!«, rief der kleine Frosch, als er zum zweiten Mal erlöst war, und streckte dem Zauberer die Zunge raus. »Die Unke hat mich gleich erkannt.«

Da wurde der böse Zauberer fuchsteufelswütend. »Da soll mich doch einer auf den Mond schießen, wenn ich es nicht schaffe, mit diesem Winzling fertig zu werden«, fluchte er und nahm sich vor, den kleinen Frosch in das Allerschlimmste zu verwandeln.

Am nächsten Morgen war der kleine Frosch verschwunden. Stattdessen stand plötzlich der böse Zauberer am Teich. Die Frösche flohen in null Komma nichts unter die Seerosenblätter. Alle hatten furchtbare Angst. Sogar die Unke wich zurück und ließ vor Schreck ihre Tiefsehbrille fallen. Der Zauberer verfolgte sie. Er war so stark und mächtig, dass es keinen Zweck hatte wegzulaufen.

Ob er sie jetzt verwandeln oder fressen würde? Der böse Zauberer jedoch tat nichts dergleichen. Er schien sich nur furchtbar anzustrengen und lief knallrot an. Mit aller Kraft spitzte er sein breites Maul und flüsterte kaum hörbar: »Konfitüre!«

Die Unke erkannte gleich, dass das der Lieblingswitz vom kleinen Frosch war. Und sie fragte sich, ob der böse Zauberer ihr wohl eine Falle stellen wollte? Wollte er sie anlocken, damit er sie besser fressen konnte? Oder stand da der kleine Frosch vor ihr? Sie zögerte. Dann nahm sie all ihren Mut zusammen und küsste den Zauberer mitten auf sein gespitztes Maul.

Da gab es einen Riesenknall und ein Zischen und es sah so aus, als ob ein gewaltiger Ballon die Luft abließ und in den Himmel sauste. Und vor der Unke stand der kleine Frosch. Er gab ihr einen dicken Kuss und flüsterte: »Danke, liebe Unke, du hast mich erlöst.«

Und die Unke antwortete: »Wen man lieb hat, den erkennt man immer. Egal, in welcher Haut er steckt. Aber am meisten mag ich dich doch, wenn du mein kleiner Frosch bist.«

Dagmar H. Mueller

Der König des Waldes

Waldemar Wackelzahn trippelte mit emsigen Mäuseschritten durch die dichten Laubhaufen am Rande des Waldes. Er suchte nach Eicheln und anderen kleinen Leckereien, mit denen er seinen Hunger stillen konnte. Waldemar Wackelzahn mochte zwar nur ein kleiner Mäuserich sein. Aber er hatte einen riesigen Appetit!

Unter den Blättern war leider sehr wenig zu finden. Zu viele Feldmäuse hatten hier schon nach Futter gesucht. Waldemar guckte mit seinen kleinen schwarzen Knopfaugen forschend in den dichten Wald hinein. Hmmm, von dort duftete es herrlich nach saftigen Pilzen!

Da hüpfte ein Eichhörnchen von einem Strauch.

»Geh bloß nicht dort rein!«, warnte es. »Weißt du nicht, dass der mächtige König des Waldes jeden von hier bis ans weite Meer pustet, der es wagen sollte, in seinem Wald nach Essen zu suchen?«

»Ehrlich?« Waldemar Wackelzahn guckte erstaunt.

Nachdem das Eichhörnchen zu den nächsten Sträuchern weitergesprungen war, schaute er trotzdem weiterhin sehnsüchtig zu den Pilzen. Doch gerade als Waldemar beschlossen hatte, mäusemutig, aber mucksmäuseleise eine Pfote nach der anderen auf die trockenen Blätter zu setzen, um möglicherweise unbemerkt in den Wald hineinzuschleichen, kam ein gellender Schrei von oben.

»Bist du verrückt? Willst du vielleicht Vogelfutter werden? Weißt du nicht, dass der König des Waldes jeden in tausend Stücke reißt, der es wagt, in sein Revier einzudringen?«

Waldemar Wackelzahn reckte seine spitze Mäusenase nach oben und schnupperte. Dort oben saß ein großer Vogel, dem

vor Schreck ein paar Würmer aus dem Schnabel gefallen waren und der mit aufgerissenen Vogelaugen Waldemar entsetzt anstarrte.

Waldemar schnaubte unwillig. Schon wieder dieser König des Waldes!

»Wer ist denn dieser König des Waldes überhaupt?«, piepste er und sah den Vogel fragend an.

»Er ist das größte, das stärkste, das gefährlichste Tier, das im Wald überhaupt lebt!«, antwortete der Vogel und dabei zitterten ihm vor lauter Furcht seine Vogelfedern.

»Ah, pah!«, machte Waldemar Wackelzahn. Aber er war doch ein bisschen verunsichert. Immerhin war er bloß ein kleiner Mäuserich. Und was sollte er tun, wenn dort wirklich so ein riesiges Tier lebte, das nur darauf wartete, sich auf ihn zu stürzen?

Waldemar Wackelzahn trippelte brav zurück auf das Feld und schnüffelte unter weiteren Blättern. Aber nicht mal die klitzekleinste mausehappengroße Eichel war zu finden. Am Abend rollte sich Waldemar unter einem Dach aus Ästen hungrig zusammen, und am Morgen wachte er beim ersten Sonnenstrahl noch sehr viel hungriger wieder auf.

Er reckte seine Mäusenase in die Luft und erschnupperte sofort den verführerischen Duft der saftigen Pilze. Oh, das war doch wirklich zu gemein! Nur weil so ein großes, starkes Tier alles für sich allein haben wollte, sollte er hungrig bleiben?

Nein! Waldemar stand auf und schüttelte den Nachtstaub aus seinem Mäusefell. Nein, dieser König des Waldes, der konnte ihn nicht schrecken. Wenn er ihm tatsächlich begegnen sollte, dann würde er einfach ruck, zuck in einem Mauseloch verschwinden! So ein gewaltiges Tier konnte ihm da ja nicht hinterherkommen! Waldemar begann sich so leise, wie er konnte, in den Wald zu schleichen.

Knacks!, sagten ein paar kleinere Ästchen, die unter seinen Mäusefüßen krachten. Knirsch!, machten die Blätter, über die Waldemar trippelte.

Waldemar Wackelzahn schaute sich unsicher um. Dann lächelte er. Dort! Hinter ein paar Bäumen konnte er schon eine ganze Herde der leckersten Pilze stehen sehen. Gleich würde er an dem ersten knabbern können. Waldemar lief das Wasser im Mäusemund zusammen.

In diesem Moment donnerte eine mächtige Stimme durch den Wald. Eine so mächtige Stimme, dass Waldemars Wackelzahn wackelte, wie er seit Wochen nicht gewackelt hatte! Waldemar musste sich schrecklich zusammenreißen, um nicht selber laut zu schreien.

»HALT!«, donnerte die Stimme. »KEINEN SCHRITT WEITER ODER ICH MACHE MÄUSEHACKFLEISCH AUS DIR, DU KLEINE MÄUSEKRÖTE!«

Waldemar Wackelzahn wusste es, ohne ihn zu sehen. Ohne Zweifel, das war … der König des Waldes! Er hatte Waldemar entdeckt!

»ZURÜCK!«, donnerte die Stimme. »SOFORT ZURÜCK!«

Doch Waldemars wackelige Mäusebeinchen schienen plötzlich aus Wackelpudding zu bestehen. Obwohl er nichts lieber wollte, konnte Waldemar sich nicht von der Stelle bewegen.

»ZURÜCK!«, donnerte die Stimme ein drittes Mal durch den Wald. »SONST SCHLEUDER ICH DICH IN HOHEM BOGEN AUF DEN MOND!«

Aber Waldemar konnte noch immer kein Bein regen. Zitternd wartete er ab, was passieren würde. Auf den Mond! Ob der wenigstens aus Käse war?, überlegte Waldemar bibbernd.

Er wartete und wartete. Doch nichts geschah. Weder flog Waldemar auf den Käsemond noch kam jemand, um Mäusehackfleisch aus ihm zu machen. Es passierte einfach nichts. Gar nichts.

Nach einer Weile hörte Waldemar auf zu zittern. Nach einer weiteren Weile fing er an sich zu langweilen. Und dann wurde Waldemar neugierig. Er sah sich um. Wo versteckte er sich denn wohl, dieser gewaltige König des Waldes? Hier schien es kaum ein Versteck zu geben, das für das größte aller Tiere groß genug gewesen wäre.

Waldemar trippelte neugierig los. Er schaute hinter ein paar Bäume, guckte unter ein paar Sträucher, bis er an einen Laubhaufen kam, in dem es verdächtig raschelte.

»ZURÜCK!«

Das Donnern war diesmal so nah an Waldemars empfindlichen Mäuseohren, dass er fast umfiel. Doch dann schnupperte er an dem kleinen Haufen aus Blättern. Konnte es sein, dass der große, der starke, der gefährliche König des Waldes hier drin saß?

Waldemar schaufelte mit seinen Mäusepfoten in Windeseile die Blätter beiseite und da sah er ihn: den König des Waldes!

Er saß auf dem Waldboden, hielt ein Megafon in der Hand und guckte Waldemar mit aufgerissenen Knopfaugen zitternd entgegen.

»Du bist auch nur eine Maus?«, fragte Waldemar und musste plötzlich laut lachen. »Du benutzt dieses Ding da, damit deine Stimme laut wird und alle Tiere im Wald Angst vor dir haben?«

»Äh …«, bibberte der kleine Mäuserich, »so ungefähr!«

»Ja, aber wieso haben alle Tiere hier Angst vor einer Maus, die nichts anderes kann, als ihre Stimme laut zu machen?«, fragte Waldemar Wackelzahn.

»Weil sie doch nicht wissen, dass ich eine Maus bin«, antwortete der kleine Mäuserich schüchtern. »Wirst du mich verraten?«

Waldemar Wackelzahn grinste ihn spöttisch an. »Ach, Quatsch!«, sagte er lässig, weil er das eigentlich ganz komisch fand. Und dann trippelte er mit einem zufriedenen Lächeln auf dem Mäusegesicht eilig rüber zu den saftigen Pilzen.

Brüder Grimm

Sterntaler

Es war einmal ein kleines Mädchen, dessen Eltern gestorben waren. Es war so arm, dass es keine Kammer mehr zum Wohnen und kein Bett mehr zum Schlafen hatte.

Am Ende besaß es nur noch die Kleider, die es anhatte, und ein Stückchen Brot, das ihm jemand aus Mitleid geschenkt hatte.

Das Mädchen war aber gut und fromm. Und weil es so von aller Welt verlassen war, ging es im Vertrauen auf den lieben Gott hinaus aufs Feld.

Da begegnete ihm ein armer Mann, der sagte: »Gib mir doch etwas zu essen, ich habe solchen Hunger!«

Das Mädchen gab ihm sein ganzes Stückchen Brot, sagte: »Gott segne dir's«, und ging weiter.

Dann kam ein Kind, das jammerte und sagte: »Es friert mich so an meinem Kopf! Schenk mir etwas, womit ich ihn bedecken kann!« Da nahm das Mädchen seine Mütze ab und gab sie dem Kind.

Als es noch ein Stück gegangen war, traf es ein anderes Kind. Das hatte kein Leibchen an und fror, also gab das Mädchen ihm seins.

Und wieder ein Stück weiter war ein Kind, das bat um einen Rock, und wieder gab es ihm seinen.

Schließlich, als es dunkel geworden war, kam es in einen Wald. Da war noch ein Kind und bat um ein Hemdchen.

Das fromme Mädchen dachte: Es ist ja schon dunkel, da sieht dich niemand, also kannst du dein Hemdchen ruhig weggeben. Es zog sein Hemdchen aus und verschenkte auch das.

Und wie es so dastand und gar nichts mehr hatte, da fielen auf einmal die Sterne vom Himmel und es waren lauter harte, glänzende Taler. Und obwohl es sein Hemdchen weggegeben hatte, hatte es nun ein neues an, und es war aus allerfeinstem Leinen. Da sammelte es sich die Taler hinein und war nun reich für sein ganzes Leben.

Thomas Fuchs

Wie Ostern bei uns ins Wasser fiel

Mein großer Bruder und ich bauen gerne Staudämme. So richtig große und breite, die den ganzen Bach abriegeln. Unseren bis dahin größten hatten wir im Urlaub in Tirol gemacht. Über zwei Meter breit war er gewesen und fast einen halben Meter hoch, quer durch die kleine Schlucht. Mein großer Bruder und ich hatten einen ganzen Tag dafür geschuftet. Aber das war es wert gewesen. Denn als wir den Staudamm zum Schluss aufbrachen, gab es eine wirklich klasse Flutwelle.

Doch letzte Ostern haben wir uns selbst übertroffen. Vielmehr Onkel Matthias und Onkel Michael haben sich selbst übertroffen. Und das kam so:

Wir sind am Samstag vor Ostern früh in den Park. Wir, also Onkel Matthias, Onkel Michael, mein älterer Bruder Sascha und ich. Mama hatte uns rausgeworfen, da wir ihr nur im Wege herumstehen würden. Und überhaupt, das Wetter wäre so toll, da sollten wir doch besser raus.

Also sind wir in den Park. Dort ist diese Wiese direkt neben dem Schloss. Mitten durch die Wiese fließt ein Bach. Sascha und ich haben ihn schon oft gestaut, das Bachbett ist schmal und tief und daher optimal für eine Staumauer.

»Los, wir stauen!«, hat mein Bruder gerufen und ist mit seinen Gummistiefeln in den Bach gesprungen. Ich hinterher, mein Bruder hat die großen Steine herbeigerollt und ich hab Holz und altes Laub geholt. Onkel Matthias und Onkel Michael sind derweil weitergegangen. Als Sascha und ich schon die Grundmauern unseres Damms fertig hatten, kamen die beiden zurück. Sie hätten am Ende der Wiese eine viel bessere Stelle für einen Damm gefunden, sagte Onkel Matthias. Dort am Waldrand würde der Bach in einen Kanal fließen und da könne man viel besser stauen. Also sind wir hin. Und meine Onkel hatten wirklich Recht, nach drei Stunden hatten wir vier einen Staudamm gebaut, gegen die alle anderen Dämme ein Witz waren. Die Staumauer war über einen Meter hoch und riegelte den Bach fast vollständig ab. Onkel Michael hatte sogar zwei große Baumstämme angeschleift und eingearbeitet. Der Damm war so richtig echt.

Onkel Matthias schlug anschließend vor, wir sollten rüber ins Café gehen und eine kleine Pause einlegen. Nach Kakao und Kuchen könnten wir ja zurückkommen und den Damm öffnen. Jetzt würde sich das noch nicht lohnen, es wäre ja kaum Wasser im Staubecken.

Das haben wir dann auch gemacht. Nur hat es, als wir aus dem Café wieder rauskamen, angefangen zu regnen und da wollten meine beiden Onkel nicht mehr. Also sind wir heim. Onkel Michael sagte, wir könnten ja am Ostersonntag, beim Osterspaziergang, den Damm öffnen, dann hätten wir garantiert eine echte Super-Flutwelle.

Es hat den ganzen Samstagnachmittag nicht mehr aufgehört zu regnen, erst am Ostersonntagmorgen kam die Sonne wieder raus. Nach dem Frühstück brachen wir auf. Mama hatte die Tüte mit den Eiern zum Verstecken und Suchen gepackt und unsere Familie wollte einen richtig schönen Osterausflug mit Eiersuche machen. In der Zeitung stand, dass die Stadtverwaltung auch eine Eiersuche organisiert hätte. Über hundert Nester würden in der Nähe des Schlosses versteckt und alle Kinder wären eingeladen, danach zu suchen.

Da wollten wir hin. Onkel Michael war ganz aufgeregt. Nicht wegen der Ostereier, sondern wegen unseres Dammes. Er redete die ganze Zeit von nichts anderem. Dass Papa die Augen aus dem Kopf fallen würden, wenn er das Meisterwerk sehen würde, und dass das der beste Damm diesseits der Alpen geworden wäre.

Wie Recht er damit hatte, merkten wir, als wir am Schloss ankamen und auf die Wiese mit dem Bach und dem Damm hinuntersehen konnten.

Die Wiese war weg. Gut, nicht richtig weg, aber da, wo früher die Wiese gewesen war, stand jetzt eine trübe Brühe. Rings um den Tümpel herum hatten sich Familien versammelt und starrten traurig auf das Wasser. Uns allen war sofort klar, was passiert war. Unser Damm hatte gehalten. Aber leider hatte der Regen immer mehr Wasser in den Bach gespült, dass der irgendwann über die Ufer getreten war und die Wiese überflutet hatte. Hier Eier zu suchen konnte man vergessen.

Papa sagte, wir sollten kurz warten, und lief zu den Leuten runter, die rings um den neuen See herumstanden. Nach ein paar Minuten kam er zurück und meinte, dass wir besser verschwinden sollten. Die Leute wären stocksauer und angeblich würde die Parkaufsicht zwei Männer und zwei Jungs suchen.

Die vier wären gestern am Bach beobachtet worden und wären schuld daran, dass die städtische Eiersuche ins Wasser gefallen sei. Die Polizei ermittle gegen unbekannt. Außerdem könnten sich die Kinder ihre Osternester im Schlosshof abholen.

Sascha und ich wollten trotzdem runter zum See. Aber Mama sagte, wenn wir das machen würden, dann gäbe es weder dieses Ostern noch irgendwann in der Zukunft, weder zu Weihnachten noch zu Geburtstagen Geschenke. Und sie sagte auch, dass Onkel Michael und Onkel Matthias froh sein könnten, dass sie zur Familie gehörten und erwachsen wären. Andernfalls hätte Mama ihnen jetzt den Hintern versohlt.

Onkel Michael und Onkel Matthias sind richtig rot geworden und werden es jetzt immer noch, wenn irgendjemand das Wort »Staudamm« erwähnt.

Und Sascha und ich wissen nun, dass man einen Staudamm besser nicht zu gut baut. Sonst hält er womöglich.

Brinx/Kömmerling

Fridos Fell und der Wurli

Frido hat ein Fell. Weich und puschelig, warm und weiß, ein großes Stück Fell. Das hat er immer dabei. Wo er geht und steht, denn so ein Fell kann man immer gut gebrauchen. Zum Kuscheln, denkt ihr. Ja, zum Kuscheln ist es ganz wunderbar. Aber auch für viele andere Sachen kann man es brauchen. Zum Beispiel als Landeplatz für Wurlis.

Eines Abends war Fridos Mama eingeladen. »Ich bin gleich nebenan bei Inge und Erwin. Du weißt Bescheid!«, hatte sie ihm erklärt, ihm einen Gute-Nacht-Kuss gegeben und die Tür einen Spaltbreit aufgelassen, damit das Licht vom Flur zu Frido hineinscheinen konnte. Frido kuschelte sich in sein Fell. Er hörte, wie die Haustür ins Schloss fiel, und machte die Augen zu. Dann machte er sie wieder auf. Er konnte nicht einschlafen. Er hatte ganz vergessen seiner Mama zu erzählen, dass sie heute im Kindergarten einen Baum geklebt hatten. Mit echten Blättern.

»Mama?«

Mama war bei Inge und Erwin.

Frido legte das Fell auf die andere Seite, drehte sich um, kuschelte sich hinein und versuchte es noch einmal mit dem

Schlafen. Aber es klappte nicht. Er setzte sich auf und beschloss, schnell bei Inge und Erwin vorbeizugehen und von seinem Baum zu erzählen.

Frido kletterte aus seinem Bett und tapste los. Das Fell hielt er ganz fest in seiner Hand und zog es hinter sich her. Die Treppe runter und zur Haustür. Draußen schien hell der Mond. Frido schaute sich um. Wo wohnten noch mal Inge und Erwin? Rechts oder links? In ihrer Siedlung sah jedes Haus gleich aus. Frido ging nach rechts. Er lugte in die Fenster, sah Heinz, der keine Kinder hatte, aber trotzdem ein Baumhaus in seinem Garten; sah Elli und Paul, die bald ein Baby bekommen würden; die alte Agathe, die auf die Zwillinge aufpasste; aber Inge und Erwin und seine Mama waren nirgendwo zu sehen. Vielleicht hätte er doch links gehen sollen?

Frido bog ab. Danach noch mal. Und dann hatte er sich verlaufen. Ratlos blieb er stehen. Und jetzt? Wo war er hergekommen? »Mama?«

Genau in diesem Moment tat es einen dumpfen Plumps. Frido drehte sich um. Auf seinem Fell saß eine dicke, runde Kugel mit einem langen Rüssel daran und zwei kleinen Augen darüber. Sie schüttelte sich, meckerte irgendwie komisch herum, saugte mit ihrem Rüssel Fridos Fell ab und entdeckte ihn schließlich. Die Augen wurden groß und unter dem Rüssel öffnete sich ein riesiger Mund. »Ich bin runtergefallen!«

Frido beugte sich zu der Rüssel-Kugel und tippte sie mit dem Finger an. Was war das denn?

»He, nicht kitzeln!« Die Kugel kullerte über Fridos Fell und kam auf zwei kleinen, tippeligen Füßen zum Stehen. »Ich bin Wurli, vom Planeten der Wurlis, und meine Wurli-Mama hat

Fridos Fell und der Wurli

mir immer gesagt, ich soll mich nicht zu weit über den Rand beugen!«

Frido schaute den Wurli verwundert an. »Du meinst, du bist von eurem Planeten gefallen?«

Der Wurli schniefte mit seinem langen Rüssel, wickelte ihn zweimal um sich herum und setzte sich wieder auf das Fell. »Zum Glück bist du hier mit deinem komischen Fell vorbeigekommen. Das wäre sonst eine harte Landung geworden!«

Frido beschloss, nicht beleidigt zu sein, obwohl der Wurli sein Fell komisch genannt hatte. »Ich hab mich verlaufen. Dabei wollte ich Mama nur schnell von dem Baum erzählen, den wir im Kindergarten geklebt haben. Einen Baum mit echten Blättern! Aber jetzt finde ich nicht mehr nach Hause.«

Der Wurli kullerte hin und her, fuhr seinen Rüssel aus und schnaubelte an Fridos Schlafanzug herum, wuschelte ihm durch die Haare und prustete ihm ins Ohr. Dann stellte er sich auf seine kleinen Beinchen und winkte Frido ihm zu folgen. »Das ist leicht!«, näselte er und blies jede Menge Staub und Blätter von der Straße auf, während er mit dem Rüssel Fridos Weg nach Hause erschnüffelte.

Frido ging immer hinterher, sein Fell fest in der Hand. Er fand es lustig, dass Agathe, Elli und Paul und der einsame Heinz immer noch hinter ihren Fenstern saßen und vergaßen hinauszuschauen, um zum ersten Mal in ihrem Leben einen Wurli zu sehen. Eine Kugel mit Rüssel und kleinen, dünnen Beinchen, die von ihrem Planeten gefallen war. In null Komma nichts standen sie vor Fridos Haustür.

»Bitte sehr!«, schnarrte der Wurli. »Und jetzt bringst *du* mich nach Hause!«

Aber da konnte Frido ihm nicht weiterhelfen. Wie sollte er ihn zurück auf irgendeinen Planeten bringen, von dem er noch nie etwas gehört hatte? »Ich finde ja nicht mal Inge und Erwin!«, erklärte er dem Wurli und lud ihn zu sich nach Hause ein. »Du kannst bei mir schlafen!«

Der Wurli war einverstanden und kuschelte sich neben Frido ins Bett auf sein Fell. Aber er konnte nicht schlafen. Kugelte hin und her. Schnaubte und schniefte, und plötzlich setzte er sich im Bett auf, streckte seinen Rüssel weit aus dem offenen Fenster und blies einen langen und sehr lauten Ton in den Himmel hinaus.

»Das heißt ›Mama‹!«, erklärte er Frido danach. »Jetzt holt sie mich gleich! Bestimmt!«

Frido legte ihm tröstend den Arm um, weil er sich das nicht vorstellen konnte. Da kam ein noch viel lauterer Ton zurück, schallte durch die Straßen der Siedlung und riss alle Leute an die Fenster.

Wurli küsste Frido, schnaubelte noch einmal durch das Fell und ließ sich dann von dem langen Rüssel umschlingen, der durchs Fenster hereinkam und ihn mitnahm. Zurück, zum Planeten der Wurlis.

Frido winkte, umarmte sein Fell, kuschelte das Gesicht hinein und grinste. Da stürmte seine Mama zur Tür herein. »Frido? Alles o. k.? Hast du das komische Geräusch gehört?«

»Wir haben im Kindergarten einen Baum geklebt!« Endlich konnte er es erzählen.

Mama verschränkte die Arme vor der Brust, schaute ihn an und lächelte dann. »Mit echten Blättern?«

»Mit echten Blättern!«

Ludwig Bechstein

Das Märchen vom Mann im Mond

Vor uralten Zeiten ging einmal ein Mann an einem Sonntagmorgen in den Wald, haute sich ein ganzes Bündel Holz ab, schnürte es zusammen und trug es auf seinem Rücken nach Hause.

Da begegnete ihm unterwegs ein schöner Mann in Sonntagskleidern, der wohl in die Kirche gehen wollte. Der blieb stehen und sprach den Mann mit dem Holz auf dem Rücken an.

»Weißt du nicht, dass auf Erden Sonntag ist? Der Tag, an dem der liebe Gott ruhte, nachdem er die Welt und alle Tiere und Menschen geschaffen hatte? Weißt du nicht, dass geschrieben steht: Du sollst den Feiertag heiligen?«

Jener Mann war der liebe Gott selbst.

Der Mann mit dem Holz auf dem Rücken aber war verstockt und antwortete: »Sonntag auf Erden oder Mondtag im Himmel, was kümmert's mich? Und was überhaupt geht dich das an?«

»So sollst du dein Holz für alle Zeiten tragen!«, sprach der liebe Gott. »Und weil der Sonntag auf Erden dir so gar nichts wert ist, sollst du von nun an ewig Mondtag haben und im

Mond stehen, als eine Warnung für alle, die den Sonntag mit Arbeit schänden!«

Seit jenem Tag steht im Mond immer noch der Mann mit dem Holzbündel auf dem Rücken und er wird wohl so stehen bleiben bis in alle Ewigkeit.

Hans Christian Andersen

Die Prinzessin auf der Erbse

Es war einmal ein Prinz, der eine Prinzessin heiraten wollte. Aber es sollte eine richtige Prinzessin sein und so reiste er in der ganzen Welt umher, um eine zu finden. Prinzessinnen gab es zwar genug, doch ob es auch richtige Prinzessinnen waren, dahinter konnte er nicht kommen. Immer entdeckte er irgendwas, was nicht ganz stimmte. So kam er ganz betrübt wieder nach Hause, denn er hätte so gern eine wirkliche Prinzessin gehabt.

Eines Abends tobte ein furchtbares Unwetter. Es blitzte und donnerte, der Regen prasselte hernieder – es war ganz entsetzlich. Da klopfte es ans Stadttor und der alte König ging, um zu öffnen. Es war eine Prinzessin, die draußen vor dem Tor stand. Aber, ach du liebe Zeit! Wie sah sie vom Regen und vom bösen Wetter aus! Das Wasser tropfte ihr an Haaren und Kleidern herunter und lief ihr vorne an den Schuhspitzen herein und an der Ferse hinten wieder heraus. Doch sie erklärte, dass sie eine richtige Prinzessin sei.

Die alte Königin dachte sich: Nun, das werden wir bald herausgefunden haben. Sie sagte aber nichts, sondern ging ins Schlafzimmer, nahm alle Bettstücke heraus und legte eine

Erbse ganz unten auf den Boden des Bettes. Dann stapelte sie zwanzig Matratzen darüber und türmte noch zwanzig Daunenbetten darauf. Dort sollte die Prinzessin die Nacht über schlafen.

Am nächsten Morgen fragte man sie, wie sie geschlafen habe.

Die Prinzessin antwortete: »Oh, entsetzlich schlecht! Ich habe fast die ganze Nacht kein Auge zugetan. Gott weiß, was in meinem Bett gewesen sein mag. Ich habe auf etwas Hartem gelegen, sodass ich jetzt am ganzen Körper grün und blau bin. Es ist ganz entsetzlich!«

Da konnte man nun deutlich sehen, dass sie eine wirkliche Prinzessin war, weil sie durch die zwanzig Matratzen und die zwanzig Daunenbetten hindurch die Erbse gespürt hatte. So empfindlich kann nur eine richtige Prinzessin sein.

Der Prinz nahm sie zur Frau. Denn nun wusste er sicher, dass er eine wirkliche Prinzessin gefunden hatte. Die Erbse kam ins Museum, und dort ist sie noch immer zu sehen, wenn sie in der Zwischenzeit niemand gestohlen hat.

Seht ihr, das ist eine wahre Geschichte!

Kattrin Stier

Paul passt doch auf Teddy auf

Paul muss mit Mama und Papa ins Möbelhaus fahren. Mama und Papa wollen ein neues Sofa kaufen. Paul findet das blöd, auf dem alten Sofa kann man so toll hüpfen, und wenn sie ein neues kriegen, dann muss man bestimmt ganz vorsichtig damit sein. Und ins Möbelhaus will Paul auch überhaupt nicht. Da ist es nur heiß und laut und voll und langweilig. Bah.

»Komm schon«, sagt Mama. »Du kannst ins Kinderparadies gehen, da gibt es Kinderkino und ein Bällebad, in dem du toben kannst.«

Das klingt schon besser. Vielleicht hat Paul doch Lust mitzukommen. »Na gut«, meint er. »Meinetwegen.«

Aber als sie im Möbelhaus ankommen, ist das Kinderparadies schon voll und nimmt keine Kinder mehr auf. Paul ist sauer. Und wütend. Blödes Möbelhaus.

»Dann will ich wenigstens meinen Teddy dabeihaben«, mault er.

»Der ist doch im Auto auf dem Parkplatz«, erinnert ihn Mama.

»Dann müssen wir ihn eben holen«, sagt Paul trotzig.

»Aber du verlierst ihn bloß«, meint Mama.

»Tu ich gar nicht. Ich lass ihn doch nicht los«, sagt Paul und macht ein beleidigtes Gesicht.

»Also gut«, lenkt Papa ein, »ich hol dir deinen Teddy, aber du musst selbst auf ihn aufpassen.«

Zufrieden marschiert Paul schließlich mit Teddy im Arm durch die Möbelausstellung. Zusammen probieren sie auch ein paar Sofas aus und sagen Mama und Papa, was ihnen gefällt. Aber als Teddy unbedingt mit Paul auf einem blauen Sofa hüpfen will, schaut ein Verkäufer so böse zu ihnen herüber, dass sich die beiden lieber ganz schnell hinter Mama und Papa verstecken. Die reden und reden und legen irgendwelche Stoffstücke auf Sofas und reden wieder und rechnen. Paul und Teddy ist langweilig. Megalangweilig.

Da entdeckt Paul, dass direkt hinter den Sofas die Abteilung mit den Kindermöbeln anfängt.

»Mama, darf ich da rüber, mir die Kindersachen anschauen?«, fragt Paul.

»Meinetwegen«, sagt Mama, »aber nicht weiter weggehen, Paul. Hast du verstanden?«

»Ja, Mama. Alles klar«, antwortet Paul und zu Teddy gewandt sagt er: »Hast du gehört, Teddy, nicht weglaufen, verstanden?«

Teddy brummt.

Na, dann kann es ja losgehen. Zuerst schaut Paul sich die vielen Kindersachen an, da gibt es tolle Lampen mit Autos und Flugzeugen, Bettwäsche mit Rittern, Schaukelstühle und Rutschen, die man ausprobieren kann. Paul nimmt Teddy in den Arm und die beiden rutschen und schaukeln und schaukeln und rutschen. Dann entdeckt Paul die große Holzeisenbahn, die auf einer Platte aufgebaut ist, damit die Kinder damit spielen können. Um die Hände frei zu haben, setzt er Teddy in eine Ecke. »Hier kannst du gut sehen, Teddy«, sagt er. Die Holzeisenbahn ist toll. So eine große hat Paul nicht zu Hause. Mit so vielen Tunnels und Brücken und einem Berg. Paul schiebt die Züge hin und her und lässt sie am Bahnhof halten. Der weiße ICE fährt am schnellsten, er saust nur so den Berg hinunter. Paul ist ganz in sein Spiel vertieft und hört gar nicht, wie Papa ihn ruft.

»Paul, wo steckst du denn?« Papa ist schon fast ärgerlich, als Paul ihn schließlich bemerkt. Schnell fährt er noch die Lok aufs Abstellgleis und läuft dann zu Papa und Mama hinüber. »Da bist du ja endlich«, sagt Papa. »Komm, wir wollen schnell nach Hause, es ist schon spät und du hast morgen Schule.«

Als Paul sich im Auto anschnallt, merkt er plötzlich, dass etwas fehlt. »Teddy ist weg«, ruft er erschrocken.

Mama dreht sich ärgerlich um. »Hab ich's nicht gesagt. Warum hast du ihn bloß mitgenommen?«, sagt sie.

Und Papa knurrt nur: »Vorwürfe helfen uns jetzt auch nicht weiter. Überleg lieber, wo du deinen Teddy zuletzt hattest.«

Paul kommen die Tränen. »Weiß ich nicht mehr«, schluchzt er.

Gemeinsam gehen die drei nun noch einmal den ganzen Weg zurück bis zur Kinderabteilung. Überall suchen sie nach Teddy. Doch der ist nirgends zu entdecken.

Mama geht mit Paul zur Information am Eingang. Dort fragt sie, ob vielleicht ein Bär abgegeben wurde. Die Frau an der Information lässt sich Teddy genau beschreiben, dann kramt sie in einer großen Kiste. »Leider nichts«, meint sie, als sie schließlich mit gerötetem Kopf wieder hinter ihrer Theke auftaucht. »Aber Sie können mir ja Namen und Adresse dalassen, dann werden Sie benachrichtigt, wenn wir etwas finden.«

Mama füllt einen Zettel aus. Danach gehen sie zum Auto zurück. Paul ist ganz still.

»Heute Abend finden ihn bestimmt die Putzleute, wenn sie hier sauber machen. Die geben ihn dann unten an der Information ab und wir können ihn morgen abholen«, tröstet ihn Mama.

Paul ist sehr traurig. Er ist schuld, dass der arme Teddy jetzt ganz alleine die Nacht im Möbelhaus verbringen muss. Und er selbst kann ohne Teddy auch nur schlecht einschlafen.

Am nächsten Morgen muss Paul in die Schule, aber Mama will gleich um neun im Möbelhaus anrufen und fragen, ob Teddy gefunden wurde. Paul kann in der Schule kaum aufpassen. Die ganze Zeit muss er an Teddy denken.

Als Paul nach Hause kommt, merkt er gleich, dass es keine guten Neuigkeiten gibt. Mama macht ein ernstes Gesicht.

»Die Putzleute haben deinen Teddy nicht gefunden, mein Paulchen«, sagt sie und nimmt ihn in den Arm. »Vielleicht hat ihn ja auch ein anderes Kind mitgenommen.«

Paul kommen die Tränen. »Aber das Kind darf doch nicht einfach meinen Teddy mitnehmen!«, heult er. »Ich will meinen Teddy wiederhaben.«

Mama hat einen Vorschlag. »Ich muss sowieso noch mal ins Möbelhaus, um etwas wegen des Sofas zu besprechen. Dann fahren wir nachher zusammen und suchen nach deinem Teddy. Einverstanden?«

Paul nickt.

Später, im Möbelhaus, fragen sie zuerst bei der Information nach, doch da ist kein Teddy. Dann gehen sie direkt in die Kinderabteilung. Sie suchen in allen Ecken und Winkeln, aber Teddy ist und bleibt verschwunden. Schließlich geben sie auf. Paul kann nicht einmal mehr weinen, da ist nur so ein schwerer Klumpen in seinem Bauch. Ob er Teddy jemals wiedersehen wird?

Als Mama zu den Sofas hinübergeht, kommt Paul mit. Heute hat er auch keine Lust mehr, in der Kinderabteilung zu rutschen und zu spielen. Während Mama etwas mit einem Verkäufer bespricht, schlendert Paul ziellos zwischen den ausgestellten Möbeln umher. Das Möbelhaus ist wie ein riesiges Puppenhaus mit lauter kleinen eingerichteten Zimmern, die an einer Seite offen sind. Paul überlegt, welches Wohnzimmer er nehmen würde, wenn er groß ist. Er schaut sich um und da bleibt sein Blick plötzlich an einem Schrank hängen. Aber das ist ja … Das ist ja Teddy!

Er sitzt dort oben zusammen mit einem zweiten Bären, einem Bärenmädchen genauer gesagt. Sofort klettert Paul auf das Sofa neben dem Schrank und versucht an Teddy heranzukommen.

Plötzlich steht der Verkäufer neben ihm, der ihn gestern bereits so böse angeschaut hat. »Bist du schon wieder hier! Weißt du nicht, dass das hier kein Spielplatz ist? Wo sind denn deine Eltern?«, fragt er unfreundlich.

»Ich will doch nur meinen Teddy haben«, sagt Paul.

»Das geht aber nicht«, erwidert der Verkäufer streng. »Dieser Ausstellungsraum wurde heute erst neu eingerichtet. Die Teddys gehören zur Dekoration und sind nicht verkäuflich.«

Paul versucht weiter zu Teddy hinaufzuklettern. Doch der Verkäufer hält ihn fest. »Das ist aber mein Teddy!«, schreit Paul verzweifelt. »Der gehört mir!«

»Was ist denn hier los?«, fragt Mama, die inzwischen herbeigekommen ist.

»Ach, zu Ihnen gehört der Junge«, meint der Verkäufer spitz. »Können Sie ihm nicht beibringen, dass das hier kein Spielplatz ist?«

»Natürlich«, sagt Mama ruhig, »aber das da oben ist wirklich Pauls Teddy. Könnten Sie uns den bitte herunterreichen?«

»Also, dieser Bär ist Dekoration, den kann ich nicht so einfach herausgeben«, erwidert der Verkäufer. »Da könnte ja jeder kommen und sagen, er gehöre ihm.«

»Der Teddy gehört aber ganz bestimmt meinem Sohn«, sagt Mama. Sie kramt in ihrer Handtasche und zieht ihre Brieftasche hervor. »Sehen Sie hier auf dem Foto, da hat er ihn im Arm.«

»Tatsächlich«, meint der Verkäufer, »na dann, bitte sehr.« Widerstrebend und immer noch nicht sehr freundlich reicht er Paul seinen Teddy.

Der schließt ihn überglücklich in die Arme. »Wie schön, dass ich dich wiederhabe«, flüstert er ihm ins Ohr. »Was machst du nur für Sachen, mein Teddy, und wie bist du überhaupt da raufgekommen?«

Paul schaut zum Schrank hinauf. Das Bärenmädchen sitzt da oben und guckt irgendwie traurig zu ihnen hinunter.

»Die muss jetzt ganz allein da oben bleiben. Die Arme!«

»Wir können sie ja nächste Woche besuchen kommen«, meint Mama.

Da lächelt auch der Verkäufer und sieht gar nicht mehr böse aus.

Und Paul freut sich schon auf nächste Woche. Wenn sie das Bärenmädchen besuchen. Natürlich zusammen mit Teddy. Aber dann lässt er ihn ganz bestimmt nicht mehr aus den Augen.

Ulrike Kuckero

Vom Huhn, das verreisen wollte

Es war einmal ein Huhn, das wollte so gern verreisen. Seit es aus dem Ei geschlüpft war, lebte es in immer dem gleichen Hühnerstall und allmählich wurde das Leben langweilig.

»Ich werde verreisen«, verkündete es eines Tages und nahm seinen kleinen Koffer unter den linken Flügel. »Ich hoffe, ihr kommt solange ohne mich aus.«

Die anderen Hühner lachten. »Verreisen? Wohin denn?«, gackerten sie.

Doch das Huhn antwortete ihnen nicht. Es kletterte die Hühnerleiter hinunter, stieß die Klappe zum Ausgang auf und ging über den Hof.

»Schau dir dieses alberne Huhn an«, rief da die Bäuerin zum Bauer. »Will es etwa verreisen?«

»Ha«, lachte der Bauer, »verreisen? Wohin denn?« Und er machte das Tor zur Straße zu.

Doch das Huhn ging am Tor vorbei, über die Wiese, kletterte unter dem Stacheldraht hindurch, sprang hinten über den Bach und wanderte in die Welt hinaus.

»Seht euch dieses alberne Huhn an«, rief die schwarze Kuh, die auf der Weide stand. »Will es etwa verreisen?«

»Verreisen?«, rief die braune Kuh und brüllte vor Lachen. »Wohin denn? Etwa nach Honolulu?«

Gute Idee, dachte das Huhn. Es packte seinen kleinen Koffer noch fester und lief weiter über die Weide.

Bald kam es zu einer Straße. Da stand ein Trecker. Der gehörte dem Nachbarbauern, der gerade nach seinen Kühen schaute. Schnell sprang das Huhn auf das Trittbrett. Da fuhr der Trecker auch schon los, immer die Straße hinab.

»Ich verreise!«, gackerte das Huhn glücklich. Es stellte seinen kleinen Koffer ab und schaute auf die vorbeifliegende Landschaft.

Bald fuhr der Trecker auf einen Hof, wurde langsamer und hielt schließlich an. Das Huhn packte seinen Koffer unter den rechten Flügel und sprang schnell vom Trittbrett.

Auf dem Hof liefen viele Hühner umher. Als sie das fremde Huhn sahen, kamen sie angelaufen, umkreisten es und gackerten: »Wo kommst du denn her? Und was willst du hier?«

Das Huhn stellte seinen kleinen Koffer ab, schüttelte sich die lahmen Flügel locker und sagte: »Ich komme von meinem langweiligen Hühnerstall und mache hier jetzt Urlaub.«

Da staunten die Hüher nicht schlecht. Urlaub? Keines von ihnen war bisher auf solch eine Idee gekommen.

Bereitwillig ließen sie das Huhn bei sich auf der Hühnerstange schlafen und am Tage pickte es mit den anderen Hühnern Körner und Würmer im Garten.

Das ging eine Weile so, bis das Huhn eines Tages seinen kleinen Koffer hervorholte und sagte: »War nett bei euch. Mein Urlaub ist jetzt zu Ende.«

Wieder nahm es den Koffer unter den linken Flügel und

Vom Huhn, das verreisen wollte

marschierte über den Hof zum Trecker, kletterte auf das Trittbrett und stellte seinen Koffer ab. Diesmal musste das Huhn ein wenig warten, bis der Trecker losfuhr. Der Bauer hatte noch andere Dinge zu tun. Erst am Abend fuhr er mit dem Trecker zu den Weiden, um nach den Kühen zu schauen.

An der Weide sprang das Huhn ab und ging mit seinem kleinen Koffer zum Bach.

»Da bist du ja wieder«, lachte die schwarze Kuh. »Wo warst du denn?«

»Verreist«, sagte das Huhn stolz und ging weiter.

»Ha!«, brüllte die braune Kuh. »Ein Huhn, das verreist! Warst du in Honolulu?«

Doch das Huhn antwortete nicht. Es sprang über den Bach, kletterte unter dem Stacheldraht hindurch und lief über die Wiese. Schon stand es auf seinem Bauernhof.

»Da bist du ja wieder«, sagte die Bäuerin, »ich hab dich schon gesucht.«

»War verreist«, sagte das Huhn kurz und lief eilig zum Hühnerstall.

»Da bist du ja wieder«, staunten die anderen Hühner. Sie rückten beiseite und ließen das Huhn auf die Hühnerstange.

»Hab Urlaub gemacht«, sagte das Huhn und schaute in die Runde.

Die Hühner sahen es gespannt an. »Wo denn?«, riefen sie.

»In Hühnerlulu«, sagte das Huhn lässig. »Kann ich euch nur empfehlen.«

Achim Bröger

Moritz und der Mann ohne Angst

Moritz liegt im Bett und denkt nach. Er hat heute nämlich einen Mann vor einem Jahrmarktzelt gesehen. Groß, lachend und mit schwarzen Haaren stand er da. Ein anderer hat laut gerufen: »Dieser Mann kennt keine Angst! Er springt aus großer Höhe in ein winziges Wasserbecken! Er zieht den Löwen am Schwanz! Kommen Sie ins Zelt! Sie werden staunen!«

So sieht also ein Mann aus, der sich vor nichts fürchtet, hat Moritz gedacht.

Gerne wäre er mit den vielen anderen Menschen ins Zelt gegangen. Aber er hat nur noch einen Euro in der Tasche gehabt, und das ist zu wenig für eine Eintrittskarte. Für sein letztes Geld hat er sich dann Zuckerwatte gekauft und ist nach Hause gegangen.

Moritz liegt da und denkt an den Mann mit den schwarzen Haaren. Er kann sich gar nicht vorstellen, wie das ohne Angst ist. Ein bisschen fürchtet er sich nämlich sogar, wenn er hier so ganz allein in seinem dunklen Zimmer liegt. Und er möchte den Mann fragen: »Sag mal, stimmt das wirklich, dass du niemals Angst hast?«

Der kleine Moritz sieht ihn richtig vor sich. Schwarzhaarig, groß und lächelnd steht er da. So einen Freund möchte ich haben, denkt Moritz im fast dunklen Zimmer.

Und da sitzt der Mann plötzlich auf dem Stuhl neben dem Bett. Bevor Moritz noch erschrecken kann, sagt er: »Hallo, ich bin's, der Jo. Du hast mich hergewünscht. Hier bin ich. Woher kenn ich dich nur?«

»Wir haben uns auf dem Jahrmarkt gesehen«, sagt Moritz. »Ich hab aber kein Geld für eine Eintrittskarte gehabt. Ich heiße übrigens Moritz. Bleibst du ein bisschen bei mir? Ich freu mich nämlich, dass du gekommen bist.«

Jo lächelt und nickt und dann fragt er: »Warum schläfst du nicht, Moritz?«

»Weil es hier dunkel ist«, antwortet der. »Und wenn das so ist, habe ich immer ein wenig Angst. Nicht viel, aber gerade genug, dass es mir die Augen offen hält. So was kennst du nicht, stimmt's? Du fürchtest dich ja vor niemandem und du läufst bestimmt auch vor niemandem davon. Das ist sicher ganz toll.«

»Willst du wissen, wie das ist?«, fragt der Mann. »Dann komm mit.« Im nächsten Augenblick sitzt der kleine Moritz auf seinen Schultern und sie gehen zum Jahrmarkt.

In den Buden ist es dunkel. Nur noch im großen Zelt leuchten die Scheinwerfer. Der Mann an der Kasse schläft. Sie gehen einfach an ihm vorbei und in die Manege.

Dort übt ein Mann im roten Anzug Messerwerfen. Ein anderer lässt Löwen durch Reifen hüpfen. Auf dem Rücken eines Elefanten reitet eine Frau. Und Jo zeigt seinen gefährlichen Sprung von der höchsten Stelle des Zeltes in ein kleines Wasserbecken. Danach ruft er: »Hallo! Messerwerfer!«

Scharfe, glänzende Messer sausen knapp an Jo vorbei. Er lacht nur darüber und klettert auf ein Seil, balanciert und schlägt einen Salto. Am Schluss steckt er seinen Kopf in den Löwenrachen voll scharfer Zähne.

Staunend sitzt Moritz im Sand und denkt: Selbst wenn ich keine Angst hätte, würde ich meinen Kopf nicht zwischen Löwenzähne stecken. Da riecht es bestimmt schlecht. Aber ich würde auf einem Pony reiten. Und ich würde an großen Hunden vorbeigehen, ohne zu zittern. Außerdem würde ich beim Radfahren eine Hand vom Lenker nehmen.

»Mensch, das war toll!«, ruft Moritz begeistert. Und dann erschrickt er. Riesengroß trottet der Elefant auf Jo und ihn zu. »Vorsicht!«, schreit der kleine Moritz, springt zur Seite und rennt weg.

Natürlich bleibt Jo stehen. Er hat keine Angst und läuft vor niemandem davon. Toll findet der Moritz das.

Aber dann staunt er, denn der Jo jammert: »Ist mir dieses Riesenvieh schon wieder auf den Zeh getreten. Das kommt davon, wenn man nicht davonläuft!«

Moritz sieht sich den Zeh an. Dick und geschwollen ist der. Dann dreht Moritz sich zum Elefanten um. Der zwinkert mit dem rechten Auge, hebt den Rüssel und geht aus dem Zelt.

Der Mann ohne Angst sitzt im Sand, streichelt seinen Zeh und sagt: »Bitte, kleiner Moritz, gib mir etwas Angst von dir, damit ich das nächste Mal weglaufen kann, wenn es nötig ist.«

»Kannst du haben«, sagt Moritz. »Wie viel brauchst du denn? Reicht ein halbes Pfund?«

Nachdenklich sieht Jo seinen Zeh an und fragt: »Kann es ein bisschen mehr sein?« Und im nächsten Augenblick hat

Moritz weniger Angst, bestimmt ein Pfund. Er fühlt sich plötzlich ganz erleichtert.

Moritz liegt in seinem Bett. Auf dem Stuhl sitzt kein Jo mehr. Schade, denkt er, es war so, als gäbe es ihn wirklich. Schnell geht er ins Wohnzimmer zu seinen Eltern und fragt: »Haben eigentlich alle Menschen Angst?«

»Ich glaube schon«, meint seine Mutter.

»Nur mein Freund Jo hatte bisher keine«, sagt der kleine Moritz. »Er ist vor niemandem davongelaufen. Dafür hat er einen sehr dicken und roten Zeh gehabt. Aber das muss ich euch ganz genau erzählen.«

Bianka Minte-König

Rattenvesper

»Ich kündige«, keuchte Zingelzahn und ließ sich platt auf die Steinfliesen des Doms fallen. »Die Fastenzeit ist eine Zumutung für Domratten!«

»Ganz recht«, stimmte ihm Amanda, die Rättin, zu. »Mir hängt der Magen bis zu den Krallen. Seit alle Welt fastet, bringt nicht mal mehr Oma Grete ihre Krümelkekse mit in die Kirche!«

Zingelzahn nickte missmutig. »Gestern war eine ganze Schulklasse da und nicht ein Kind hat einen Schokoriegel liegen lassen.«

»Nicht mal ein vertrocknetes Vesperbrot!«, murrte Amanda und betrachtete ihren mageren, faltigen Bauch.

»Eine Zigarettenkippe ist das Letzte, was ich vor drei Tagen gefressen habe. Und das auf leeren Magen. Mannomann, mir wird jetzt noch ganz anders!« Zingelzahn verdrehte die Augen.

Amanda seufzte. »Ich kaue seit vorgestern auf einem gebrauchten Kaugummi herum – auch kein prickelndes Geschmackserlebnis!«

»Gibt aber wenigstens Blasen«, meinte Zingelzahn bewundernd und betrachtete die dicke Kaugummiblase, die zwischen Amandas Rattenzähnen hervorquoll. »Toll«, staunte er, »wie machst du das bloß?«

Die Blase zerplatzte mit einem zarten Plopp und der rosa Kaugummimatsch klebte in Amandas Rattengesicht.

»Bäh!« Angewidert kratzte sie mit ihren Krallen die zähen Reste weg. »Das war's«, grantelte sie, während sie fortfuhr, den um ihre magere Gestalt schlotternden Pelz eifrig zu putzen. »Nu ist der auch weg! Na ja, er war ohnehin inzwischen ziemlich ausgekaut.«

»FRESSEN!«, schrie Zingelzahn plötzlich vor Hunger laut los. »Ich will endlich was fressen!« Er griff nach dem Schwanz von Amanda und begann daran zu knabbern.

»Untersteh dich!«, keifte Amanda und sprang auf die Grabplatte eines bedeutenden Fürsten, der im Dom begraben lag. Zingelzahn folgte ihr behände. Und bald jagten sie in wilder Hatz durch den Dom. Plötzlich hielt Amanda an und deutete zum Altar.

»Da, da!«, rief sie aufgeregt. »Der Leuchter ist wieder da!«

Tatsächlich. Dort stand der prächtige, siebenarmige Leuchter. Frisch geputzt und schöner als je zuvor. Aber das Beste war, dass in jedem seiner Arme eine wunderbare dicke Kerze steckte.

Die beiden Ratten liefen jede an einem Leuchterarm hinauf. Vor Aufregung stießen sie schrille Pfiffe aus.

»Riechst du es auch, Liebster?«, rief Amanda zu Zingelzahn hinüber. »Bienenwachs!« Genüsslich sog sie den Duft in ihre Schnupperschnauze.

»Hm. Lecker!« Zingelzahn lief das Wasser im Mund zusammen. Dann biss er mit seinen langen, gelben Rattenzähnen herzhaft in die köstliche Kerze.

»Merkwürdig, höchst merkwürdig!« Der Domvogt stand vor dem Leuchter und wunderte sich. »Ich hätte schwören können, dass ich gestern sieben frische Bienenwachskerzen in den Leuchter gesteckt habe.« Er kratzte sich am Kopf. »Vertrackt! Nun sind es nur noch fünf.«

Im Schatten des Fürstengrabes legte Amanda ihren Kopf auf Zingelzahns Bauch, aus dem leises Grummeln drang. »Bienenwachs ist eben doch kein Honig«, seufzte sie.

»Aber der Bauch ist voll!« Zingelzahn grunzte behaglich. »Und bekömmlicher als Zigarettenkippen ist es allemal.«

»Schlaf gut«, wisperte Amanda, »und träum schön.«

»Das werde ich«, brummelte Zingelzahn. Er schloss die Augen und träumte vom siebenarmigen Leuchter und anstelle der Kerzen steckten in ihm sieben schmackhafte Salamiwürste.

Jo Pestum

Mein Freund, der Bär

Damals, als ich noch klein war, das ist lange her, da hatte ich einen wunderbaren Freund. Es war ein Bär. Auf ihn konnte ich mich immer verlassen, er war da, wenn ich seine Hilfe brauchte.

Mit meinem Kinderfahrrad brauste ich oft auf den Wegen im Bredeneyer Wald umher. Das war unheimlich gefährlich. Im Wald hausten nämlich Indianer. Apachen! Die sind die allerwildesten.

Ganz plötzlich sprangen sie aus den Gebüschen hervor, schwangen ihre Speere und Kriegsbeile, zielten mit Pfeil und Bogen auf mich und stießen gellende Schreie aus. Ich wusste, sie wollten mich an den Marterpfahl binden.

Aber jedes Mal, wenn ich fast schon verloren schien, kam mir in letzter Sekunde mein starker Freund zu Hilfe. Er brach mit fürchterlichem Gebrüll aus dem Unterholz, erhob sich auf die Hinterbeine, fletschte die scharfen Zähne und drohte mit den gewaltigen Pranken.

Da konnte man aber die Apachen flüchten sehen! Sie weinten fast vor Angst. Manchmal warfen sie vor Schreck sogar ihre Waffen weg. Selbst der mutigste Indianer fürchtet sich vor einem solchen Grizzly. Mein Freund war nämlich drei Meter hoch. Mindestens.

Wenn die Apachen in der Ferne verschwunden waren, hockten wir uns ins weiche Moos und lachten erst einmal. Ich kuschelte mich ins Fell meines Freundes. Es war weich und warm.

»Danke, großer Bär! Du bist zur rechten Zeit gekommen.«

»Du weißt doch, kleiner Jojo, dass ich immer zur rechten Zeit zur Stelle bin. Freunde helfen sich immer gegenseitig, sonst wäre es ja keine richtige Freundschaft.«

»Du hast Recht, großer Bär, Freunde müssen sich aufeinander verlassen können. Erzählst du mir wieder etwas von deiner Heimat?«

Der Bär nickte. Es machte ihm Freude, mir Geschichten von Alaska zu erzählen. Von dort stammte er nämlich. Er berichtete von den fetten Lachsen in den reißenden Flüssen, von endlosen finsteren Wäldern, von den hohen Bergen mit dem ewigen Eis, von seinem Winterschlaf tief in der Höhle und von den kreisenden Adlern. Ach, ich hörte ihm so gern zu!

Wenn ungefähr eine Stunde vergangen war, sagte mein Freund jedes Mal: »So, Jojo, jetzt wird es Zeit, dass du nach Hause radelst. Bestimmt warten deine Eltern schon auf dich. Und ich werde mich hinter den Bäumen noch ein wenig ins Gras legen und von meiner Heimat träumen.«

So ging das lange Zeit. Ich brauste durch den Bredeneyer Wald, die Indianer bedrohten mich – und immer rettete mich mein starker Freund. Dann erzählten wir uns Geschichten und freuten uns, dass wir so gute Freunde waren.

Dann kam ein ganz besonderer Tag. Wieder fuhr ich auf den Waldwegen umher. Ich dachte: Eigentlich ist das Kinderfahrrad inzwischen zu klein für mich. Ich brauche ein größeres Fahrrad. Plötzlich bremste ich scharf. Da stimmte etwas nicht.

Keine Indianer! Nicht ein einziger Apache ließ sich sehen. Warum wurde ich nicht bedroht? Was war geschehen? Da raschelte es in den Büschen: Mein Freund erschien.

»Großer Bär, wo sind die Indianer?«, fragte ich.

»Sie sind verschwunden«, sagte der Bär. »Wahrscheinlich haben sie sich ein anderes Jagdgebiet gesucht. Und sie haben ja auch längst gemerkt, dass du inzwischen größer und stärker und mutiger geworden bist. Ich glaube sogar, die Apachen fürchten sich jetzt fast vor dir. Es kann gut sein, dass sie deswegen verschwunden sind. Die kommen nicht wieder.«

»Meinst du das im Ernst?«

»Ja, Jojo, ganz im Ernst.« Der große Bär wurde auf einmal sehr verlegen. »Ich muss dir noch etwas sagen, Jojo. Du brauchst meine Hilfe nicht mehr. Und in letzter Zeit spüre ich mehr und mehr, dass ich Heimweh nach Alaska habe. Um es kurz zu machen: Ich kehre zurück in meine Heimat.«

»Du willst mich wirklich verlassen, großer Bär?«, schrie ich und war sehr verzweifelt.

»Es muss sein, Jojo.«

Da verstand ich. Noch einmal kuschelte ich mein Gesicht in das weiche und warme Fell meines Freundes. Er brauchte ja nicht unbedingt zu merken, dass ich weinte.

»Es war eine schöne Zeit mit dir, großer Bär«, flüsterte ich. »Leb wohl, mein Freund!«

»Leb wohl, Jojo!« Langsam entfernte sich der Bär. Eine Weile hörte ich ihn noch brummen, dann war er zwischen den Baumstämmen nicht mehr zu sehen.

Ja, damals, als ich noch klein war, hatte ich einen wunderbaren Freund, doch von unserer Freundschaft habe ich niemandem auch nur ein Sterbenswörtchen verraten. Die Leute hätten bloß gesagt: Der Jojo lügt, der träumt, der hat sich das alles nur ausgedacht. Indianer im Bredeneyer Wald und Freundschaft mit einem Bären – so ein Unsinn! Wahrscheinlich hätten sie mich sogar ausgelacht.

Du kennst jetzt mein Geheimnis, aber du musst es für dich behalten. Erzähl es keinem Menschen weiter! Versprochen?

Angelika Glitz

Keine Zeit für Paula

Paula hüpfte auf Socken die Treppe hinunter und es machte »pitsch, patsch, pitsch, patsch«. Das lag daran, dass Paulas Socken nass wie Waschlappen waren.

In Paulas Arm schaukelte Prinzessin. Sie war einmal die schönste Puppe der Welt gewesen. Einmal oder – um genau zu sein – bis heute Morgen. Da war sie in Paulas Schokoladenbrot geflogen. Und so etwas bekommt Prinzessinnen selten gut.

»Mama«, rief Paula und stürmte in die Küche, wo Mama fröhlich summte und einen Eimer Äpfel schälte. »Mama, du musst mir helfen.«

»Bitte helfen, heißt das«, sagte Mama. »Weißt du doch.«

Paula stöhnte. »Bitte helfen, meinetwegen.«

»So klingt das viel netter«, erklärte Mama. »So helfe ich dir gerne – sofort wenn ich diesen Apfelstrudel fertig gebacken habe. Frag doch bis dahin Jasper, ob er mit dir spielt.«

Paula stopfte sich zwei Apfelstücke in den Mund und lief den Flur entlang zu Jaspers Zimmer. Ihr Bruder saß vor einem weißen Schreibheft. Sein rosiges Gesicht ruhte auf beiden Händen. Und seine Augen waren geschlossen.

Keine Zeit für Paula

Als Paula ihn in den Po zwickte, zuckte er zusammen. Und als er Paula sah, plumpste er vor Schreck vom Stuhl.

»Keine Zeit«, stieß er hervor. »Überhaupt gar keine Zeit, wie du siehst!« Ächzend zog er sich vom Boden hoch und pflanzte seinen Hintern in die Mitte des Stuhls zurück.

»Aber du schläfst doch«, sagte Paula und zupfte Prinzessin ein paar Schokoköttel aus dem Haar.

»Ich, schlafen!« Jasper lachte. »Siehst du nicht, wie sehr ich nachdenke. Schau dir diese Falte an.« Er tippte sich mit seinem Finger an die Stirn. »So eine schöne Falte bekommt nur, wer viel nachdenkt. Und jetzt nerv zur Abwechslung mal deine Schwester.« Dann schob er Paula durch sein Zimmer auf den Flur hinaus und schmetterte die Tür ins Schloss.

Paulas Schwester Vera thronte zwischen vielen Kissen im Wohnzimmer und redete mit dem Telefonhörer. »Du, heut in der Pause hat mich Jörgi angelächelt. Der lächelt so süß.«

Paula zupfte an der Telefonschnur.

»Süß«, wiederholte Vera und zeigte Paula einen Vogel. »So süß!«

Paula schob ihren Mund nah an Veras Ohr, holte Luft und rief, dass der Ohrring daran zu schaukeln begann: »SOS, SOS!«

»SOS« rufen die Seeleute, wenn ihnen das Wasser bis zum Hals steht. Das hatte Jasper Paula erklärt.

»SOS!!!«

Vera sprang auf wie der Frosch, auf den Paula im Sommer beinah getreten war. »Bist du total verrückt?«, brüllte sie, während in ihrem Gesicht ein paar prächtige Flecken auftauchten. »Verpuff dich samt Puppe zu Mama!«

»Pfffft«, machte Paula. »Und dich soll die Sintflut holen und den Gully runtergurgeln. Samt Jörgi.«

Da ließ Vera verträumt die Augenlider hängen. »Weißt du, Jörgi hat seinen Rettungsschwimmer. Der kann durch das ganze Becken tauchen ohne Nasezuhalten. Für den ist so ein Gully null problemo.« Dann wedelte sie mit dem Telefonhörer in Richtung Tür. »Und nun zieh Leine, Paula.«

Das tat Paula. Sie zog an der Leine, die das Telefon mit der Buchse verband. Sie zog, bis das Telefon zu Boden glitt und nur noch leise vor sich hin piepste. Dann ging sie in die Küche, wo Mama Eier auf den Schüsselrand schlug.

»Du, Mama«, sagte Paula.

»Sofort, Süße«, sagte Mama und Paula krabbelte auf die Küchenbank. Sie ließ die Beine baumeln und beobachtete den langsam größer werdenden Fleck an der Decke, der wie ’ne Qualle aussah.

»Mama, du«, sagte Paula.

»Sofort, Süße«, wiederholte Mama und warf ein paar Eierschalen in den Mülleimer.

»Du, ich erzähl Prinzessin eine Geschichte bis ›sofort‹«, sagte Paula.

»Großartig«, lobte Mama.

»Du darfst ruhig zuhören.«

Mama nickte und lächelte.

»Es war mal ’ne Prinzessin«, fing Paula an. »Die war die schönste Prinzessin, die du je gesehen hast.«

Mama grinste.

»Doch eines Morgens fiel ihr Kopf in ein Brot mit dick Schokolade drauf.«

Mama schaute Paulas schokoladenschwarze Puppe an und kicherte.

»Da kam die Königin, zog das Brot aus den Prinzessinnenhaaren und ließ der Prinzessin ein Bad ein. Ein Bad mit unheimlich viel Schaum. Hörst du auch zu, Mama?«

»Aber natürlich, Süße«, sagte Mama und angelte die Milchtüte aus dem Kühlschrank.

»Aber der Wasserhahn ging nicht mehr zu, Mama.«

»Ja, der klemmt manchmal«, lachte ihre Mutter.

»Das Wasser lief auf den Fußboden und meine Socken wurden nass. Pitschnass. Da bin ich schnell runter, um zu fragen, ob mir jemand hilft …«

Entsetzt drehte sich Mama um. Die Milchtüte rutschte ihr aus der Hand und flatschte zu Boden. »Was, was, was?«, rief sie.

Und der erste Wassertropfen fiel vom Badezimmer durch die Decke und landete – plop – auf Mamas Nasenspitze.

Milan

Ein Dorf mit Namen Orf

Es war einmal ein Dorf. Ein kleines Dorf. Das Dorf Orf. Dieses Dorf mit Namen Orf war wirklich ein kleines Dorf. Es lag in einem grünen Tal mit Namen Al, neben einem Fluss mit Namen Luss. Hinter dem Dorf mit Namen Orf stand ein Berg, ein Berg mit Namen Erg. Der Berg Erg war ganz grün. Natürlich war der Berg Erg grün, denn dort stand ein kleiner Wald. Ein Wald mit Namen Ald. In diesem Wald gab es einen Bach mit Namen Ach und einen Teich mit Namen Eich. So war das.

In diesem Dorf mit Namen Orf lebte ein Junge mit Namen Unge. Der Junge Unge liebte Geschichten und er hatte schon viele Bücher gelesen. Alles, was er gelesen hatte, erzählte er seiner allerbesten Freundin. Sie lebte in dem Wald mit Namen Ald zwischen dem Bach mit Namen Ach und dem Teich mit Namen Eich. Sie war eine Schlange, eine echte Schlange mit Namen Ange.

Schlange Ange und Junge Unge waren wirklich sehr gute Freunde. Na ja, manchmal haben sie sich auch gestritten, wie das viele andere gute Freunde auch tun. Aber der Streit dauerte nie lange und am Ende schlossen sie immer Frieden und wurden nur noch bessere Freunde.

Das wusste jeder in diesem Dorf mit Namen Orf. Und alle wussten noch etwas: Die Schlange Ange war eine sehr gefährliche Schlange. Sehr, sehr gefährlich. Nicht für die Kinder. Ein Kind hatte sie noch nie gebissen. Manche Erwachsene aber schon, nämlich die, die ihren Kindern keine Geschichten vorlesen wollten. Das wusste jeder in diesem Tal mit Namen Al und deshalb hatte hier keiner vor der Schlange Ange Angst.

Eines Tages kam eine neue Familie ins Dorf Orf. Die Familie mit Namen Amilie. Die Familie Amilie war eine kleine Familie. Die Mama mit Namen Ama, der Papa mit Namen Apa und ein Mädchen mit Namen Ädchen. Das Mädchen Ädchen war ein kleines Mädchen. Es hatte eine Puppe mit Namen Uppe, eine Katze mit Namen Atze und einen Hund mit Namen Und.

Am Abend nach dem Abendessen besuchten die Schlange Ange und der Junge Unge gemeinsam die Familie mit Namen Amilie. Es war schon dunkel, als sie dort ankamen. Die Schlange Ange schlängelte sich zum Fenster hoch, ohne ein einziges Geräusch zu machen. Das Fenster war geöffnet und Ange konnte sehen, wie der Hund Und und die Katze Atze miteinander »Tier ärgere dich nicht« spielten.

Der Junge Unge kletterte zu dem zweiten Fenster, auch ohne ein einziges Geräusch zu machen. Dieses Fenster war ebenfalls geöffnet und Unge sah, wie die Puppe mit Namen Uppe schon schlief, das Mädchen Ädchen aber noch wach war. Es hielt ein Buch in den Händen, aber leider konnte es nur die Bilder anschauen, denn lesen hatte es noch nicht gelernt. Das war schade, denn es war ein sehr spannendes Buch mit einer sehr spannenden Geschichte. Es war die Geschichte über die verrückte Eisenbahn.

Darum war das Mädchen traurig, sehr, sehr traurig. Als das auch die Schlange Ange sah, schlängelte sie sich sofort zum dritten Fenster. Dieses Fenster stand auch offen.

Sie guckte in das Zimmer und – oh, weh! Dort saß die Mama Ama, schaute in den Fernseher und trank ein Glas Bier. Der Papa Apa saß daneben, guckte auch fern und strickte.

»Oh, nein«, sagte die Schlange Ange, »so geht das nicht. Nicht mit mir.« Sie schlängelte sich durch das Fenster ins Zimmer, ohne ein einziges Geräusch zu machen. Mama Ama und Papa Apa bemerkten sie nicht. Schlange Ange kroch langsam zu Mama Ama und Papa Apa und biss sie nacheinander leicht in den Fuß.

Es dauerte nicht lange, da hatten beide plötzlich die Idee, mal nach ihrer Tochter zu sehen, und gingen schnell in das Zimmer zum Mädchen Ädchen.

Die Mama mit Namen Ama nahm ihrer Tochter das Buch aus den Händen und begann gleich laut zu lesen. »Es war einmal eine verrückte Eisenbahn. Sie wohnte ...«

Weiter kam sie nicht, denn Papa Apa nahm ihr das Buch weg und las selber weiter: »Sie wohnte in einem kleinen Spielzeuggeschäft ...«

Schon versuchte Mama Ama ihm das Buch wieder aus der Hand zu nehmen, um fortzufahren, aber Papa Apa ließ es nicht los. So konnte keiner weiterlesen.

Mama und Papa konnten sich nicht einigen, wer die Geschichte vorlesen sollte. Ein Wort ergab das andere und sie begannen miteinander zu streiten. Der Streit war laut, aber er dauerte nicht lange.

Denn noch lauter als Mama und Papa sagte nun das Mädchen Ädchen: »Bitte hört doch auf zu streiten. Einmal kann ja Mama mir etwas vorlesen und beim nächsten Mal Papa.«

Damit waren die Eltern einverstanden. Die Mama Ama nahm das Buch und begann mit klarer Stimme die spannende Geschichte vorzulesen. Ädchen und ihr Vater waren glücklich. Ganz gespannt hörten sie zu, denn die Geschichte von der verrückten Eisenbahn war wirklich sehr aufregend.

Und die Schlange Ange und der Junge Unge gingen zufrieden wieder nach Hause.

Gabriele Beyerlein

Kathrin geht verloren

Kathrin sitzt auf Papas Schultern. Von dort oben kann sie alles sehen: die Geisterbahn und die Losbude, das Riesenrad und die Wildwasserrutsche, und überhaupt das ganze Volksfest. Dicht an dicht drängen sich die Menschen um sie. Kathrin ist größer als sie alle. Wenn sie wollte, könnte sie ihnen auf die Köpfe spucken. Will sie aber nicht. Kathrin will lieber Kinderkarussell fahren und dabei auf dem roten Elefanten reiten oder dem weißen Pferd.

»Darf ich Karussell fahren?«, fragt sie ihren Papa.

»Vielleicht später!«, sagt er. »Erst will ich ein Fischbrötchen. Du auch?«

»Bäh!«, macht Kathrin.

Papa lacht, hebt Kathrin von den Schultern und stellt sich bei dem Fischstand an.

Jetzt kann Kathrin nichts mehr sehen. Nur noch dicke Bäuche, Jeansjacken und Fischbrötchen hinter Glas. Langweilig ist das. Da schaut sie sich doch lieber das Karussell an. Bis Papa endlich sein Brötchen hat, ist sie längst wieder zurück.

Sie drängt sich zwischen den Leuten auf die andere Seite der Gasse durch. Das ist gar nicht so einfach. Dauernd wird

sie geschubst und angerempelt. Und dann wird sie plötzlich zur Seite geschoben, immer weiter die Gasse hinab, immer weiter von dem Karussell weg und von der Fischbude und von Papa. Sie will umkehren, aber das geht nicht, die Leute drücken sie einfach weiter.

Endlich schafft sie es, aus dem Gewühl herauszukommen und sich am Rand wieder zurückzuschlängeln. Aber sie findet das Karussell nicht mehr, und die Fischbude und Papa auch nicht.

»Papa!«, ruft sie ganz laut. »Papa!«

Keine Antwort.

Bestimmt sucht er sie, aber er kann sie nicht hören, weil es so laut ist, und er kann sie nicht sehen, weil sie so klein ist.

Überall stehen die vielen Leute um sie herum und keiner hilft ihr. Kathrin heult, die Tränen laufen ihr über das Gesicht. Vielleicht sieht sie Papa nie wieder. Und Mama auch nicht, die daheim auf sie wartet, denn Kathrin weiß nicht, wie sie allein nach Hause gelangen soll.

»Bitte alles einsteigen!«, ertönt eine durchdringende Stimme aus dem Lautsprecher hinter ihr. Kathrin dreht sich um. Auf den Stufen eines Fahrgeschäftes steht eine Frau mit lila Haaren und spricht in ein Mikrofon.

Da hat Kathrin eine Idee. Sie klettert zu der Frau hinauf. »Darf ich das bitte mal haben?«, sagt sie und zeigt auf das Mikrofon.

»Warum?«, fragt die Frau mit den lila Haaren und guckt ziemlich verdattert.

»Weil ich meinen Papa verloren habe«, erklärt Kathrin.

»Na dann!«, meint die Frau und gibt es ihr.

Kathrin hält es sich vor den Mund. »Papa!«, ruft sie und hört ihre eigene Stimme ganz laut von rechts und von links und von hinten. »Papa, hörst du mich? Hier ist Kathrin! Ich wollte doch nur zum Karussell, und jetzt – Papa!«

»Sag ihm, du bist hier an der Wildspitzbahn!«, hilft ihr die Frau mit den lila Haaren weiter und lächelt ihr zu.

»Ich bin hier an der Wildspitzbahn!«, wiederholt Kathrin. Dann setzt sie sich auf die Stufen und wartet.

Und da sieht sie Papa. Er kommt zu ihr herauf und hebt sie hoch und drückt sie und drückt sie.

»Mensch, Kathrin!«, sagt er. »Das mit dem Lautsprecher, das war eine tolle Idee von dir! Ich habe schon befürchtet, ich finde dich nicht mehr!« Er wuschelt ihr durch die Haare. »Aber dass du weggelaufen bist, das war nicht gut, hörst du?«

Kathrin nickt. »Das mache ich auch nicht mehr!«, verspricht sie.

»Na, da bin ich aber froh!«, meint Papa. »Ich habe nämlich solche Angst um dich gehabt!«

»Musst du doch nicht!«, sagt Kathrin und gibt ihm einen Kuss auf die Backe. »Musst du doch nicht.«

Daniela Kulot

Tausche kleine Schwester gegen …

Benni hat eine kleine Schwester. »Die ist ja sooo süß!«, sagen alle – außer Benni. Der findet das nicht. Seit seine kleine Schwester Tinchen da ist, heißt Benni nicht mehr Benni, sondern Benjamin. Er ist jetzt der große Bruder und muss öfter mal auf Tinchen aufpassen.

Heute ist schon wieder so ein Tag.

»Also gut«, brummt Benni, »wir bauen Holztürme.«

WUMMMMM – Tinchen fährt mit ihrem Bobby Car mitten hinein.

Ist das ätzend!

Man sollte einen Knopf haben und sie ausschalten können, denkt Benni, so wie das Raumschiff mit der Fernsteuerung von Micha. Mannomann – Micha hat's echt gut, der hat keine kleine Schwester!

Da fällt Benni etwas ein. Schnell, ans Telefon! »Hallo, Micha, ich möchte gern dein Raumschiff mit der Fernsteuerung haben, du kriegst dafür meine Schwester.«

Micha will eigentlich schon gern eine kleine Schwester haben. Aber jetzt gleich? Und dafür sein tolles Raumschiff hergeben? »Nein, lieber nicht.«

»Du bekommst noch eine Tafel Schokolade dazu und drei Lakritzschnecken.«

»Das klingt schon besser«, überlegt Micha. »Also gut, wir tauschen.«

Benni ist schon unterwegs, mit Tinchen, einer Tafel Schokolade und drei Lakritzschnecken.

Micha wartet vor der Tür. Mit dem Raumschiff in der Hand.

»Super!«, sagt Benni, als er das Raumschiff nimmt, und »Süüß!«, sagt Micha, als er die Schokolade, die drei Lakritzschnecken und Tinchen nimmt.

Benni fliegt gleich los. Zuerst die Treppen hinauf. Das ist klasse! Und zu Hause durch das ganze Zimmer …

Oh, Mist! Genau in die Ritterburg hinein, die er mit Papa gebaut hat. Alles kaputt! Und dann fährt das Raumschiff auch noch unter den Sessel und kommt von allein nicht mehr raus.

Jetzt fährt Benni nur noch ganz vorsichtig. Ein bisschen vorwärts, ein bisschen rückwärts. Aus – ein. Ein – aus.

»Mensch, ist das laaaaaangweilig!«

Aus – ein. Schnurrrrr … noch mal in die Ritterburg hinein. So was Doofes! Da war's mit Tinchen doch viel besser.

Und Micha?

Der findet auch, dass es mit Tinchen viel besser ist. Mit Tinchen Türme bauen, das ist super. Und Türme umwerfen noch viel mehr!

Gerade will Micha Tinchen sein allerschlimmstes King-Kong-Gesicht zeigen, da klingelt es an der Tür.

Es ist Benni. »He, Micha, ich will Tinchen wiederhaben! Dein Raumschiff ist doof und stinklangweilig.«

»Nee«, sagt Micha, »Tinchen kriegst du nicht. Getauscht ist getauscht – wieder holen ist gestohlen!«

Da fängt Tinchen auf einmal an zu weinen. Erst leise und dann immer lauter.

»Und was machen wir jetzt?«, fragt Micha. »Kann man sie nicht einfach ausschalten?«

Benni überlegt. »Doch«, sagt er dann. »Das kann man schon. Aber das geht nur bei mir zu Hause.«

»Einverstanden«, sagt Micha und zusammen bringen sie Tinchen nach Hause.

Dort legt Benni Tinchen in ihr Bett.

Tinchen brüllt und brüllt.

»Und wo ist jetzt der Knopf zum Ausschalten?«, fragt Micha.

»Hier«, sagt Benni und drückt auf den kleinen roten Knopf auf der Spieluhr über dem Bett. Die Musik beginnt zu spielen und Tinchen hört auf zu schreien.

»Puuh!«, sagen Micha und Benni wie aus einem Mund. »Das ist ja gerade noch mal gut gegangen.«

»Und wann bekomme ich Tinchen wieder zurück?«, fragt Micha.

»Gar nicht«, sagt Benni, »zurückgegeben ist zurückgegeben – wieder holen ist gestohlen. Aber du kannst ja immer zu uns kommen. Und dann können wir zu dritt einen Ausflug machen und in deinem Raumschiff zum Mars fliegen!«

Hortense Ullrich

Ein Wal, ein Aal und ein Opal

Willi war ein Wunderwal
und schwamm im Panamakanal.
Er hatte auch ein Muttermal,
doch nicht am Kopf – da war er kahl.
Er war mal Vizeadmiral,
las gern in seinem Wal-Journal
und hatte Aktienkapital.
Das kam durch eine Lottozahl.
Er kaufte einen Winter-Schal
und einen wertvollen Opal.
Aus Angst vorm Küchenpersonal
versteckt' der Wal, als wär's normal,
den Panamakanal-Opal,
in seinem Brillenfutteral.
Es war aus echtem Edelstahl.

In einem kleinen Seitental
vom großen Panamakanal
da lebte heimlich ein Schakal
versteckt in einem Buchregal.

Ein Wal, ein Aal und ein Opal

Er ging gern in sein Stammlokal,
dort traf er sich wohl zwanzigmal
in einem mittelgroßen Saal
mit einem radikalen Aal.
Der hatte mindere Moral
und Augen klitzeklein und schmal.
Doch das war dem Schakal egal,
es blieb ihm keine große Wahl,
da war sonst niemand, nur der Aal.

Der Aal fand's geradezu genial,
dass da im Panamakanal
ein Wal war und auch ein Opal
und rief ganz freudig zum Schakal:
»Los, holen wir uns den Opal.«
Kopfschüttelnd sagte der Schakal:
»Oh nein, das wär' Opal-Diebstahl.«
»Das ist mir schnurzepiepegal,
ich will ihn haben!«, schrie der Aal.
»... und du kommst mit und hilfst mir mal.«
»Ich kann nicht schwimmen, lieber Aal«,
gestand beschämt dann der Schakal.
»Ach, bleib daheim«, sagte der Aal,
»das ist mir sowieso egal.«

Und eines Morgens schwamm der Aal
allein zum Panamakanal.
Er lauerte ganz nah am Wal,
versteckt auf dessen Muttermal.

Guckt' nach dem Brillenfutteral
und damit auch nach dem Opal.
Was will ein Aal mit 'nem Opal?
»Ich will ihn haben«, rief der Aal,
»und alles andre ist egal.«

Wal Willi sang grad 'nen Choral,
mit Brille, denn das war normal
für einen, der schlecht sieht zumal.
Und da ganz plötzlich auf einmal
geschah ein Wunder, wie genial:
Der Wal konnt' sehen, ganz normal,
ohne Brille, phänomenal!
Er küsste den Laternenpfahl
und öffnete zum letzten Mal
sein schönes Brillenfutteral.
Der Aal, der machte sich ganz schmal,
verschwand im Brillenfutteral,
schlüpft' schnell dort unter den Opal,
ganz ungesehen von dem Wal.
»Nie wieder Brille«, rief der Wal,
und tat sie rein ins Futteral.
»Ich brauch es nicht mehr, wie genial.«
Er schloss es ab, etwa zweimal,
vergaß vollkommen den Opal
und warf es weg, das war fatal.
Der Aal wurd' im Gesicht aschfahl.

So sank im Panamakanal,
ganz tief nach unten, vertikal,
ein kleines Brillenfutteral.

In Willis Brillenfutteral
war nun ein Aal mitsamt Opal.

Das kommt von minderer Moral.

(wer will, dass es gut ausgeht, muss weiterlesen)

Da klopfte es mit einem Mal
im dunklen Panamakanal
ganz laut ans Brillenfutteral.
Und neue Hoffnung schöpfte Aal.
»Ich bin hier draußen«, rief Schakal.
»Ich werd dich retten, guter Aal.«
Er nahm das Brillenfutteral
und tauchte auf, horizontal.
Und oben half er dann dem Aal
aus diesem Brillenfutteral.
Befreit und glücklich rief der Aal:
»Ich dank dir tausendmal, Schakal,
und schenke dir jetzt den Opal.«
»Den will ich nicht, den kriegt der Wal.«

Wal Willi litt so manche Qual
und rief: »Wo ist bloß mein Opal?
– Ach je, das Küchenpersonal!«

Erinnerte sich nicht einmal
an das Versteck im Futteral.

Und auf dem Weg zu Willi Wal,
dacht' über alles nach, der Aal.
Er lächelte mit einem Mal.
»Du bist ein echter Freund, Schakal,
und mutig noch dazu, zumal
du kannst nicht schwimmen«, rief der Aal.

Schakal winkt' ab. »War mir egal.«

ENDE

Ursula Wölfel

Drei winzige Geschichten

Erste Geschichte

Heute bin ich traurig aufgewacht.
Ich weiß nicht, warum.
Alle fragen: »Was tut dir weh?
Warum bist du traurig?«
Nichts tut mir weh.
Ich bin nur traurig.

Alle sagen: »Die Sonne scheint!
Warum bist du traurig?«
Aber ich kann es nicht sagen.
Ich bin nur traurig.

Auch mein Bär ist heute traurig
und ich weiß nicht, warum.
Alle sollen uns in Ruhe lassen.

Zweite Geschichte

An der Straße stehen Apfelbäume,
in den Bäumen hängen rote Äpfel,
und in jedem Apfel
ist ein kleines Haus
und in jedem Apfelhäuschen
sind fünf Zimmer
und in jedem Apfelzimmer
liegt ein blanker brauner Kern
und in jedem Apfelkern
schläft ein winzig kleiner
neuer Apfelbaum.

Glaubst du das nicht?
Dann halt einen Apfel ans Ohr,
sei still, ganz still:
Hörst du,
wie die neuen Bäume rauschen?

Dritte Geschichte

Der Wind, Wind, Wind
hat einen Luftballon gestohlen.
Er hat ihn über die Mauer geblasen
und über den Baum,
er hat ihn übers Land getragen
bis zu den hohen Bergen
und bis zum Meer mit den Schiffen.

Ein Vogel wollte den Luftballon fangen,
den schönen Luftballon,
da hat der Sturm ihn weggerissen,
da haben die Wolken ihn mitgenommen,
und keiner weiß, wohin.

Gib Acht!
Vielleicht fliegt er morgen
an unserem Haus vorbei?

Astrid Frank

Finns riesenhafte Riesensuche

Finn mochte Riesen schon immer. Aber seit ihm seine Oma die Geschichte von dem Riesen Fynn vorgelesen hatte, der in Irland wohnte und stärker und größer war als alle anderen Riesen, gab es für ihn nichts, was er noch riesiger fand. Außer vielleicht seinen Onkel Mark, der Basketball spielte und über zwei Meter groß war.

Ein bisschen unheimlich war Finn die Sache mit den Riesen aber auch. Bei Riesen wusste man schließlich nie, ob sie gut oder böse waren. Deshalb war er ganz froh gewesen, als seine Mutter gesagt hatte: »Riesen gibt es in Wahrheit nicht. Das sind doch nur Geschichten.«

Und jetzt das!

Finn starrte auf die Rolle, die vor ihm auf der Straße lag. Er musterte sie von allen Seiten. Sie war aus Pappe. Und so lang, dass sie den Bürgersteig versperrte. Sie war bestimmt so lang wie sein Onkel Mark. Also mindestens zwei Meter!

Finn bückte sich, verschränkte die Arme hinter seinem Rücken und kniff die Augen zusammen. So ein Gesicht machte sein Vater immer, wenn er etwas genau untersuchen wollte. Und genau untersuchen wollte Finn diese Papprolle hier auch.

Sein Blick fiel auf einige kleine schwarze Buchstaben an der Seite der Rolle. Voller Stolz – er konnte nämlich schon lesen, obwohl er erst nächstes Jahr in die Schule kam – sprach er jeden der fünf Buchstaben leise vor sich hin. Seine Augen wurden groß, als ihm klar wurde, was er da entziffert hatte. Jetzt betrachtete er die Rolle noch genauer. Innen war sie hohl. Und außen ein bisschen schmutzig. Finn verzog angewidert das Gesicht, als er daran dachte, wie der Schmutz wohl an die Rolle gekommen war.

Die Sache war klar. Der Beweis eindeutig. Seine Mutter hatte sich geirrt, als sie behauptete, es gäbe keine Riesen. Er, Finn, hatte soeben den hieb- und stichfesten Beweis gefunden, dass es doch welche gab.

»Finn!« Das war seine Mutter. »Komm, wir wollen weiter!«

Finn warf einen letzten prüfenden Blick auf die Papprolle. Dann rannte er die paar Meter zu seiner Mutter, die an der Straßenecke auf ihn wartete, und legte seine Hand in ihre. Sicher war sicher. Jetzt sah er sich noch aufmerksamer um. Und tatsächlich. Wo er auch hinblickte – überall wimmelte es nur so von Beweisen! Hier ein kaputtes Auto. Die Motorhaube war ganz eingedrückt. Und dort ein eingestürztes Haus.

Finn konnte den Riesen plötzlich vor sich sehen, wie er mit schwingenden Armen durch die Straße ging und mit seinen Händen, groß wie Baggerschaufeln, das Dach vom Haus fegte. Und nur ein paar Meter weiter ein tiefes, tiefes Loch in der Erde … Der Abdruck eines Riesenschuhs! Finn stöhnte.

»Was ist los?« Seine Mutter musterte ihn mit sorgenvollem Blick. »Du bist ja ganz blass!« Sie strich ihm mit einer Hand über die Stirn. »Wirst du krank?«

Stumm schüttelte Finn den Kopf. Gerne hätte er ihr von seiner Entdeckung erzählt, aber ihm fehlten die Worte, um diese Ungeheuerlichkeit zu beschreiben.

Auf dem Heimweg gingen sie durch den Park. Zuerst glaubte Finn, hier würde er keinen weiteren Beweis finden. Doch dann sah er es: Ein Baum war umgeknickt. Einfach in der Mitte durchgebrochen. Wie ein Streichholz. Dabei war er unglaublich dick! Dieser Riese musste noch stärker sein als der Riese aus der Geschichte, die Oma ihm erzählt hatte. Finn begann zu zittern.

»Ich glaube doch, dass du dich erkältet hast«, sagte seine Mutter und zog seine Jacke am Kragen zu.

Statt einer Antwort deutete Finn auf den umgeknickten Baum. »Da«, flüsterte er. Leise, damit der Riese ihn nicht hören konnte, falls er noch in der Nähe war. »Das war der Riese.«

Mutter sah zwischen Finn und dem Baum hin und her. »*Was* war der Riese?«, fragte sie.

»Na, der Baum«, erklärte Finn. »Der Riese hat den Baum umgeknickt!« Jetzt hatte er aus Versehen lauter gesprochen und hielt sich erschrocken die Hand vor den Mund.

»Du glaubst, ein Riese hat den Baumstamm zerbrochen?«

Finn nickte stumm.

Seine Mutter lächelte. Sie ging vor ihm in die Hocke, damit sie ihm ins Gesicht sehen konnte. »Das war kein Riese«, sagte sie. »Das war ein Sturm! Der Baum ist alt, sein Holz morsch. Deshalb ist er umgefallen, als es windig war.«

»Und was ist mit dem verbeulten Auto und dem kaputten Haus?« Finn wusste, dass er Recht hatte. Schließlich hatte er Beweise! Einen ganzen Haufen Beweise sogar!

»Welches Auto? Welches Haus?« Seine Mutter zuckte mit den Schultern. Sie hatte natürlich nichts von alldem gesehen.

»Na, das Auto, auf das der Riese aus Versehen getreten ist. Und das Haus mit dem eingestürzten Dach! Der Riese hat mit seiner Hand das Haus kaputtgemacht!«

»Das Auto hatte wahrscheinlich einen Unfall und das Haus wird gerade abgerissen und ein neues an der Stelle gebaut«, behauptete seine Mutter.

Aber so leicht war Finn nicht zu überzeugen. »Und das Loch in der Erde?«

Jetzt lachte seine Mutter auch noch! »Da werden die Leitungen, die unter der Straße entlangführen, repariert«, erklärte sie.

Nun war es Zeit für Finns größten Trumpf: Die Papprolle! Dafür konnte seine Mutter sicher keine Erklärung herbeizaubern. »Ich glaube«, sagte Finn mit der Vorsicht desjenigen, der sich seiner Sache sicher ist, »ich glaube, du irrst dich. Denn ich habe etwas gesehen …« Finn blickte sich um, damit niemand sein Geheimnis hörte, der es nicht hören sollte. »… ich habe etwas gesehen, das nur von einem Riesen stammen kann.« Er nickte wissend.

»Was denn?«, fragte seine Mutter. Und jetzt schien sie wirklich gespannt zu sein.

Finn genoss den Moment. Er beugte sich zu seiner Mutter vor und flüsterte ihr ins Ohr: »Die Klopapierrolle eines Riesen.«

Seine Mutter wirkte tatsächlich überrascht. Auf jeden Fall schwieg sie.

»Sie lag auf dem Bürgersteig«, fuhr Finn fort. »Und sie war

mindestens zwei Meter lang!« Er streckte die Arme aus, um seiner Mutter zu zeigen, wie lang die Rolle gewesen war. »Und sie war aus Pappe, innen hohl und …« Er verzog angewidert das Gesicht. »… außen ein bisschen schmutzig. Sie sah aus wie eine leere Klopapierrolle. Nur halt in riesig. Wirklich!«, setzte er hinterher, weil seine Mutter ihn immer noch ungläubig anstarrte.

Er hatte es ja gewusst! Jetzt fiel ihr keine Erklärung mehr ein.

Doch seine Mutter lächelte schon wieder. Und Finn ahnte Schreckliches. »Ich glaube«, sagte seine Mutter, »was du gesehen hast, war eine leere Stoffrolle. Gestern war doch Stoffmarkt. Sicher ist sie da liegen geblieben.«

Finn zog misstrauisch die Stirn in Falten.

»Du hast doch schon mal eine Stoffrolle gesehen«, fuhr seine Mutter fort. »Bei Tante Claudia. Erinnerst du dich?«

Finn nickte. »Aber die sah anders aus«, sagte er.

»Ja, weil noch Stoff drauf war«, behauptete seine Mutter. »Aber wenn der Stoff weg ist, bleibt eine Papprolle übrig.« Sie lachte. »Die Klopapierrolle eines Riesen«, sagte sie und wuschelte mit einer Hand durch Finns Haar, bevor sie aufstand. »Du kommst auf Ideen. Na, wenn ich mir den Hintern vorstelle …« Sie lachte noch lauter.

Finn ging schweigend neben seiner Mutter her. Eine stinknormale Stoffrolle sollte es also gewesen sein? Er schüttelte enttäuscht den Kopf.

In diesem Augenblick fiel ihm das Wort wieder ein, das er mühsam entziffert hatte, und ein zufriedenes Lächeln machte sich auf seinem Gesicht breit.

KHAKI hatte in kleinen schwarzen Buchstaben auf einer Seite der Rolle gestanden. Und das war ja wohl eindeutig! Aber er würde seiner Mutter nicht sagen, dass er Recht behalten hatte. Sollte sie ruhig glauben, dass es keine Riesen gab. Er wusste es besser!

Angelika Glitz

Heinz Hase sucht einen Schatz

Eines Morgens sprach Heinz Hase zu sich: »Mein größter Wunsch ist es, einen Schatz zu finden.«

Also packte er seinen Seesack und machte sich mit großen Hasensprüngen auf den Weg zum Hafen.

Dort sonnte Kapitän Goldjammer gerade gemütlich seinen Bauch an Deck.

»Haseldrioh, Käpt'n«, rief Heinz ihm den Hasengruß zu. »Nehmt ihr wohl einen Schatzsucher auf eurem Schiff mit?«

Kapitän Goldjammer schoss aus seinem Liegestuhl hoch und grinste, dass seine Goldzähne blitzten. »Schatzsucher sind mir die liebsten Gäste!«, säuselte er. »Komm nur herauf, du Hase. Und bleib so lange, bis du einen Schatz gefunden hast – he, he!«

»Wirklich sehr freundlich«, sagte Heinz. Und – hops – sprang er an Bord.

Von da an suchte Heinz Hase mit dem Fernrohr das weite Meer ab.

Am ersten Tag entdeckte er eine leere Limonadendose. Am zweiten Tag fand er einen löchrigen Socken, der an eine Heulboje gebunden war.

Und am dritten Tag stupste ihm Goldjammer seinen dicken Kapitänsfinger an die Nase. »Sag mal, Hase, wo is' eigentlich deine Schatzkarte?«

»Schatzkarte?«, fragte Heinz Hase. »Was denn für eine ...«

Goldjammer packte ihn an den Hasenohren. »Sag bloß, du hast keine Schatzkarte! Wie willst du denn dann meinen – eh – deinen Schatz finden, du Blödhase?«

Heinz kratzte sich die Hasenohren. »Vielleicht könnte ich jemanden fragen, der sich hier gut auskennt«, schlug er vor.

»Aber schnell, schnell«, brüllte Goldjammer. »Sonst schmeiße ich dich nämlich über Bord.«

In diesem Moment schwamm zum Glück ein schwabbeliger Krake vorbei.

»Haseldrioh, Krake«, grüßte Heinz den Achtbeinigen. »Weißt du, wo ich hier einen Schatz finden kann?«

»Na klar, ich weiß alles«, blubberte der Krake. »Genau da entlang.« Er zeigte mit seinen Schlangenarmen in acht verschiedene Richtungen.

»Na bitte, hier gibt's überall Schätze«, sagte Heinz Hase.

»Ich will aber nicht irgendeinen Schatz«, donnerte Goldjammer. »Ich will den allergrößten Schatz!«

Da klopfte Heinz ihm beruhigend auf die Schulter und kramte lächelnd einen alten Hasenpfennig hervor. »Sieh, dieser Hasenpfennig wird mir den Weg zum allergrößten Schatz verraten.« Schwups, schmiss er ihn hoch in die Luft.

»Rarrr, rarrr«, schoss eine Möwe herbei. Die fing den Pfennig mit dem Schnabel – und ließ sich vom Wind dem Horizont entgegentragen.

»Wie freundlich von der Möwe, uns den Weg zu zeigen«,

Heinz Hase sucht einen Schatz

freute sich Heinz Hase. »Und wenn du jetzt noch paddeln würdest, Käpt'n, finden wir den Schatz noch mal so schnell.«

Da legte sich Goldjammer volle Kraft in die Riemen.

Und Heinz Hase rief: »Los, schneller, Käpt'n! Immer der Möwe nach! Schneller, schneller.«

Goldjammer hing vor Anstrengung bald die Zunge aus dem Hals. Wütend zischte er vor sich hin: »Sobald ich mir den Schatz unter den Nagel gerissen habe, kaufe ich mir ein Motorboot. Dann habe ich zum letzten Mal gepaddelt. Jawohl! Und so 'nen Blödhasen nehme ich auch nie mehr mit.«

Die Möwe brachte sie zu einer kleinen Insel mit Palmen, die im Wind wedelten. Dort ließ sie den Pfennig in den Sand plumpsen.

Goldjammer war sofort wieder frisch. Seine Augen leuchteten wie Diamanten. »Wer den Schatz als Erster findet, dem gehört er allein!«, schrie er. Dann stürzte er sich kopfüber in den Sand und begann wie ein Maulwurf zu graben.

Und Heinz Hase hüpfte derweil in den Dschungel, um sich ein wenig umzusehen.

Kapitän Goldjammer hatte noch nicht einmal die kleinste Muschel gefunden, da hallte es fröhlich aus dem Dschungel hinaus: »Haseldrioh! Ich habe einen Schatz gefunden! Den größten Schatz, den ein Hase nur finden kann!«

»Was!« Goldjammer wurde vor Wut grün wie die Dschungelblätter. »Dieser Hasenschuft«, schrie er. »Dieser Dieb!« Er sprang aus dem Loch, hechtete über den Strand in den Dschungel und brüllte: »Schatz her oder Leben!«

Da blieb er wie vom Donner gerührt stehen.

Vor seiner dicken Nase tanzte Heinz Hase mit roten Ohren

über eine Dschungellichtung. An seine Hasenbrust hielt er eine kleine Häsin mit ebenso roten Ohren gedrückt. Beide Hasen sangen aus vollem Hals: »Ich habe meinen Schatz gefunden. Ich habe meinen Schatz gefunden.«

Goldjammer musste sich vor Schreck erst mal ins Dschungelgras setzen. »A-a-a-aber das ist doch kein Schatz«, stotterte er.

»Na klar, der allersüßeste Schatz«, grinste Heinz. »Schmatz!«, knutschte er seinen Schatz auf die allersüßeste Hasenschnute.

Da kehrte Goldjammer wieder an den Strand zurück, um weiter nach seinem Schatz zu graben.

Die rote Sonne tauchte langsam ins Meer.

Ach ja – und Heinz Hase und sein Schatz schipperten Pfote in Pfote in die Karibik – Flitterurlaub machen.

Edith Schreiber-Wicke

Das Geburtstagsgeschenk

»Ich brauch mehr Taschengeld«, sagte Anton. »Es ist immer zu wenig.«

»Du musst eben sparen«, antwortete Antons Mutter.

»Zum Sparen ist es zu spät«, antwortete Anton. »Sibylle hat bald Geburtstag.«

»Es kommt doch nicht darauf an, viel Geld auszugeben. Die Idee zählt«, meinte Antons Mutter.

Haha, dachte Anton. Wieder so eine Weisheit der Erwachsenen. Dann rennen sie los und kaufen einander goldene Sachen und Fernsehapparate. Er verzog sich grollend in sein Zimmer.

Jeden Tag ging er in die große Einkaufsstraße und betrachtete die Schaufenster. Alles, was ihm gefiel, war viel zu teuer. Eigentlich war auch alles, was ihm nicht gefiel, viel zu teuer.

Vielleicht sind Geschenke wirklich nicht so wichtig, dachte Anton schließlich.

Am nächsten Tag sagte Sibylle in der großen Pause: »Bin neugierig, was mir Kathy zum Geburtstag schenkt.«

Anton legte den Apfel weg, den er gerade anbeißen wollte. »Ist das denn wichtig?«, fragte er besorgt.

»Klar«, sagte Sybille. »Daran sieht man doch, ob sie mich mag.«

Anton starrte düster vor sich hin, als seine Mutter nach Hause kam. »Übermorgen ist Sibylles Geburtstag«, sagte er. »Könntest du nicht morgen noch eine Torte backen?«

»Ich könnte schon«, sagte Antons Mutter. »Aber erstens ist Sibylle nicht meine Freundin, sondern deine. Und zweitens habe ich morgen den ganzen Tag zu tun.«

Anton holte sein Zauberbuch hervor und blätterte darin. Nirgends stand etwas darüber, wie man schnell reich wurde. Missmutig legte er das Buch weg.

Am nächsten Tag war Sibylle hauptsächlich mit der Frage beschäftigt, ob sie Rollschuhe bekommen würde.

Am Nachmittag versuchte Anton, wenigstens noch rotgrün gestreifte Zuckerstangen zu bekommen. Aber es waren nur weißgelbe da. Und was hatten weißgelbe Zuckerstangen für einen Sinn, wenn Sibylle am liebsten rotgrüne lutschte.

Als Antons Mutter am Abend nach Hause kam, war sie müde.

Anton sah sofort, dass es keinen Sinn hatte, mit ihr über Sibylles Geburtstag zu reden. Vor dem Schlafengehen blätterte er noch einmal in seinem Buch mit Zaubersprüchen. »Für den, der wen mag«, stand da. Und darunter:

DU-SPRUCH
Immer war ich ich,
doch jetzt gibt es dich,
drum sind wir wir.
Ich wünsche mir

ein rosa Plüsch-Schwein
von zwei Tonnen,
einen Mond, etliche Sonnen,
weil du bald Geburtstag hast
und ein Geschenk normaler Größe
nicht zu unserer Freundschaft passt.

Anton nickte zustimmend.

Dann hatte er eine Idee. Er nahm ein Stück weißes Papier und zeichnete darauf rotgrüne Zuckerstangen als Umrahmung. Den Spruch schrieb er in die Mitte. Und fügte noch hinzu: »Dein Anton.« Er faltete das Papier sorgfältig und klebte es rundherum zu. Schließlich sollte niemand anderer hineinschauen.

Am nächsten Tag lagen schon ein paar kleine Pakete auf Sibylles Platz. »Von wem können die sein?«, wunderte sich Anton. »Doch nicht alle von Kathy.«

Er legte seinen unauffälligen Geburtstagsbrief dazu.

Nach der letzten Stunde räumte Sibylle alles in ihre Schultasche. »Das mach ich zu Hause auf, wenn wir Geburtstag feiern«, erklärte sie.

Anton ging nach Hause. Er war ziemlich bedrückt. Vielleicht hätte er doch selbst einen Kuchen backen sollen. Oder irgendwas basteln. Oder früher zu sparen beginnen müssen. Das Telefon läutete. Es war Sibylle.

»Ich hab Rollschuhe gekriegt!«, rief sie.

»Toll«, sagte Anton.

»Magst du kommen?«, fragte Sibylle. »Geschenke anschauen und Torte essen?«

Anton schrieb eine Nachricht für seine Mutter und ging zu Sibylle. Es waren auch mehrere Verwandte da.

»Das ist Anton«, sagte Sibylle.

»Ein Schulkamerad?«, fragte Sibylles Tante.

»Mein Freund«, antwortete Sibylle mit Nachdruck.

Anton wurde ein bisschen rot.

Zaubersprüche wirken auch, wenn man sie verschenkt, dachte er und war sehr zufrieden.

Petra Probst

Piccolino und die Angsthasen

Was für eine Hitze! Martha, das Kamel, war ganz kaputt. Also setzte es sich in den Schatten der Palmen und machte ein Nickerchen.

Und während Martha vor sich hin döste, rumms!, da krachte es in den Bäumen, der Boden bebte und Martha bekam einen Riesenschreck.

»Hilfe! Ein Ungeheuer!«, rief sie und galoppierte davon.

»Was ist denn los?«, fragte das Nashorn verdutzt.

»Ein Ungeheuer mit glühenden Augen ist hinter mir her!«, rief Martha.

Da wurde das Nashorn kreidebleich und trampelte eilig hinter Martha her.

Ein großer Affe auf einem Baum sah die beiden. »Ist was passiert?«, fragte er.

Das Nashorn keuchte: »Ein Ungeheuer mit glühenden Augen und scharfen Krallen ist hinter uns her. Nichts wie weg!«

Da hüpfte der Affe vom Baum und rannte mit ihnen davon.

Uiii! Da staunten das Wildschwein, die Piepsmaus und ihre Freunde aber! Warum hatten es Martha und die anderen denn so eilig?

»Wir werden von einem Ungeheuer mit glühenden Augen und scharfen Krallen verfolgt. Es wird uns mit seinen spitzen Zähnen zerreißen!«, rief der Affe.

Da sprangen, flogen, trampelten, hüpften und galoppierten alle, so schnell sie konnten, davon.

Was für ein Aufruhr! Bald waren alle Tiere auf der Flucht, vom großen Elefanten bis zur kleinen Ameise.

Das sah Piccolino, der kleine Hase. Fix stellte er sich der Tierschar entgegen und rief laut in seinen Trichter: »Haaalt! Stopp! Wovor lauft ihr denn weg?«

Uups! Die flüchtenden Tiere mussten eine Vollbremsung machen, dass es nur so staubte.

»Ein Ungeheuer ist hinter uns her!«, rief Martha aufgeregt.

Piccolino war ganz erstaunt. »Echt? Wie sieht es denn aus?«

»Es hat glühende Augen und eine schwabbelige Warzennase!«, erklärte der Hund.

»Es kann so laut brüllen, dass einem die Ohren wehtun!«, grunzte das Wildschwein.

»Es wird uns mit seinen Hörnern aufspießen!«, quakte der Frosch.

»Es spuckt Feuer!«, gackerte das Huhn.

»Es stinkt ganz widerlich!«, brummte der Wasserbüffel.

»Mit seinem langen Zackenschwanz schlägt es alles kurz und klein!«, meinte der Käfer.

Und die kleine Piepsmaus fügte noch hinzu: »Das Ungeheuer ist größer als die höchste Palme weit und breit und furchtbar böse und gefährlich!«

Piccolino hatte so ein Monster noch nie gesehen. »Ungeheuer gibt es doch gar nicht«, meinte er.

»O doch«, rief Martha. »Ich machte ein Nickerchen, da krachte es fürchterlich in den Palmen. Ich konnte gerade noch vor dem Ungeheuer fliehen.«

»Das Monster will ich sehen!«, rief Piccolino.

Ängstlich trotteten die Tiere hinter ihm her.

Keiner traute sich in die Nähe der Palmen. Martha schlotterten die Knie.

Nur Piccolino suchte und suchte, aber das Ungeheuer fand er nicht.

In den Palmwipfeln turnte ein kleines Äffchen herum und spielte mit einer Kokosnuss. Hatte es denn gar keine Angst?

Rumms!, da fiel dem Äffchen die Kokosnuss aus der Hand und donnerte zu Boden.

Piccolino grinste. »Das ist also das riesige Ungeheuer mit den glühenden Augen, das Feuer spuckt!«

Da mussten die anderen Tiere lachen.

Nur Martha war die Sache peinlich. Wie hatte sie nur eine Kokosnuss für ein Ungeheuer halten können?

Max Kruse

Urmel schlüpft aus dem Ei

Professor Habakuk Tibatong lebte auf der Insel Titiwu. Er hatte einigen Tieren das Sprechen beigebracht. Leider behielt jedes von ihnen einen kleinen Sprachfehler.

Der Professor las viele Bücher. Wutz führte ihm den Haushalt. Sie konnte Schmutz nicht leiden. Wawa, der kleine Waran, war der Freund von Ping Pinguin. Manchmal schwänzten sie die Tiersprechschule. Dann machte Schusch, der Schuhschnabel, seine Sprechübungen alleine: »Äch fläge, du flägst, er flägt ...« Du kannst dir sicher denken, was das heißt?

Tim Tintenklecks hatte sich ein Haus in einem Baum gebaut. Er hatte keine Eltern mehr, deshalb hatte ihn der Professor wie seinen Sohn aufgenommen.

Eines Tages gab es eine Überraschung.

Ein kleiner Eisberg wurde an den Strand geschwemmt! Eis in der Südsee? Unglaublich! Und es steckte sogar etwas darin. Vielleicht ein Ball zum Spielen für Wawa? Eine Mupfel – eine Muschel – für Ping Pinguin, die er sich so sehr wünschte? Ein Fernrohr für Tim Tintenklecks? Glitzernde Edelsteine für Wutz? Sie war ja ein bisschen eitel.

Auf einem Felsenriff im Meer ruhte Seele-Fant. Dort sang er

traurige Lieder gegen den Wind: »Oh, hoho, öch bön nöcht froh ...« Das sollte heißen: »Oh, hoho, ich bin nicht froh.« Jetzt schwamm er schnell herbei.

Der Professor sauste in seinen Pantoffeln zum Strand hinab. Der Eisberg strahlte in der Sonne. Er begann zu tauen.

»Vielleicht ist ein Möwenei vom Nordpol darin?«, grübelte Professor Tibatong. »Was es auch sein mag, wir wollen es ausbrüten. Aber wie? Wutz, würdest du dich bitte draufsetzen?«

»Dann wird es Rührei!«, meinte Wawa. »Wutz ist doch viel zu schwer.«

»Dann du selbst, Wawa?«

Wawa zischte: »O nein, das ist mir viel zu kalt! Da kriege ich Bauchweh!«

Am Ende thronte Ping Pinguin oben. Er war stolz. Ein Pinguin kann Eiseskälte leicht ertragen.

Damit das Ei aber genug Wärme bekam, wurden noch ein paar Wolldecken darübergelegt. Alle waren gespannt, was nun aus dem Ei schlüpfen würde.

Hoffentlich war es kein Ungeheuer!

Nach vielen Tagen bewegte sich das Ei. Es bekam Risse. Innen rührte sich etwas. Es wollte hinaus. Ping sprang hinab.

Vorsicht! Alle zogen sich zurück.

Das Ei brach auf. Ein schrumpliger, kleiner grüner Kopf kam zum Vorschein.

»Oh ... Oh ... Wie wunderbar!«, rief der Professor.

»Was ist daran so wunderbar, öff?«, fragte Wutz. »Dieses Etwas macht bestimmt nur Schmutz!«

»Es ist ein Urmel! Ach, niemand wird es mir glauben!«

Der Professor hatte Recht.

Aus dem Ei schlüpfte ein winziges Tier, ein kleines Urmel, ein Saurier, und das, obwohl diese doch längst ausgestorben waren.

Wutz fand es scheußlich. Trotzdem wischte sie sein Köpfchen sauber.

»Äh … äh …«, quäkte das Urmel. »Mä … mä.«

Weil Wutz die Erste war, die es sah, dachte es, Wutz sei seine Mama.

Wutz war gerührt: »Es hat Mama gesagt, öff!« Jetzt kümmerte sie sich um das kleine Wesen.

Eine Kinderstube musste eingerichtet werden.

Alle halfen. Tim Tintenklecks spannte eine Hängematte zwischen zwei Bäume, das war das Bett.

Der Professor rollte Wutz' Schlummertonne herbei, damit Wutz dort schlafen konnte und immer in der Nähe des Urmel war.

Ach, nun gab es viel zu tun! Das Urmel musste Kokosmilch bekommen oder mit Bananenbrei gefüttert werden. Wutz trocknete ihm die Tränen, dann wieder wollte es spazieren fahren, Wäsche war zu waschen – und vieles andere.

Am schönsten aber war es für das Urmel, wenn ihm Wutz vorlas. Immer wieder wollte es Märchen von der Schweinefee hören.

Wutz brachte dem Urmel auch das Laufen bei. Zuerst kroch es nur so dahin. Dann versuchte es sich aufzurichten. Immer wieder plumpste es auf seinen dicken Po. Wutz half ihm auf und führte es. »Öfföff!«, grunzte sie. »Bald kann es besser laufen als ihr alle.«

Die anderen lachten nur.

»Bäh!«, machte das Urmel.

Ping Pinguin und Seele-Fant wollten dem Urmel auch das Schwimmen beibringen – aber was glaubst du!

Das Urmel schwamm so rasch davon, als ob es als Fisch geboren worden wäre. Seele-Fant vergaß, traurig zu sein. »Es schwömmt, es schwömmt!«, jubelte er.

Aber es machte dem Urmel auch viel Spaß, mit Tim auf Bäume zu klettern. Tim erzählte ihm viel vom Wald und den Pflanzen, von Schmetterlingen und Käfern. Das Urmel hatte ja Glück, mit so lieben Tieren groß zu werden.

Als ihm nach und nach auch noch Flügel wuchsen, übte Schusch, der Schuhschnabel, das Fliegen mit ihm. Das Urmel musste vielmals Anlauf nehmen und plumpste oft auf die Nase, doch endlich stieg es mit Schusch hoch hinauf in den Himmel.

Und wenn es dunkel wurde, schlüpfte das Urmel manchmal zu Wawa in die Muschel. Das war schön. Das Meer rauschte. Und am Himmel über Titiwu leuchteten die Sterne. Wawa kannte die Namen vieler Sternbilder, die er dem Urmel zeigte.

Bald war das Urmel groß. Zuhören konnte es zwar, aber jetzt – fand der Professor – sollte es auch sprechen lernen. Und zwar richtig. Er las dem Urmel schwere Wörter vor, solche wie »Kokosnusssalat« oder »Zwiebelkäsekuchen«. Wenn das Urmel sie nachsprach, hörte es sich an wie »Okobussbabat« oder »Wieselbäselbuchen«. Nun, aller Anfang ist schwer.

»Ach, Urmel!« Der Professor raufte sich die Haare. »Hör genau zu und sprich mir nach, noch einmal, ganz langsam: Kokos-nuss-salat!« »O-noss-kuss-papat«, quäkte das Urmel.

»Puh«, seufzte der Professor. Er schlug sein Buch zu und ging an den Strand.

Kaum war er fort, zwinkerte das Urmel Wutz zu und sagte: »So, Mama, und jetzt bäckst du Zwiebelkäsekuchen und machst mir einen Kokosnusssalat mit Kräutern und Olivenöl!«

Da musste Wutz lachen. »Du Schlingel, du kannst ja sprechen, öfföff!«

Sie war stolz auf ihr Urmel. Und das war nur Urmels erster Streich. Ihm fielen noch viele, viele andere ein.

Frank Maria Reifenberg

Murmelschreck und der Pantoffelfresser

Murmelschreck, der Troll aus dem zweiten Wohnwagen links neben der Losbude, war sehr schlecht gelaunt. Heute war sein Hochzeitstag und er wusste immer noch nicht, was er seiner Frau Mimi schenken sollte. Wie immer, wenn Murmelschreck schlechte Laune hatte, briet er sich Kartoffelpuffer. Plötzlich pochte jemand wie ein wild gewordener Wurzeltroll an die Tür. »Wer wagt es, mich bei meinen Kartoffelpuffern zu stören?«, murrte Murmelschreck und öffnete die Tür. Vor ihm stand ein glatzköpfiges Männlein.

»Irgendwelche Pantoffeln abzugeben? Ich nehme alles! Alte Pantoffeln, große Pantoffeln, Filzpantoffeln?«, bettelte das Männlein.

»Hast du schon mal Pantoffeln für solche Füße gesehen?«, fragte Murmelschreck und deutete mit seinen krummen Fingern nach unten. Murmelschreck war hässlich, so hässlich, dass man sich vor ihm fürchten konnte. Das war gut so, schließlich arbeitete er in der Geisterbahn. Seine Füße mit ungefähr viertausend Warzen darauf waren besonders hässlich, außerdem waren sie fast so groß wie Apfelkisten und über und über voller struppiger schwarzer Haare.

»Äh, nein«, stotterte das Männlein. »Ich habe schon viele Pantoffeln gefressen, äh, ich meine: gesehen! Für solch große Füße waren aber keine dabei! – Gestatten, dass ich mich vorstelle. Popoff, mein Name.« Es verbeugte sich vor Murmelschreck. »Vielleicht hat die werte Gattin zartere Füßchen und ein paar Pantoffeln, klein und liebreizend?«

Murmelschreck lächelte. Mimi war die liebste Frau der Welt, schon allein weil sie es mit einem hässlichen Wesen wie ihm aushielt. Sie war die erste der zweihundertvierundsiebzig Elfen, die den mittleren Sockel des Kettenkarussells schmückten, und sie war die schönste von allen.

Murmelschreck war ein guter Geisterbahntroll, aber schlau war er nicht. So schaffte Popoff es, ihm Mimis alte Pantoffeln abzuschwatzen. Zum Schluss fragte Popoff noch zweimal, ob Murmelschreck ihm die Pantoffeln wirklich schenken wolle. »Aber ja«, sagte dieser. »Die Pantoffeln sind uralt und ausgelatscht und außerdem weiß ich nun, was ich meiner Mimi zum Hochzeitstag schenke!« Dann schnappte er sich seine Spardose und machte sich auf den Weg zum nächsten Schuhgeschäft.

Am Abend kam Mimi aufgeregt von der Arbeit zurück. »Hast du es gehört? …«, rief sie schon von draußen, dann sah sie das in silbrig schimmerndes Papier gewickelte Paket. Eine Schleife, fast größer als Mimi selbst, krönte das Geschenk. Mimi vergaß die Neuigkeit, die sie ihrem Mann eigentlich erzählen wollte. »Murmelchen, unser Hochzeitstag! Du hast ihn nicht vergessen!«, hauchte die Elfe, dann platzte sie jedoch mit der Nachricht heraus: »Es ist ein Pantoffelfresserchen in der Stadt.«

»Dann müssen wir aber doll auf deine Pantoffeln aufpas-

Murmelschreck und der Pantoffelfresser

sen.« Murmelschreck meinte damit die neuen, sehr wertvollen Hausschühchen, die sich in dem Paket verbargen. Sie waren aus einem besonders feinen Stoff gefertigt und über und über mit grün und blau schimmernden Perlen besetzt. Grün und blau waren Mimis Lieblingsfarben.

»O wie schön«, sagte Mimi, als sie das Geschenk ausgepackt hatte. Einen ausgelassenen Elfentanz – wie sonst, wenn sie sich über etwas sehr freute – vollführte sie nicht. Stattdessen surrte sie durch den ganzen Wohnwagen, guckte unter das rote Sofa, umrundete den gusseisernen Ofen und wühlte sich durch jedes Fach der alten Kommode. »Wo sind sie?«, wisperte sie immer wieder. »Wo sind sie bloß?«

»Was suchst du denn?«, fragte Murmelschreck.

»Meine Pantoffeln!«, rief Mimi.

»Aber *das* sind doch nun deine Pantoffeln.« Er deutete auf die grünblau schimmernden Schühchen.

»Liebster!«, tröstete Mimi ihn. »Es ist ein wunderschönes Geschenk, aber auf meine alten Pantoffeln kann ich keinesfalls verzichten. Nichts wärmt die Füße einer Elfe so gut wie diese, auch wenn sie schon sehr abgewetzt und hässlich aussehen. Knurzel, der Eskimo, hat sie nach einem alten Geheimrezept angefertigt und du wirst zugeben, dass niemand auf der ganzen Welt sich besser mit kalten Füßen auskennt als die Menschen aus dem ewigen Eis!«

Murmelschrecks spitze Trollohren sanken bis zu seinen behaarten Wangen hinab. »Oje! Ich habe sie Popoff geschenkt!«

»Popoff?« Mimi schaute ihn fragend an, doch dann verstand sie, dass es sich bei diesem Popoff nur um den Pantoffelfresser handeln konnte.

»Ich wusste doch nicht, dass nur diese Pantoffeln deine kleinen Füße wärmen können! Sonst hätte ich sie niemals verschenkt, aber ich hole sie dir wieder, so wahr ich der schrecklichste aller Geisterbahntrolle bin!« Er stapfte eilig zur Tür und rannte auf die Straße.

Mimi flitzte hinter ihm her. Sie konnte den riesigen Schritten ihres Mannes kaum folgen. Fast hätte sie sogar Adalbert Bombasto Ceralius über den Haufen geworfen, der in Gedanken versunken dahinschritt. Er murmelte sonderbare Wörter vor sich her. »Kabeljau, Kokosnuss, Känguru …«

Herr Ceralius war ein berühmter ABC-Zauberer und immer auf der Suche nach einem neuen Buchstaben-Zauber. Heute war der Buchstabe K an der Reihe. »Mir fällt kein neuer Zauber mit K ein, ich habe alle schon gehabt!«, beschwerte er sich. »Dabei beginnt meine nächste Vorstellung schon in wenigen Minuten. Hast du nicht eine Idee?«

»Keine Zeit, Herr Ceralius«, keuchte Mimi, denn Murmelschreck war schon um die nächste Ecke verschwunden. Lautes Geschrei und Getöse war von dort zu hören.

Murmelschreck hatte Popoff schon erwischt, hielt ihn in seinen großen Händen und schüttelte ihn.

Popoff wehrte sich und schrie: »Ich gebe sie nicht mehr her!« Er klammerte sich an die winzigen Pantöffelchen. »Ich brauche sie. Ohne sie komme ich nicht über den Winter!«, jammerte er. Eigentlich musste er vor seinem Winterschlaf mindestens fünf Paar Pantoffeln fressen, um sich einen ordentlichen Winterspeck anzufuttern! Dieses Jahr wollte keiner seine Pantoffeln herausrücken. »Du hast sie mir geschenkt, und geschenkt ist geschenkt, wieder holen ist gestohlen!«, kreischte Popoff, dem schon schwindelig vom Schütteln wurde.

»Nicht! Tu ihm nichts«, flehte Mimi ihren Mann an. Es hatte schon manches Unglück gegeben, wenn ein Troll im Zorn jemanden aus Versehen zu Tode geschüttelt hatte. »Der Pantoffelfresser hat Recht. Geschenkt ist geschenkt, wiederholen ist gestohlen! Vielleicht können wir ihm ein paar Pantoffeln kaufen und die meinigen zurücktauschen!?«

Murmelschreck schüttelte den Kopf. Er hatte doch die letzten Ersparnisse für Mimis Geschenk ausgegeben. Mimis Vorschlag, die neuen Hausschuhe gegen die alten Pantoffeln einzutauschen, lehnte Popoff ab. Nur alte Pantoffeln seien für einen Winterschlafspeck geeignet.

In diesem Moment bog Adalbert Bombasto Ceralius um die Ecke. »Kratzbürste, Kaminfeger, Kohleofen …«, brabbelte er.

»Herr Ceralius, können Sie uns nicht ein paar schöne alte Pantoffeln zaubern?«, fragte Murmelschreck ihn.

»Aber Murmelschreck, ich bin doch erst bei K«, erwiderte der ABC-Zauberer. »P ist erst in fünf Tagen dran! *Pan*toffeln, nein, das geht nicht. *Kar*toffeln, das ginge, denn Kartoffel fängt mit K an und hört sich fast wie *Pan*toffel an!« Plötzlich strahlte Herr Ceralius. »Kartoffel! Das ist es. Danke, Murmelschreck! Endlich habe ich einen K-Zauber für meine nächste Vorstellung gefunden.«

Murmelschrecks mürrische Miene hellte sich auf. »Ich habe eine Idee!«, jubelte er. Er rieb sich die Hände und stapfte vor Freude einmal im Kreis herum. »Lieber Adalbert Bombasto Ceralius, dann zaubern Sie uns statt der Pantoffeln eben einen Berg Kartoffeln!«

Seine Frau Mimi schaute ihn erstaunt an. Was wollte ihr Mann wohl mit einem Berg Kartoffeln, wenn sie doch einen Berg Pantoffeln brauchten?! Trolle haben sonderbare Ideen, wunderte sich auch Herr Ceralius insgeheim, aber er tat, um was man ihn gebeten hatte, und zauberte den Kartoffelberg. Eine halbe Stunde später standen Mimi, Popoff und Murmelschreck in der Küche des Wohnwagens. Der Troll erklärte der Elfe und dem Pantoffelfresser, was sie zu tun hatten: »Schälen, waschen, reiben müsst ihr die schönen braunen Knollen, den Rest mache ich!«, sagte Murmelschreck. Als Mimi und Popoff ihre Aufgabe erledigt hatten, briet der Troll die schönsten goldgelben Kartoffelpuffer, die es je auf einem Jahrmarkt gegeben hatte. Dann stellte er sich ans Fenster und rief so laut, dass man es noch hinter der Geisterbahn und dem Kettenkarussell hören konnte: »Frische Kartoffelpuffer! Drei Stück ganz günstig für einen alten Pantoffel.«

»Drei Stück für nur einen alten Pantoffel?«, fragten die Leute verwundert. »Da nehmen wir gleich sechs!« Am Abend stapelten sich Pantoffeln bis hoch zur Dachrinne des Wohnwagens. Kein einziger Kartoffelpuffer war übrig geblieben.

»Na, Popoff? Jetzt kann aber ein langer Winter, frostig kalt und mit viel Schnee kommen«, lachte Murmelschreck und Mimi legte voller Stolz ihr zartes Elfenköpfchen an seine große Schulter. »Habe ich nicht einen hübsch hässlichen und schön schlauen Troll zum Mann?«, fragte sie und ließ die Zehen in ihren mollig warmen, alten Pantoffeln kreisen.

Christian Berg

Tamino Pinguin und die Sache mit dem Ei

Eines schönen, herrlich kalten südpolischen Winterabends saßen Tamino Pinguin und Pingzessin Nanuma auf einer Eisscholle und schauten verliebt hinauf zum Mond.

»Ach, Nanuma«, sagte Tamino. »Ich hab dich so lieb, viel lieber als alles andere.«

Nanuma drückte ihrem Tamino einen Kuss auf den Schnabel. »Möchtest du, wenn wir größer sind, denn auch ein Pinguinkind mit mir haben?«

»Schon«, antwortete Tamino, ohne lange zu überlegen. »Aber wo kommen denn die kleinen Pinguine her?«

»Wenn du das nicht weißt, mein lieber Tamino, dann solltest du weiter mit deinem Kumpel Atze Pingball spielen und dich nicht mehr mit Pinguinmädchen treffen! Gute Nacht!«, schimpfte Nanuma da, sprang auf und ließ den verdutzten Tamino einfach sitzen.

»Hallo, Tamino«, sagte da plötzlich eine wohl bekannte Stimme.

Vor Tamino lag sein alter Freund Ephraim, der Buckelwal, im Eismeer und prustete ein paar kleine, spritzige Fontänen in die Luft.

»Guten Abend, Ephraim, gut, dass ich Sie treffe. Können Sie mir vielleicht sagen, wo die kleinen Pinguine herkommen?«

Ephraim bekam einen knallroten Kopf und bewegte seine riesige Schwanzflosse hin und her und auf und ab und wieder hin und her. »Äh, also, gute Frage, Tamino, aber, äh, jetzt wo du sie stellst, fällt mir ein, dass ich das auch nicht so genau weiß … Am besten, du fragst deinen Papa.« Sprach's, tauchte unter und war verschwunden.

Papa Pinguin saß wie die meisten Pinguinväter abends vor dem Pingseher und schaute die Nachrichten, als Tamino ins Zimmer stürzte und fragte: »Sag mal, Papa, wo kommen denn die kleinen Pinguine her?«

»Wo die kleinen Pinguine herkommen, willst du wissen? Gute Frage, aber weißt du, es ist schon spät und du solltest längst im Bett sein. Am besten, du fragst morgen deine Lehrerin, Frau Robbe. Die kann dir das bestimmt erklären.«

»Aber Papa …«, widersprach Tamino.

»Keine Widerrede«, sagte Papa Pinguin streng. »Ab ins Bett!«

Am nächsten Morgen traf Tamino seinen Kumpel Atze auf dem Schulweg und fragte ihn, ob er wisse, wo die kleinen Pinguine herkämen.

»Klaro«, sagte Atze. »Die bringt der Buckelwal. Hat mir meine Oma erzählt!«

»Da hat sie dir aber einen schönen See-Elefanten aufgebunden. Ephraim, der Buckelwal, weiß nämlich selber nicht, wo die kleinen Pinguine herkommen. Also muss ich doch Frau Robbe fragen.«

Kurz vor dem Ende der Pingologiestunde fasste sich Ta-

mino ein Herz und meldete sich. »Ich hätte da mal eine Frage, Frau Robbe.«

»Frag nur, Tamino«, sagte die Lehrerin. »Ich freue mich immer, wenn ihr Fragen stellt.«

»Ich möchte gerne wissen, wo die kleinen Pinguine herkommen«, sagte Tamino.

»Tja, das ist so … äh – das werden wir nächstes Jahr durchnehmen!«, sagte Frau Robbe und atmete tief durch, als plötzlich die Schulglocke läutete und der Unterricht beendet war.

Nächstes Jahr ist es zu spät, dachte Tamino auf dem Heimweg, weil Nanuma dann vielleicht gar nicht mehr mit mir redet. Da fiel ihm seine Mama ein. Mama wusste immer auf alles eine Antwort!

Zu Hause angekommen, watschelte Tamino in die Küche, wo Mama Pinguin gerade das Mittagessen zubereitete. Er setzte sich an den Küchentisch und fragte: »Mama, wo kommen eigentlich die kleinen Pinguine her?«

Mama Pinguin unterbrach ihre Arbeit und setzte sich zu Tamino an den Tisch.

»Willst du es mir wirklich erzählen?«, fragte Tamino.

»Ja, warum denn nicht?«

»Weil alle Erwachsenen, die ich bisher gefragt habe, immer so komisch getan haben. Als ob sie sich schämen würden.«

Da lachte Taminos Mama und sagte: »Weißt du, Tamino, die hatten bestimmt nur Angst, etwas Falsches zu sagen.«

»Erzählst du es mir trotzdem?«

»Ich will's versuchen«, sagte Mama. »Du weißt doch, was Liebe ist, oder?«

»Klar, das kribbelt im Frack und im Bauch und du möchtest, dass es nie wieder aufhört.«

»Genau, und jetzt pass gut auf, denn das, was du wissen willst, hat ganz viel mit Liebe zu tun.«

Tamino schmiegte sich an seine Mama, die nahm einen Schluck Eiswasser und begann zu erzählen: »Als dein Papa und ich uns kennen lernten, waren wir noch sehr jung und sagenhaft verliebt. Den ganzen Tag dachten wir nur aneinander und waren pinguinglücklich, wenn wir uns sahen.«

»Wie Nanuma und ich?«, warf Tamino ein.

»Wie Nanuma und du«, bestätigte Mama. »Wir waren glücklich und das Kribbeln im Bauch wurde immer stärker und schöner. Wir tauschten zärtliche Küsse, nahmen uns in die Flügel und hatten uns ganz pinguinstark lieb.«

»Und, Mama, was passierte dann?«, wollte Tamino wissen.

»Eines Tages waren dein Papa und ich uns ganz sicher, dass sich an unserer Liebe nichts mehr ändern würde und wir für immer zusammenbleiben wollten.«

»Und dann habt ihr euch ein Kind gewünscht?«, fragte Tamino.

»Nicht so schnell, Tamino, eins nach dem anderen. Hör einfach weiter zu.

Damals passierte etwas ganz Seltsames mit uns, etwas, das wir noch nie erlebt hatten. Das Kribbeln im Frack und im Bauch wurde immer stärker. Wir schauten uns an und unser Gefühl füreinander wurde mit jedem Blick und jeder Berührung größer und größer. Wir waren glücklich und zufrieden und waren froh uns zu haben.

Dann hatten wir uns so lieb wie noch nie. Wir waren zärtlich zueinander, streichelten und küssten uns und wussten, dass da etwas ganz Besonderes mit uns passierte, denn so innig und nah waren wir uns noch nie gewesen.

Ein paar Tage später legte ich ein Ei aus meinem Bauch und wir wussten, dass wir Mama und Papa werden würden.

Papa und ich saßen stolz auf dem Ei, um es auszubrüten. Tag für Tag, Nacht für Nacht. Das war ganz schön anstrengend. Mit dem Schlafen haben wir uns abgewechselt. Als ewig kein Pinguinkind aus dem Ei schlüpfen wollte, begannen dein Papa und ich uns Sorgen zu machen.

Doch endlich bewegte sich unser Ei. Gebannt schauten Papa und ich, was wohl geschehen würde. Es knackte ein Mal, ein zweites Mal und die Schale bekam einen Riss. Das Ei bewegte sich noch ein paar Mal hin und her und schließlich brach die Schale auseinander. Zum Vorschein kam ein kleines, graues, schnatterndes Pinguinbaby, das Mama und Papa mit großen Augen anstarrte. Wir waren von oben bis unten glücklich und gaben dir den Namen Tamino.

In den folgenden Wochen saß immer einer von uns beiden auf dir, um dich zu wärmen, während sich der andere ums Essen für die ganze Familie kümmerte. Du wuchst und wuchst, lerntest watscheln und schwimmen, warst unsere ganze Freude – und das bist du immer noch und wirst du immer bleiben, Tamino.«

»Ach«, seufzte Tamino, »das war eine schöne Geschichte. Danke, Mama, jetzt weiß ich Bescheid und Nanuma ist nicht mehr böse auf mich.«

»Gern geschehen, mein Sohn«, sagte Mama und drückte Tamino einen dicken Kuss auf die Stirn.

»Du, Mama …«

»Ja, Tamino?«

»Und wo kommen die kleinen Großfüßler* her?«

Mama lachte. »Das, Tamino, müssen die kleinen Großfüßler ihre Eltern schon selbst fragen.«

* So nennen die Pinguine die Menschen.

Kattrin Stier

Jakob will stark sein

So ein dummer Tag. So ein dummer, blöder Tag!

Erst hat Max sich im Kindergarten wieder an der Schaukel vorgedrängelt und Jakob konnte nichts dagegen tun, weil Max einfach stärker ist. Und dann haben ihn die anderen alle ausgelacht, weil auf seinem Pulli ein rosa Herzchen war. Der Pulli ist von seiner großen Schwester Lisa, und Mama hatte gemeint: »Das kleine Herzchen sieht man doch gar nicht. Das ist auch ein ganz prima Jungenpulli.«

Aber Max und die anderen haben es eben doch gesehen und haben gelacht. Jakob musste ganz fest die Zähne zusammenbeißen, um nicht zu weinen.

Jetzt im Bett kommen die Tränen doch, und als Mama ihm Gute Nacht sagen will, ist das Kissen schon ganz nass. Sie versucht ihn zu trösten, aber sie versteht einfach nicht, was los ist. Papa würde ihn bestimmt verstehen. Aber Papa ist immer noch nicht zu Hause. Traurig schläft Jakob ein.

Als Jakob am nächsten Morgen aufwacht, liegt etwas neben seinem Bett. Es ist eine rote Mütze – mit einem Zettel drauf. Jakob läuft gleich zu Mama rüber und lässt ihn sich vorlesen.

Lieber Jakob,
leider konnte ich gestern nicht früher kommen. Mama hat mir gesagt, dass du auf mich gewartet hast. Vielleicht kannst du mir ja heute Abend alles erzählen. Die Mütze ist für dich. Es ist eine echte Rennfahrermütze, die hat mir auch schon mal Glück gebracht. Wenn du sie aufsetzt, geht es dir bestimmt gleich besser. Viel Spaß damit und bis heute Abend, mein Großer. Kuss, Papa

Stolz sitzt Jakob mit der Mütze am Frühstückstisch und isst sein Marmeladenbrot. Da kommt Tim angelaufen. Er zieht Jakobs Teddy hinter sich her.

»Timmi Teddy haben?«, fragt er.

»Das ist mein Teddy«, sagt Jakob. Doch dann sieht er Tims enttäuschtes Gesicht und meint großzügig: »Kannst ihn haben, solange ich im Kindergarten bin.« Glücklich tappelt Tim davon.

Auf dem Weg in den Kindergarten spielen Jakob und Mama das Autospiel. Jakob erkennt zehn verschiedene Automarken, Mama nur sechs. Ob das wohl an der Mütze liegt?

Im Kindergarten sind alle draußen. Jakob sucht nach seiner Freundin Anna, doch er kann sie nirgends finden. Dann geht er zur Schaukel rüber. Da kommt Max und drängelt sich mal wieder vor.

»Ey, Mann, ich war dran!«, sagt Jakob und schiebt Max beiseite.

»Na und?«, sagt Max. Er boxt Jakob in den Bauch und reißt ihm die Mütze vom Kopf. Aber Jakob lässt sich das nicht gefallen und schon ist die schönste Schlägerei im Gange.

Frau Meier trennt die beiden Kampfhähne. »Ich will gar nicht wissen, wer angefangen hat. Ihr sollt euch nicht hauen. Und wer stärker ist, hat noch lange nicht Recht, verstanden?«

Hanna, Marko, Leonie und Jakob verdrücken sich hinter die Büsche am Rutschenhügel. »Wer am weitesten pinkeln kann!«, ruft Marko.

Jakob gewinnt.

Später gehen sie nach drinnen. Sie singen und spielen im Stuhlkreis.

Jakob darf allein das Lied von den Sonnenkäfern singen. Zuerst singt er ganz leise, dann ein bisschen lauter. Keiner lacht, nicht mal Max.

»Toll gemacht, Jakob!«, sagt Frau Meier.

Beim Aufräumen trägt Jakob die schwere Kiste mit den Musikinstrumenten ganz alleine auf den Flur.

»Warte, ich helfe dir«, sagt Frau Meier. Aber Jakob schafft das. Mit der Mütze kein Problem.

Im Flur steht Anna. Sie hat eine neue Brille gekriegt. Deshalb kommt sie erst jetzt in den Kindergarten.

Alle bewundern die schöne rote Brille. Bis Max brüllt: »Haha, Brillenschlange, Brillenschlange, beiß mich doch!«

Und dann machen auch Lena, Sophie und Mirko mit: »Brillenschlange, Brillenschlange, Klobrille!«

Fast fängt Anna an zu weinen. Da hat Jakob eine Idee. Er holt ein altes Brillengestell aus der Verkleidekiste und setzt es auf. »Ich finde Brillen voll cool«, sagt er. »Komm, Anna, wir spielen in der Bauecke!«

Am Nachmittag müssen Jakob und Mama zum Zahnarzt. Ob es wohl wehtut?, überlegt Jakob.

Mama ist als Erste dran und setzt sich auf den unheimlichen Behandlungsstuhl. Jakob greift nach ihrer Hand. Die ist ja ganz feucht!

»Du musst keine Angst haben, Mama, ich bin ja da«, flüstert Jakob. »Und du kriegst auch meine Mütze.«

Dann kommt Jakob an die Reihe. Tapfer klettert er auf den Stuhl und macht den Mund ganz weit auf.

Hinterher geht Mama zur Belohnung mit Jakob und Tim ins Schwimmbad. Jakob traut sich zum ersten Mal, vom Sprungbrett ins tiefe Wasser zu springen.

Sie bleiben lange im Schwimmbad. Als sie nach Hause kommen, ist es schon sehr spät. Mama muss schnell Tim ins Bett bringen.

Jakob macht Abendbrot. Er deckt den Tisch und schneidet die Tomaten, ganz vorsichtig mit dem scharfen Messer. Dann legt er sie in einem schönen Muster auf den Teller.

Beim Essen stochert Lisa lustlos auf ihrem Teller herum.

»Was ist denn mit dir los, du wirst doch nicht krank?«, fragt Mama besorgt.

»Nee, aber wir schreiben morgen einen Aufsatz … und bestimmt fällt mir wieder nichts ein …«

»Ich weiß was«, sagt Jakob. »Ich geb dir einfach meine Mütze und dann ist das alles kein Problem.«

»Meinst du wirklich?«, fragt Lisa zweifelnd.

»Klar«, sagt Jakob. »Ich hab's ausprobiert.«

Nach dem Zähneputzen kuschelt sich Jakob zufrieden in sein Bett.

Er ist schon fast eingeschlafen, als er den Schlüssel in der Haustür hört. Papa kommt!

»Na, mein Großer, schläfst du schon? Wie war dein Tag?«, fragt er.

»Stark«, murmelt Jakob. »Morgen erzähl ich dir alles. Jetzt bin ich zu müde. Gute Nacht, Papa.«

»Gute Nacht, Jakob.«

Irmgard Lindner

Mariechen und die gute Fee

Mariechen saß auf einem Stein und wartete auf die gute Fee. Die gute Fee schlurfte unterdessen durch ihren Feenwald. Sie war schon etwas älter und ihr taten die Füße ganz schrecklich weh. Kein Wunder! Sie trug nur Feenschühchen mit ganz dünner Sohle und deshalb spürte sie jeden Kiesel und jedes Ästchen. Das pikste und zwickte ununterbrochen. Die gute Fee seufzte und träumte von einem Fußbad, aber das ging im Moment nicht. Sie war im Dienst und musste Wünsche erfüllen.

Da sah die gute Fee auf einem Stein Mariechen sitzen.

»Guten Tag, gute Fee«, sagte Mariechen, »du hast drei Wünsche frei.«

»Moment«, sagte die gute Fee und ließ sich stöhnend auf einem Baumstumpf nieder. »Hier läuft was schief! *Ich* bin die gute Fee und *du* hast drei Wünsche frei.«

»Aber nein«, erwiderte Mariechen und wurde ein bisschen ungeduldig, weil die gute Fee so begriffsstutzig war. »Ich sagte doch, *du* hast drei Wünsche frei. Also los!«

»Ein Fußbad!«, entfuhr es der guten Fee. Und kaum hatte sie das gesagt, da steckten ihre Füße mit den Schuhen in einer riesigen Blechschüssel mit schaumigem, duftenden Wasser.

Mariechen und die gute Fee

»Das war jetzt nicht so gelungen«, sagte Mariechen und runzelte die Stirn. Von einem Wunschprofi wie der guten Fee hätte Mariechen einen intelligenteren Wunsch erwartet.

»Du sagst es«, murmelte die gute Fee und betrachtete bekümmert den Saum ihres dunkelblauen Seidenkleides, der in der Blechschüssel schwamm und sich mit Wasser voll gesogen hatte. Die gute Fee hob die Füße aus der Schüssel und zog ihre klatschnassen Feenschühchen aus. Die waren völlig ruiniert. Die gute Fee war schon nahe dran, sich neue Schuhe zu wünschen, aber dann riss sie sich doch noch zusammen, hielt erst einmal den Mund und dachte angestrengt nach.

Dass ausgerechnet ihr das passieren musste, war schon ein Witz. Sie hatte einen wertvollen Wunsch an ein billiges Fußbad verschwendet! Wie oft hatte sie dumme Wünsche erfüllt. Die meisten Menschen wünschten sich dummes Zeug. Und die gute Fee war manchmal boshaft genug gewesen ihnen ohne Warnung ihre Wünsche wortwörtlich zu erfüllen.

Da standen Männer in ihrem Zauberwald und wünschten sich einen Porsche! Prompt stand er vor ihnen. Nur konnten sie nichts damit anfangen, weil es weit und breit keine Straße gab. Also wünschten sie sich eine Autobahn dazu. Die gute Fee erfüllte ihnen auch diesen zweiten Wunsch. Die Autobahn war aber nur vier Meter lang. So lang eben, dass der Porsche darauf Platz hatte. Hätte sie alle Wünsche nach Autobahnen nicht wortwörtlich, sondern dem Sinn nach erfüllt, gäbe es schon längst keinen Zauberwald mehr, sondern nur noch Autobahnen. Die klügeren unter den Männern hatten sich dann samt dem Porsche nach Hause gewünscht. So hatte ihnen der dritte Wunsch zumindest einen Porsche beschert. Die dümmeren hatten weinerlich gebrüllt: »Ich will nach Hause!« Und da waren sie dann auch sofort. Und im Zauberwald der guten Fee standen überall Porsches auf vier Meter langen Autobahnen und rosteten vor sich hin.

»Na?«, fragte Mariechen und wippte mit dem Fuß auf und ab. Die gute Fee war schon recht langsam im Kopf.

»Einen kleinen Augenblick«, bat die gute Fee. Jetzt kam es auf die Formulierung an. Das wusste sie. Und es kam darauf an, wie boshaft Mariechen war. Die gute Fee ging davon aus, dass Mariechen nicht viel boshafter war als sie selbst. Und selbst wenn man vor üblen Überraschungen nie ganz gefeit war, so konnte dennoch nicht allzu viel passieren. Zumindest musste der größte Wunsch der guten Fee in Erfüllung gehen und der bestand darin, endlich nach Jahrhunderten des Wünscheerfüllens aus diesem vermaledeiten Zauberwald herauszukommen und ein angenehmes Leben zu führen.

Die gute Fee holte tief Luft: »Mein zweiter Wunsch ist ein Häuschen mit Garten und allem Komfort«, (das war eine problematische Formulierung, die man so oder ganz anders verstehen konnte, aber sie musste in diesem Punkt auf Mariechens Gutmütigkeit hoffen), »mit einer kompletten Einrichtung des Häuschens. In guter, ruhiger Lage am Rand einer Stadt mit bequemer Verkehrsanbindung, also U-Bahn oder Straßenbahn. In dem Häuschen sollten eine Million Euro in Fünfziger- und Hunderter-Scheinen liegen sowie die in der Menschenwelt übliche Kleidung, und zwar mindestens zehn Kostüme oder Kleider in meiner Größe. Und der Schlüssel für dieses Häuschen befindet sich sofort in meinen Händen.«

»Alle Achtung«, sagte Mariechen und grinste. Die gute Fee

hielt einen Schlüsselbund in der linken Hand und lächelte zufrieden.

»Und dein dritter Wunsch?«, fragte Mariechen lauernd.

Ja, dachte die gute Fee, das hast du dir so gedacht. Aber den Trick kenne ich. Den habe ich selbst oft genug angewendet. Es gibt viele Menschen, die sich Häuser und Millionen von Euro und Autos und Fabriken gewünscht haben. Gar nicht dumm gewünscht haben sie, aber sie irren immer noch durch diesen Wald, wenn sie überhaupt noch leben.

»Mein dritter Wunsch besteht darin«, und die gute Fee umklammerte krampfhaft den Schlüsselbund, »dass ich in zwei Sekunden genau in diesem Häuschen bin, und zwar gesund und munter.«

Die gute Fee saß in einem sehr bequemen Sessel in einem gemütlich eingerichteten Wohnzimmer. Schau an, dachte sie. Mariechen hat sich nicht lumpen lassen. Sogar ein offener Kamin und eine breite Fensterfront mit Blumen. Und der Garten mit Terrasse sieht auch sehr hübsch aus.

Als die gute Fee aufstand, fiel sie fast aus der Blechschüssel. Da hat Mariechen übertrieben, dachte sie, das Fußbad hätte sie mir nicht mitschicken müssen.

Es dauerte eine Weile, bis die gute Fee Handtücher gefunden und sich abgetrocknet hatte. Mariechen hatte sich wirklich angestrengt. Das Häuschen hatte fünf Zimmer. Küche und Bad waren sehr luxuriös eingerichtet. In den Schränken fand sich alles, was man zum Leben nur brauchte. Und in einer Kommode im Schlafzimmer lagen eine Million Euro in kleinen Scheinen.

Die gute Fee trällerte glücklich vor sich hin, zog sich ein

buntes Sommerkleid und Sandalen an. Draußen schien die Sonne und es war sehr warm. Die gute Fee beschloss einen Rundgang um das Haus zu machen und sich die Straße anzusehen, in der sie nun wohnte.

Als sie vor der Haustür stand und abschloss, fiel ihr Blick auf das Klingelschild. Da stand in schön geschwungenen Buchstaben: *Gute Fee*.

Der guten Fee blieb fast die Luft weg. Mariechen hat mich doch drangekriegt, dachte sie bitter. Den Pass mit einem menschlichen Namen habe ich vergessen, denn ohne Personalausweis kann ich weder ein Konto bei der Bank eröffnen noch einen Stromanschluss beantragen. Und Mariechen hat natürlich keinen Ton gesagt!

Christian Oelemann

Der Lebensretter

Bastian war seit fünf Tagen sechs Jahre alt. Jetzt ging er schon auf die sieben zu, und mit sieben ist man fast erwachsen. Das behauptete jedenfalls Marieke von nebenan, die bereits sieben war.

Papa kam nach dem Zähneputzen an sein Bett und sagte: »Du bist ja jetzt schon ein recht großer Junge, mit dem man ein vernünftiges Wort reden kann.«

Bastian nickte stolz.

»Ich muss aus geschäftlichen Gründen für drei Monate nach Japan verreisen. Versprichst du mir auf Mama gut aufzupassen?«

»Na klar! Ich beschütze sie«, sagte Bastian und zeigte Papa seine Armmuskeln. Er war nämlich sehr stark und konnte sogar einen vollen Limokasten hochheben.

»Schön«, meinte Papa. »Ich verlasse mich auf dich.«

Bereits am nächsten Morgen war Papa weg.

Mama sagte beim Frühstück: »Wir beide brauchen auch mal Luftveränderung. Lass uns ein paar Wochen Opa in Herzkamp besuchen. Der ist ja so viel allein und freut sich bestimmt auf uns.«

Herzkamp war zwar nicht weit weg, aber es lag auf dem Land und hatte nicht einmal einen richtigen Supermarkt.

Bastian bekam ein größeres Zimmer und durfte abends mit Opa lange Fußball gucken. Überhaupt war Opa ziemlich nett.

Nicht so schön fand Bastian, dass ihn die Herzkamper Jungen beim Fußball auf der Wiese nicht mitmachen ließen. Und beim Versteckenspielen auch nicht.

Einer rief sogar: »Brillenschlange!«, und die anderen lachten.

Deshalb ging er am nächsten Tag nicht mehr zur Wiese, sondern erkundete die Gegend auf eigene Faust.

Abends fragte Mama stets, wie es ihm ergangen sei, ob er schön mit den Dorfkindern gespielt habe.

»Na klar«, sagte Bastian dann immer.

»Habt ihr Fußball gespielt?«

»Klar!«

»Sonst nichts?«

»Doch, Verstecken.«

»Das war bestimmt lustig, nicht wahr?«

»Klar.«

Opa wollte wissen, ob Bastian schon einen richtigen Freund gefunden habe.

»Klar. Mehr als einen.«

Mama und Opa freuten sich über Bastians Beliebtheit.

Eine Woche später kam Bastian nicht pünktlich heim. Mama und Opa machten sich Sorgen. Sie suchten ihn auf der Wiese, wo ein paar Kinder, die erst später nach Hause mussten, *Fang mich* spielten.

»Habt ihr unseren Bastian gesehen?«

»Nö.«

»War der denn nicht hier?«

»Nö.«

»Er spielt aber doch jeden Tag mit euch Fußball oder Verstecken!«

»Das hätte der wohl gern!«

»Meinen Sie vielleicht den mit der Brille? Ich habe ihn gesehen«, sagte ein Mädchen. »Er steht an der Baugrube in Gennebreck. Wir sind da gerade vorbeigefahren.«

»Um Himmels willen!«, stöhnte Mama. »Die Autos rasen dort alle so! Was macht er da bloß?«

»Zeig uns, wo das ist!«, sagte Opa zu dem Mädchen.

Mit dem Opel waren sie in fünf Minuten in Gennebreck. Und tatsächlich, Bastian stand an der Straße. Er hielt ein dreieckiges Verkehrsschild in seinen Händen. Es warnte vor einer gefährlichen Baustelle.

»Was machst du denn hier, zum Kuckuck? Bist du lebensmüde?«, schimpfte Opa.

»Ich rette Autofahrern das Leben«, sagte Bastian. »Bis jetzt sind es 367.«

»Du bist wohl verrückt geworden! Steig sofort ein!«

»Nein, wirklich, ich rette Autofahrern das Leben«, beharrte Bastian. »372, 373, 374 – das Schild war nämlich umgefallen und von der Stange abgegangen.«

»So ein Warnschild fällt doch nicht von alleine um! Du selbst hast es umgeworfen, gib es zu! Bestimmt weil du wütend auf die Kinder bist, die dich nicht haben mitspielen lassen!«

Bastian fand seinen Opa diesmal überhaupt nicht nett. Am liebsten hätte er ihm die Zunge herausgestreckt. »Die Dorfkinder sind doch alle doof«, sagte er. »Und du auch!«

»Stimmt das, was Opa sagt?«, fragte Mama und sah Bastian ernst an.

Er schüttelte unglücklich den Kopf.

»Dann erzähl doch mal!«, sagte Mama und drückte ihn an sich. »Das Schild lag einfach so da?«

»Da war ein Trecker mit einem Anhänger«, sagte Bastian. »Und der Anhänger hat so geschaukelt, dass er gegen das Schild geknallt ist. Und da ist es umgefallen.«

»Und der Fahrer des Treckers hat nicht angehalten, um es wieder aufzurichten?«, fragte Opa mit skeptischem Blick.

»Nein. Der hat es gar nicht gemerkt. Aber dann kam ein LKW mit Karacho und wäre fast in die Grube gerast. Guck mal, da sieht man noch die Schleuderspur.«

»Dann ist Bastian ja ein richtiger Held«, sagte Mama und staunte.

»Wirklich?«, erkundigte sich Opa. »Sagst du die volle Wahrheit?«

Bastian nickte mit versteinerter Miene. In seinen Augen standen Tränen.

Opa streckte ihm die rechte Hand hin und zögernd schlug Bastian ein.

»Nichts für ungut«, sagte Opa. »Bist ein toller Bursche!«

Mit vereinten Kräften richteten sie die Stange des Warnschilds wieder auf und befestigten das Blechdreieck daran.

»Ich heiße Melanie«, sagte das Mädchen auf der Rückfahrt.

»Schön für dich«, grummelte Bastian und schaute aus dem Fenster.

»Mich lassen die Jungs auch nie mitmachen. Dabei kann ich sogar mit links schießen!«

»Echt?«, meinte Bastian. »Ich auch! Wie alt bist du?«

»Acht. Sollen wir beide morgen zusammen Fußball spielen?«

»Wo denn?«, fragte Bastian.

»Bei uns im Garten. Du gegen mich!«

»Können wir machen«, sagte Bastian.

Zu Hause backte Mama zur Feier des Tages dann Lebensrettungspfannkuchen.

Beate Dölling

Das Regenspiel

Schütten tut’s aus tausend Kübeln,
Sofie kommt nicht aus dem Grübeln.
Schnell, ein neues Spiel muss her,
kein Puzzle, Bild, auch nicht der Bär.

Sie steht bereit mit Regenhut.
Doch Mama findet das nicht gut!
»Ach Süße, schau, auch hier ist’s schön,
da musst du nicht nach draußen geh’n.«

Maulend rennt Sofie in ihr Zimmer.
Doof, denkt sie, doof, blöd! Und schlimmer.
Da plötzlich wie mit einem Schlag
Weiß Sofie, was sie spielen mag.

Auf leisen Sohlen schleicht sie sich
ins Bad hinein, klammheimelich.
Und trotzdem wurde sie gesehen
vom Leon und der will nicht gehen.

»Was machst du da, malst du dich blau?
Spielst du jetzt krank und machst 'ne Schau?«
Kichernd nickt sie und übt Krämpfe,
hustend schnaubt sie rote Dämpfe.

Ruft: »Mama!«, und springt fix ins Bett.
Der Leon staunt: Spinnt die komplett?
Ach, die Augen sind so rot,
Die Nase grau wie Knäckebrot.

Die Kranke ächzt, stöhnt, schüttelt sich
und Mama sagt: »Das gibt's doch nich'.
Der Fall ist klar, der Fall ist schwer,
da muss sofort der Doktor her!«

Sie schaut betrübt, verzweifelt, bange,
streicht liebevoll Sofiechens Wange.
»Gleich wissen wir es ganz genau,
denn Doktor Meier, der ist schlau!«

»Mach mal Aaaaaah!«, sagt Doktor Meier,
sieht Sofies Rachen, schreit: »Auweia!«
Er denkt und kratzt an seiner Mütze.
»Isst du auch genug Lakritze?«

Erstaunte Blicke erntet er,
schnell, diese Medizin muss her!
Zur Apotheke ist's nur ein Stück,
die Mama ruft: »Bin gleich zurück!«

Lustig, so ein Krankenspiel!
Doch langsam wird's Sofie zu viel.
Raus aus dem Bett, hinein ins Nass,
nun macht es auch dem Leon Spaß.

Als Mama eintritt in den Raum,
da traut sie ihren Augen kaum!
»War nur ein Spiel«, kreischt nun Sofie,
gluckst lachend, kichernd wie noch nie!

Max Kruse

Überraschung auf der Leuchtturminsel

Ein Leuchtturm – das ist ein Turm, der leuchtet. Besonders in der Nacht. Am Tage schaut er aus wie ein ausgestopfter, aufrecht stehender Wollsocken: ein Meter rote Wolle, ein Meter weiße Wolle und wieder ein Meter rote Wolle. So dreißig Meter hoch. Obenauf hat er eine Haube aus Glas und in dieser Haube ist eine Lampe, die dreht sich, wenn es dunkel ist. Und der Leuchtschein fährt wie ein riesiger Zeigefinger über das Meer und zeigt den Schiffen den Weg.

Wenn man hineingeht, ist es zuerst ganz dunkel und dann ist da eine steile Wendeltreppe, die muss man hinaufschnaufen. Und wenn man sich viele Male umgeschaut hat, kommt man an einer kleinen Tür vorbei. Manchmal steht sie offen, sie führt in die gute Stube des Leuchtturmwärters. Ein Lehnstuhl steht darin, ein Tisch, eine Uhr tickt und ein Fenster schaut hinaus über Insel und Meer. Aber man geht noch ein paar Stufen weiter hinauf und da wird es auf einmal hell, denn hier ist ein Rundgang im Freien, mit einem Geländer rundherum, und von dem aus schaut man über die ganze kleine Insel. Viel ist ja nicht zu sehen auf diesem kleinen Fleck Erde: Sand und Steine am Strand, ein paar Kiefern, zusammengeduckt und gekuscht vorm Wind. Eine Kate, ein Häuschen mit gelbem Strohdach, ganz am anderen Ende, und dazwischen etwas, was man einen Hafen nennen könnte – mit zwei Segelbooten. Ein bisschen Seetang und Wasser rundherum.

Der Leuchtturmwärter hieß Onkel Guckaus. Tagsüber saß er in dem Lehnstuhl und schlummerte. Alle Leuchtturmwärter schlafen am Tag, weil sie nachts die Lampe in Gang halten müssen.

An dem Tag, als Dok, der Tierarzt, mit den Kindern und Kater Schipp am Strand der Leuchtturminsel landete und gleich wieder allein weggeflogen war, um sich daheim um seine Tierpatienten zu kümmern, war Onkel Guckaus freilich aufgestanden.

»Guten Tag, guten Tag!«, hatte er gebrummt – immer, wenn er etwas gerührt war, klang es so, als ob er brummte – und hatte Kim und Pips in die Arme geschlossen. Schipp war von ihm freundlich gestreichelt worden.

Aber dafür schlief Onkel Guckaus dann an den folgenden Tagen umso fester.

Kim und Pips schliefen dagegen in der Nacht und am Tag räumten sie die Stube auf, wischten Staub und putzten den großen Vogelkäfig, der am Fenster hing.

Schon zwei Jahre hing er leer dort; früher hatte einmal eine Krähe dringehockt, und die war Onkel Guckaus' Liebling gewesen. »Man kann nie wissen …«, pflegte er zu sagen, wenn er den leeren Käfig betrachtete. Und so blieb er an seinem Platz.

Pips schälte auch die Kartoffeln, setzte die Suppe aufs Feuer, während Kim Zie, die Ziege, im Stall fütterte.

Oft ging Pips auf die Wiese, um zu malen, während Kim zum Fenster hinausschaute.

Heute war Pips wieder mal mit ihrem Malkasten losgezogen. Schipp hatte sie begleitet. Und Kim war in der Leuchtturmstube geblieben, um auf Onkel Guckaus aufzupassen. Aber er passte gar nicht gut auf. Schon dreimal hatte Zie laut gemeckert – was allerdings nicht viel zu sagen hatte, denn sie meckerte fast immer.

Aber Kim störte das nicht. Er guckte nämlich über die kleine Insel bis zum gegenüberliegenden Strand. »Da ist etwas angekommen«, sagte er zu sich. »Das ist gut. Eine Kiste oder ein Fass, und vielleicht ist etwas drinnen, was gut zu gebrauchen ist.«

Er schlich sich auf Zehenspitzen vom Fenster weg und zur Tür.

»Ich muss auf den Turm gehen«, sprach Kim und ging die Treppe hinauf auf den Turm. Dort nahm er ein langes Rohr, das an der Wand lehnte, und hielt es vor sein Auge. »Ach du Donnerwetter, es ist etwas Lebendiges, das schiffbrüchig ist und Hunger hat und Hilfe braucht.« Eilig stieg er die Treppe runter.

»Mähähähähähähähäh!«, machte es da. Es war Zie, die Ziege, die nie den Mund halten konnte. »Ich möchte mal wissen, wo Kim heute wieder mit dem Futter bleibt«, meckerte sie vor sich hin. »Das ist doch keine Art, eine arme, kranke, einsame, alte Ziege so lange allein zu lassen!«

»Ach du Donnerwetter, Zie muss auch noch gefüttert werden. Pass einmal auf, Zie!«, sagte er, indem er sich zum Stall hineinbeugte. »Es ist etwas angekommen, was Hilfe braucht.«

»Was denn, eine Ziege?«, fragte Zie.

»Nein, etwas viel Kleineres in einer Kiste oder einem Fass oder so etwas.«

»Ach«, meckerte Zie, »sicher eine Ratte, wie dumm! Kleine Tiere taugen nichts. Wenn ich nur an einen gewissen Kater denke …«

»Also, du willst hier bleiben?«, erkundigte sich Kim.

»Wer sagt das?«, fragte Zie. »Was wolltest du wohl machen, wenn diese Ratte, oder was auch immer es sei, dich angreift?«

Und so stolzierte sie neben ihm den Hang hinab, auf dem der Leuchtturm stand.

Vor dem kleinen Häuschen, das auf ihrem Weg lag, saß ein Mann und flickte ein Netz.

Dann machte er »huck« – wovon er seinen Namen bekommen hatte – und sagte: »Ei der Deubel! Da kommen doch Kim und die schwatzhafte Ziege.«

»Vater Schluckauf«, rief Kim, »eine Kiste ist an den Strand geschwemmt worden und in der Kiste ist etwas Lebendiges!«

»Ei der Deubel – huck«, wunderte sich Vater Schluckauf. Eigentlich war er niemandes Vater. Man nannte ihn nur so. Er war Fischer und Onkel Guckaus' einziger Freund auf der Insel.

»Eine Ratte«, behauptete Zie. »Ihr werdet sehen, es ist eine Ratte oder ein Kater!«

»Was du nicht sagst«, lachte Vater Schluckauf.

»Weder – noch«, meinte Kim.

»Wenn es nur kein hochmütiger, eingebildeter, eitler Kater ist«, erklärte Zie, »dann soll es mir recht sein.«

»Es ist etwas, was lebt und Hilfe braucht, weil es hungrig an

Überraschung auf der Leuchtturminsel

den Strand geschwemmt wurde. Deshalb müssen wir ihm helfen!«, sagte Kim und fragte dann: »Wo ist Pips?«

»Die ist – huck – hinter dem Haus und malt.«

Kim setzte sich in Marsch und die Ziege folgte ihm.

Vater Schluckauf sah ihnen nach und schüttelte den Kopf.

»Sicher ist Schipp bei ihr«, sagte Zie.

Das war er auch. Im Rasen saß wie ein kleiner roter Klecks Pips mit den blonden Zöpfen, die sie sich geflochten hatte, damit der Wind ihre Haare hier auf der Insel nicht zu sehr verstruwwelte, und vor sich hielt sie einen großen Block. Ein Farbkasten stand neben ihr und ein Wasserglas mit Pinseln.

Schipp saß auf ihrer Schulter und sagte: »Ph – wenn das, was du da malst, der Baum sein soll, der vor uns steht, dann bin ich eine meckernde weiße Ziege.«

»Was ich male, ist Kunst«, sprach Pips stolz. »Das braucht man nicht zu erkennen.«

»Darum auch!«, sagte Schipp. Dann sah er Kim und Zie um die Ecke biegen. »Wir bekommen Besuch«, sagte er. »Wenigstens du bekommst Besuch. Was ich bekomme, weiß ich noch nicht.«

»Tag, Kim«, grüßte Pips. »Ich male gerade. Was tust du?«

»Ich bin unterwegs zu einem Was-immer-es-ist, das an Land geschwemmt wurde und hungrig ist«, erzählte Kim.

Schipp und Zie hatten sich inzwischen gemustert.

Gerade wollte Zie etwas von einer Ratte sagen, als Schipp den Mund aufmachte: »Willst du dieses Was-immer-es-ist mit Ziegenmilch füttern oder weshalb hast du diese arme, unnütze, alte Person mitgebracht?«

»Hört auf, euch zu streiten!«, piepste Pips. »Ich will mitgehen.« Sie stand auf und strich sich den Rock glatt. »Malen kann ich später noch.«

Und als alle gingen und auch Schipp neben Pips hertrottete, sagte Zie noch: »Hoffentlich ist es eine Bulldogge oder etwas, was gerne Kater jagt.«

Aber da waren sie schon fast am Strand und sahen schon von weitem eine Kiste und auf dem Rand der Kiste etwas Rotes – oder Grünes – oder Blaues – oder Gelbes – oder alles zusammen.

Es war Ka, der Kakadu.

Er stand da und strich sich die Federn glatt. Als er hörte, dass etwas herankam, legte er seinen Kopf auf die Seite und verdrehte seine kleinen runden Augen. Dann blies er sich auf und schrie: »Bleibt stehen, sonst flieg ich weg!«, und dabei schlug er mit den Flügeln.

»Ph«, sagte Schipp.

»Wir wollen dir nichts tun, sondern dir helfen!«, rief Kim ihm entgegen.

»Das ist etwas anderes!«, rief Ka. »Kommt alle heran, bis auf jenen gelben, tigerähnlichen Kater.«

»Ph«, sagte Schipp.

Pips und Kim waren herangekommen und auch Zie – und Pips hatte Schipp auf den Arm genommen. »Er tut dir nichts, er ist mein Freund.«

»Dann ist es gut«, sagte Ka erleichtert. »Übrigens erinnert er mich ein klein wenig an einen großen gelben Löwen, den ich jüngst im Ozean getroffen habe. Ich trieb dahin, er trieb dahin, und wir sprachen kurz zusammen. Er ist unterwegs nach Afrika. Wir fanden Gefallen aneinander.«

»Löwe!«, rief Pips. »Wo ist er jetzt?«

»Schon weit fort!«

»Wie schade«, sagte Pips.

»Er spricht wie jemand aus besserer Gesellschaft«, sagte Zie. »Wir sollten ihn einladen hier zu bleiben!«

»Wie heißt dieses Eiland?«, fragte Ka.

»Die Leuchtturminsel«, sagte Kim. »Du kannst mit uns kommen und bei Onkel Guckaus wohnen.«

»Sehr freundlich von dir mich einzuladen«, dankte Ka.

»Also komm, flieg neben uns her!«, ermunterte ihn Kim.

Aber Ka blinzelte mit den Augen, legte den Kopf schief und meinte: »Ich schäme mich so, aber ich kann nicht fliegen. Der alte Mann, dem ich gehörte, hat mir die Flügel gestutzt.« Da setzte Pips Schipp auf den Boden und nahm Ka, den bunten Vogel, auf den Arm. »Armer kleiner Kakadu«, sagte sie. »Komm, ich trage dich.«

»Bleib hier, bis deine Federn wieder gewachsen sind«, sagte Kim und nahm die Kiste, die Kas Boot gewesen war, unter den Arm.

So zogen sie zum Leuchtturm.

Achim Bröger

Moritz mit Beulen

Moritz steht in der Küche. Er sieht zu seiner Mutter und seinem Vater hinauf. Die beiden geben sich einen Abschiedskuss, weil Vater gleich zur Arbeit gehen muss. Dabei übersehen sie Moritz völlig, so klein ist er.

Klein sein findet Moritz schlecht, weil man zu allen hinaufsehen muss. Es wäre toll, wenn er so groß oder noch größer als sein Vater wäre. Dann könnte er »Na, du Kleiner« zum großen Moritz sagen. Und das macht bestimmt Spaß.

Als er gerade so weit gedacht hat, sagt sein Vater zu ihm: »Ich muss jetzt zur Arbeit. Also dann bis heute Abend, kleiner Moritz.«

Jetzt kümmert sich auch die Mutter wieder um ihn und sagt: »Vergiss dein Pausenbrot nicht!« Moritz nickt, nimmt seine Schultasche und geht zur Schule. Auf dem Schulweg passiert nichts, gar nichts. Deswegen denkt sich der Moritz etwas aus.

Erst mal denkt er sich aus, dass er gegen einen Laternenpfahl läuft, obwohl das wehtut. Aber er weiß schon, warum er gerade gegen so was Hartes läuft. Davon hat er jetzt nämlich zwei tolle Beulen am Kopf. Und mit den Beulen geht er nicht zur Schule, sondern nach Hause.

Irgendwas stimmt nicht mit den Beulen. Die hören nicht auf zu wachsen. Und als die Familie beim Abendessen sitzt, streicht ihm seine Mutter über den Kopf und meint: »Ich glaube, dem Moritz wachsen Hörner auf der Stirn.«

So ist es wirklich. Dem Moritz wachsen Hörner auf der Stirn. Sogar der Doktor sagt: »Die Dinger auf deinem Kopf sind spitz und sie sind aus Horn. Klar, das sind Hörner. Man könnte sie absägen.«

Moritz will seine Hörner aber behalten. Mit denen hat er noch allerhand vor. Deswegen schüttelt er entsetzt den Kopf.

»Na gut«, sagt der Doktor zur Mutter von Moritz, »dann schmieren Sie Salbe drauf. Vielleicht helfen auch kalte Umschläge. Außerdem darf der kleine Moritz nicht zur Schule.«

Aber die kalten Umschläge und die Salbe helfen nicht. Im Gegenteil, die Hörner werden immer größer. Bald sagen die Eltern: »Das sind keine Hörner mehr, das ist ja schon fast ein Geweih.«

Der kleine Moritz reibt sich zufrieden die Hände und stellt fest: »Das Geweih wächst.« Wenn er jetzt neben seinem Vater geht, reicht dem die höchste Geweihspitze schon bis zur Schulter. Und damit ist der kleine Moritz jetzt fast so groß wie sein Vater, der große Moritz.

Mit hoch erhobenem Kopf stolziert Moritz durch die Wohnung. Er wünscht sich jetzt sehr, dass das Geweih noch ein Stück wächst, vielleicht noch dreißig Zentimeter. Seine Mutter schreibt der Lehrerin inzwischen einen Brief.

Liebe Lehrerin, leider kann der Moritz nicht zur Schule, weil er ein Geweih am Kopf hat, steht auf dem Papier. Dann findet sie das doch zu seltsam und schreibt: *Der Moritz kann nicht zur*

Schule kommen, weil er was am Kopf hat. Das klingt nicht ganz so komisch. Und es stimmt trotzdem.

»Mein armer Junge«, sagt sie zum stolzen, ziemlich großen Moritz und streicht über seinen Kopf.

Aber der meint: »Bin gar nicht arm. Ich will auch wieder zur Schule.«

Moritz verrät nicht, dass sein Geweih noch ein Stück gewachsen ist. Sicher sieht er jetzt schon genauso groß wie sein Vater aus. Und damit ist der kleine Moritz eigentlich ein großer Moritz.

»Hoffentlich ärgern ihn die Kinder in der Schule nicht. Mit den Dingern auf dem Kopf sieht er ja wirklich ungewöhnlich aus«, sagt Frau Moritz.

Klar, die Kinder versuchen es, ihn zu ärgern. Aber Moritz senkt seinen Kopf und rennt hinter dem her, der ihn am meisten ärgert. Und das ist immerhin einer aus der vierten Klasse. Der muss laufen, so schnell er kann, damit ihm der Moritz nicht die Spitzen seines Geweihs in den Po pikt. Aber der rennt nicht nur, der schreit auch: »Hilfe, der gefährliche Moritz ist hinter mir her!«

Natürlich ist der Moritz normalerweise sehr vorsichtig mit seinen Geweihspitzen. Eine Zeit lang steckt er sich sogar Tennisbälle daran, damit er niemanden aus Versehen pikt.

Wenn Moritz jetzt in die Straßenbahn einsteigt, machen die Leute Platz. »Vorsichtig!«, heißt es. »Der Moritz kommt!« Auch die größten Jungen laufen davon, wenn er seinen Kopf ein bisschen senkt. Obwohl er bis vor kurzem doch nur ein kleiner Junge war. Zum Frisör muss er übrigens nicht mehr. Der schimpft jetzt noch, weil er seine Schere am Geweih von

Moritz stumpf geschnitten hat. Besonders neidisch sind die anderen Kinder darauf, dass der Moritz seine Schultasche am Geweih trägt.

Und dann sagt er eines Tages beim Frühstück zu seinem Vater: »Guten Morgen, kleiner Moritz.« Erstaunt sieht der ihn an und holt dann ein Maßband. Damit messen sie sich und stellen fest, dass der Moritz mit Geweih zwei Zentimeter größer ist als sein Vater.

»Nicht traurig sein, Kleiner«, tröstet Moritz seinen Vater und klopft ihm dann auf den Rücken. »Vielleicht wächst du ja noch.«

Aber der ist dreiunddreißig Jahre alt. Deswegen schüttelt er den Kopf und sagt zu seinem Sohn: »Nee, Moritz, in meinem Alter wachse ich nicht mehr. Trotzdem finde ich es gut, dass du so groß bist. Weil du das bist, kannst du mir jetzt immer helfen … und vor allem gegen welche, die größer sind als ich.«

Moritz verspricht seinem Vater, dass er ihm helfen will. Sie sind ja jetzt beide richtig groß. Da soll nur einer kommen. Sie brauchen vor niemandem mehr Angst zu haben. So groß und dann noch zu zweit schafft man bestimmt alles sehr gut.

Weil der Moritz seine Geschichte nun am schönsten findet, hört er auf, sie sich weiter auszudenken. Deswegen ist sie genau hier zu Ende. Am Mittag will er das alles unbedingt seinen Eltern erzählen. Aber vorher muss er noch in die Schule.

Beate Dölling

Am seidenen Faden nach Berlin

Lilli war eine kleine Spinne. Sie war kleiner als ein Wassertropfen. Aber sie hatte acht Beine, genau wie die großen Spinnen auch. Lilli hatte im Sommer gelernt ein eigenes Netz zu bauen. Ihre Großmutter hatte es ihr gezeigt und viel Geduld mit ihr gehabt, wenn sie sich in den eigenen Fäden verhedderte.

Jetzt wurden die Tage kühler und morgens lag Tau auf den Spinnennetzen. Die Tautropfen sahen aus wie Perlen und sie glitzerten wunderschön. Lilli saß in ihrem Netz und beobachtete die schillernden Tropfen, berührte einen mit ihrem Mund und schlürfte frisches Wasser daraus.

»Es wird Zeit, dass wir uns eine wärmere Gegend suchen«, sagte ihre Mutter. »Ich glaube, wir fliegen diesen Winter nach Berlin.«

Die Baldachinspinnen, zu denen Lilli und ihre Familie gehörten, hatten zwar keine Flügel, aber einen seidenen Faden, mit dem sie nicht nur ihre Netze webten, sondern auch fliegen konnten. Sie mussten ihren Faden nur freilassen und dann trug der Wind sie durch die Luft, höher und höher, weiter und weiter, bis sie landen wollten. Dann spannen sie einen

Fangfaden, der sich in einem Baum oder einem Busch verfing und ihren Flug bremste.

Im Herbst flogen sie immer los. Zwar nicht in den Süden, wie die Vögel wegen des milderen Wetters dort; die Spinnen suchten sich eine schöne, warme Wohnung in der Stadt. Dort machten sie es sich in den Ecken hinter einer Heizung bequem, kuschelten sich in ihre Netze unters Sofa oder fanden einen warmen Platz in einem Bücherregal.

Lilli war noch nie in einer Stadt gewesen und auch noch nie geflogen. Sie war sehr aufgeregt.

»Wunderbar, Berlin!«, sagte ihre Schwester. »Berlin hat so viele Tautropfen, die sogar in der Nacht leuchten.«

»Das sind Laternen«, sagte die Großmutter. Sie kannte sich aus in Berlin und schwärmte von den großen, warmen Häusern und der schönen Stadt.

»Hoffentlich finden wir eine Wohnung, in der nicht immerzu geputzt wird, sonst wird es ungemütlich für uns«, sagte die Mutter.

Nun mussten sie nur noch auf Westwind warten, denn der würde sie nach Berlin bringen.

Am nächsten Morgen war es dann so weit. Die Mutter, Großmutter, Schwester und Lilli verspeisten zum Frühstück noch eine extragroße Fliege und tranken ein paar kühle Tautropfen. Dann ging es los. Zuerst mussten sie auf die große Birke klettern.

Lilli wurde ein bisschen schwindelig, als sie hinunterschaute, aber sie wusste ja: An ihrem Faden würde sie nicht abstürzen.

Dann sagte die Großmutter: »Auf die Fäden, fertig, los!«,

und sprang in die Luft. Eine Windböe gab ihr einen Schubs und schon flog sie davon.

Lilli zögerte, sprang zuletzt. Es war ein herrliches Gefühl, am eigenen Faden zu hängen und durch die Lüfte zu schweben. Sie schaukelte im Wind und juchzte vor Vergnügen.

Sie flogen mehrere Stunden und Lilli hätte noch weiter fliegen können, aber mit dem starken Rückenwind waren sie bald in Berlin. Ein offenes Fenster fanden sie schnell. Lilli ließ einen Fangfaden heraus, wartete, bis er sich an einem Schornstein verhedderte, und rutschte an ihm herab.

Die Großmutter, Mutter und Schwester warteten auf dem Fenstersims auf sie. Dann krabbelten sie in die Wohnung.

»Sieht gut aus«, sagte die Großmutter. »Viele Bücher, schön warm und jede Menge Staubflusen auf dem Teppich. Scheint gemütlich zu sein.«

Und so krabbelten sie in ihr neues Winterquartier.

Angela Sommer-Bodenburg

Miriam und Malte

Es war Herbst geworden und überall lagen die herabgefallenen Blätter. Malte stieß sie mit dem Fuß vor sich her. Er hasste den Herbst – jedenfalls diesen Herbst. Wie furchtbar das Wort schon klang: Herbst, Herbst, Herbst!

Malte trat gegen einen Blätterhaufen, als könnte er damit seine Wut und seine Traurigkeit vertreiben.

Im letzten Herbst, ja, da war alles anders gewesen. Damals, mit Miriam …

Malte blieb stehen und sah zu Miriams Haus hinüber.

Im letzten Herbst hatten Miriam und er bunte Blätter gesammelt und sie in ein großes Heft eingeklebt. *Blättermappe* hatte Miriam in Druckbuchstaben auf den Umschlag geschrieben.

Miriam ging schon zur Schule und Malte bewunderte sie sehr.

Sie konnte nicht nur schreiben – sie konnte Menschen und Tiere zeichnen und Striche mit dem Lineal ziehen. Bei ihr wurde aus einem weißen Blatt Papier ein Zaubergarten, ein Märchenwald.

Miriam und er hatten Kastanien gesammelt, damals im letzten Herbst, und kleine Figuren gebastelt. Zwei dieser Figuren standen noch immer neben seinem Bett.

Sie hießen Miriam und Malte.

Maltes Mutter hatte ihnen Haare aus Wolle gemacht und Kleider aus Stoff.

Aber davon wusste Miriam nichts. Sie war plötzlich nicht mehr in den Park gekommen und sie hatte auch nicht geöffnet, wenn Malte an ihrer Wohnungstür klingelte.

Malte hatte nicht verstanden, warum – bis er Miriam eines Tages Hand in Hand mit einem Mädchen aus ihrer Klasse getroffen hatte.

Miriam hatte das Mädchen angestoßen und auf Malte gezeigt, und sie hatten getuschelt und gekichert.

An diesem Tag war Malte traurig geworden – aber auch wütend.

»Verräterin!«, hatte er gerufen, als er sie ein paar Tage später auf der Straße getroffen hatte. Miriam hatte nichts gesagt. Sie war nur schnell auf die andere Straßenseite gegangen.

Geholfen hatte es Malte nicht, dass er sie »Verräterin« genannt hatte. Sein Herz gehörte Miriam.

Und jeden Morgen zog er mit schwarzem Filzstift die beiden M nach, die er als feine Linien in seinen Handflächen entdeckt hatte: das eine M für Miriam und das andere M für Malte. Sie waren sein Geheimnis, das niemand kannte, nicht einmal Miriam.

Und jetzt stand er vor Miriams Haus und blickte zu ihrem Fenster hinauf.

Auf einmal bewegte sich die Gardine und Miriam schaute heraus.

Nun lächelte sie ihm zu – lächelte so wie früher.

Da wagte Malte es.

Mit klopfendem Herzen hielt er seine Hände hoch, damit sie die beiden schwarzen M sehen konnte.

Wieder lächelte Miriam. Dann verschwand sie vom Fenster.

Malte ließ die Hände sinken.

Kurz darauf ging die Haustür auf und Miriam kam heraus.

Sie trug ihren gelben Anorak und die Mütze mit dem dicken weißen Puschel, den Malte so gern gestreichelt hatte, damals im letzten Herbst. Ihre Wangen waren gerötet, als wäre sie gelaufen.

»Gehen wir?«, sagte sie und lächelte schüchtern.

»Wohin?«, fragte er atemlos.

»In den Park«, antwortete sie. »Kastanien sammeln.«

Malte konnte nur nicken. Er war viel zu glücklich, um zu sprechen.

Christamaria Fiedler

Die Geschichte vom kranken Sofa

Am Montagmorgen erwachte das alte Sofa mit Kopfschmerzen.

Nanu? War es über Nacht krank geworden? Hatte es Fieber? Es fühlte sich gar nicht wohl in seiner Haut. Überall spannte und juckte es. Wenn es sich ein wenig streckte, konnte es vielleicht in den Spiegel an der Wand gegenüber schauen.

Vorsichtig stellte sich das Sofa auf die Zehenspitzen und betrachtete sich aufmerksam. Es war sehr weiß im Gesicht. Dazwischen leuchteten viele rote Pünktchen.

Oh, Gott, ich habe die Masern!, dachte es bestürzt. Ausgerechnet heute, wo Frau Gänsewein Geburtstag hat!

Frau Gänsewein hatte das alte Sofa von ihrer Tante geerbt und war inzwischen selber alt geworden. Jetzt stand sie in der Küche und backte Streuselkuchen. Das war der Lieblingskuchen von Herrn Gänsewein. Der betrat gerade mit seiner Morgenzeitung das Wohnzimmer, um gemütlich auf dem Sofa Platz zu nehmen.

»Hilfe! Setzen Sie sich nicht auf mich! Ich bin krank!«, ächzte das alte Sofa. »Ich habe die Masern, genau wie Ihr Enkel Fabian.«

Die Geschichte vom kranken Sofa

Aber Herr Gänsewein hörte es nicht. Er wollte Platz nehmen und saß plötzlich … auf dem Teppich! Das Sofa war einfach weggehopst!

Wie ist denn das passiert?, wunderte sich Herr Gänsewein und rappelte sich mühsam auf. Dann probierte er es erneut.

»Herr Gänsewein, ich stecke an!«, rief das alte Sofa verzweifelt und hopste noch einen Schritt zurück.

Wiederum hörte Herr Gänsewein nicht zu und landete unsanft auf seinem Allerwertesten.

»Ich habe Sie gewarnt!«, klagte das Sofa, aber Herr Gänsewein wollte nichts mehr von ihm wissen. Er nahm seine Zeitung und setzte sich beleidigt in einen Sessel.

»Unser Sofa hat eine Macke!«, verkündete er ärgerlich, als seine Frau den Tisch für den Geburtstagskaffee deckte. »Es hopst weg, wenn man sich setzen will.«

»Ach, Fritz, ich hab schon bessere Witze gehört!«, seufzte Frau Gänsewein. Dann hielten die beiden Mittagsschlaf, denn sie wollten ausgeruht sein, wenn ihre Gäste kamen.

Das Sofa aber weinte. Es weinte, weil niemand einen Arzt für es holte und weil nun bald alle Besucher ebenfalls rote Pünktchen haben würden. Es sei denn, es verweigerte auch weiterhin tapfer seinen Dienst. Und so geschah es.

Nacheinander setzten sich alle Geburtstagsgäste an diesem Nachmittag statt weich auf das Sofa … hart auf den Po. Frauen und Männer, Junge und Alte, Dicke und Dünne und ein Hund mit spitzen Ohren. Und alle wurden ganz, ganz wütend auf das alte Sofa!

»Wo gibt es denn so was?«, schimpften sie. »Weg mit ihm, kauft ein neues! Was bildet sich dieses alte Ding nur ein?«

Endlich kam Fabian, der Enkel der Gänseweins. Er war zum Glück wieder gesund.

»Fabian, mich hat's auch erwischt!«, schluchzte das Sofa. »Jetzt habe *ich* die Masern!«

Doch Fabian musste lachen. Er verstand das Sofa, weil Kinder die Sprache von Tieren, Pflanzen und Teddybären verstehen.

Beruhigend strich er ihm über die Lehne. »Ach was! Du bist nicht krank! Im Gegenteil! Du hast gestern nur ein neues Kleid bekommen, einen weißen Stoff mit roten Punkten. Toll siehst du aus! Viel jünger!«

Wie? Es war gar nicht krank? Dem alten Sofa fiel vor Erleichterung ein ordentlicher Stein vom Herzen. Niemand von den lachenden und schwatzenden Geburtstagsgästen konnte es plumpsen hören. Nur der Hund mit den spitzen Ohren spitzte erstaunt die spitzen Ohren.

Sissi Flegel

Der große weiße Hund

Das ist eine wahre Geschichte und sie ist im Sommer passiert.

Oma, Opa, Mama und Papa, mein Bruder Sebastian, meine kleine Schwester Franziska und ich waren im Sommer in Italien.

Neben der Terrasse, wo wir gegessen haben, ging eine Treppe nach oben zum Schwimmbad. Wir durften da nicht hoch, weil das Schwimmbad gefährlich ist und wir nicht immer die Schwimmflügel anhatten. Trotzdem rannten mein Sebastian und ich die Treppe hinauf. Das war cool, weil meine Oma, mein Opa, Mama oder Papa dann immer schrien: »Ihr dürft da nicht hoch! Das wisst ihr doch!«

Franziska konnte noch nicht rennen, sie krabbelte auf der Terrasse herum und zog sich an den Stuhlbeinen rauf. Aber Sebastian und ich sprangen sehr oft die Treppe hinauf.

Da sagte mein Opa: »Hört mal, ihr Lausebengel, ich würde nicht mehr die Treppe hochrennen, weil – da ist ein ganz großer Hund!«

»Opa, das stimmt nicht, das sagst du nur so!«, riefen Sebastian und ich. Wir tanzten um den Opa herum und sangen: »Da ist kein Hund, da ist kein Hund!«

Die anderen lachten nur, sogar der Opa. Sebastian und ich suchten überall: am Pool, am Eingang zum Garten, bei den Blumen und sogar an der Garage. Da war *kein* Hund. *Nirgends* war ein Hund.

»Du hast das nur gesagt, damit wir nicht mehr die Treppe hoch und zum Pool gehen«, sagte ich zum Opa, und mein Sebastian schimpfte ihn: »Man darf nichts sagen, was nicht stimmt, Opa!«

»Nein, das darf man nicht«, pflichtete ich ihm bei. »Sonst sage ich nämlich zu dir: Du Lausebengel, da drüben ist ein Krokodil!«

»Und eine giftige Schlange!«, rief Sebastian. »Pass auf, sie ist schon hinter dir!«

»Ja, und da kommt ein Flugdrache angedüst! Der pustet dir die Haare vom Kopf!«

»Ein Bagger baggert die Terrasse fort!«

»Ein Elefant hängt seinen Rüssel in deine Kaffeetasse!«

»Ein wildes Pferd frisst den Zucker!«

»Eine Riesenkatze leckt dir die Milch weg!«

Der Opa hielt sich nur noch die Ohren zu und rief: »Ich hab Angst! Ich hab Angst! Aufhören!«

Am Mittag bauten Sebastian und ich mit unseren Legos einen Helikopter. Da kam auf einmal unser Papa die Treppe herunter, setzte sich auf einen Stuhl und schüttelte den Kopf. Er sagte: »Kinder, am Pool liegt ein großer Hund.«

Der Opa lachte sehr und meinte: »Pass auf, das gefräßige Krokodil schwimmt durchs Gras!«

Und Sebastian rief: »Papa! Bring dich in Sicherheit!«

»Hier, Papa!«, schrie ich ihm zu. »Steig in unseren Helikopter!«

Weil unser Papa aber so still war, wurde uns ganz komisch.

Er schüttelte nämlich wieder den Kopf und sagte noch mal: »Ein großer Hund liegt am Pool.«

Ich glaubte ihm erst nicht, aber dann nahm ich meinen Sebastian an die Hand und zusammen gingen wir die Treppe hinauf. Alle anderen kamen mit. Sogar Franziska, unsere Mama trug sie nämlich.

Oben an der Treppe sahen wir Blumen. Und Büsche. Und Gras, auf dem unser gelber Ball lag. Und Franziskas rotes Sonnenhütchen. Wir sahen das Wasser im Becken. Das glitzerte. Aber dann riss ich die Augen auf:

Am Pool lag ein sehr großer weißer Hund!

»Mannomann«, sagte Sebastian und drückte meine Hand.

»Mannomannomann«, sagte ich und drückte Sebastians Hand.

»Wo kommt der denn her?«, fragte meine Mama.

Mein Papa wollte gleich wissen, wem der Hund gehörte, und Oma meinte, dass der Hund Durst habe. Sie brachte ihm Wasser. Das trank er gerne.

Dann klatschte mein Opa in die Hände und rief: »Husch, husch!«

Der Hund blinzelte und legte seinen Kopf auf die Pfoten. Er knurrte ein bisschen, aber rührte sich bis zum Abend nicht von der Stelle.

Jeden Morgen kam der Hund und legte sich an den Pool. Er bellte nie, aber mein Sebastian und ich sprangen trotzdem nicht mehr die Treppe hoch, weil: Der Hund war wirklich sehr groß.

Dann waren die Ferien um. Ich packte meine Matchbox-Autos in die Tasche und Sebastian seine Legos. Mein Papa lud das Gepäck ins Auto, Mama und Oma machten die Fensterläden zu, und Opa schloss die Tür ab. Da fragte Sebastian auf einmal: »Wo ist mein Schlafhase?«

Ohne seinen Schlafhasen kann er nicht schlafen. Deshalb schloss mein Opa die Tür wieder auf und alle suchten den Hasen.

Wir suchten und suchten. Sebastian weinte: »Wo ist mein Hase? Ohne den Hasen fahr ich nicht heim!«

Auf einmal bellte der Hund.

»Der Hund hat noch nie gebellt«, sagte meine Mama. »Was ist da los?«

»Der bellt, weil wir abreisen«, meinte ich. »Der ist traurig.«

»Der bellt nicht traurig. Der bellt anders«, sagte meine Oma.

»Habt ihr den Hasen endlich gefunden?«, fragten Opa und Papa.

»Nein«, antwortete Mama. »Ich suche noch mal im Schlafzimmer.«

Ich sah Mama, die gerade wegging, sah meinen Opa und meine Oma, ich sah Papa und meinen Sebastian, aber Franziska sah ich nicht, und den Hasen auch nicht. Der Hund bellte sehr laut, deshalb wollte ich doch lieber nachschauen.

Ich ging langsam die Treppe hinauf. Oben legte ich mich ins Gras und schaute ganz vorsichtig zum Hund hinüber, weil: Der Hund war ja riesig groß.

Das *hörte* ich: Er bellte sehr laut.

Das *sah* ich: Er stand ganz nah am Pool.

Franziska zeigte ihm Sebastians Schlafhasen, dann krabbelte sie zum Beckenrand. Dort warf sie den Hasen ins Wasser und – und – und –

Das *tat* ich: »Franziska!«, brüllte ich. Ich flitzte zum Pool, packte meine Schwester, der Hund sprang ins Wasser, das so spritzte, dass ich nichts mehr sehen konnte, und als ich wieder gucken konnte, waren die anderen schon da und der Hund kletterte aus dem Pool. Er legte den Schlafhasen ins Gras und schüttelte sich so doll, dass ich vor lauter Poolwasser wieder nichts sah.

Franziska brüllte, Sebastian jammerte, jetzt hätte er einen nassen Hasen, Mama weinte und Papa sagte: »Um ein Haar wäre was Schreckliches passiert!«

Meine Oma meinte: »Wir haben einen sehr mutigen Enkel!« Opa klopfte mir auf die Schulter und der große weiße Hund leckte mir das Wasser aus dem Gesicht.

Das machte mir überhaupt nichts aus, obwohl der Hund so groß war und ein bisschen stank; ich legte ihm sogar die Arme um den Hals, weil – wenn er nicht gebellt hätte, wäre Sebastians Schlafhase vielleicht ertrunken. Und überhaupt: Meine Franziska konnte ja nicht mal mit Schwimmflügeln schwimmen!

Die Großen küssten mich ab, meine Mama gab dem Hund fast alle Vesperbrote und Oma brachte ihm noch einmal frisches Wasser. Wir sagten dem Hund, dass wir im nächsten Sommer wiederkommen würden, und mein Sebastian schenkte ihm drei Gummibärchen: »Danke fürs Bellen, danke für meinen Schlafhasen, danke fürs Nichtbeißen, Hund!«

Dann legte Sebastian ihm auch die Arme um den Hals. Der Hund jaulte ein bisschen und schlabberte ihm mit der langen roten Zunge das Gesicht ab, obwohl kein Poolwasser dran war.

Mein Opa sagte: »In der Hundesprache heißt das: ›Danke. Ich mag dich und ich freue mich auf den nächsten Sommer.‹«

Joachim Friedrich

Emil in der Adlerschule

Emil wohnt mit seinen Eltern am großen Ententeich. Dort hat Emil viele Freunde. Mit denen spielt er am liebsten Karpfenzwicken, Schlammschnattern, Fröscheärgern und Fang-die-Mücke.
Schwimmen und tauchen kann Emil besonders gut. Emil geht noch in den Entenkindergarten, doch sein erster Schultag ist nicht mehr weit.

Eines Abends, als Emil schon schläft, sitzen seine Eltern noch bei einem Schüsselchen Abendentengrütze.

»Soll unser Emil eigentlich zur Entenschule gehen?«, fragt Emils Mama.

»Nein!«, sagt Emils Papa. »Unser Emil ist doch so klug. Wir müssen eine bessere Schule für ihn finden.«

»Die Adlerschule!«, ruft Emils Mama. »Das ist die beste Schule, die es gibt! Denn Adler können viel mehr als Enten.«

Und so melden seine Eltern Emil in der Adlerschule an.

»Eine Ente in der Adlerschule. Das hat es noch nie gegeben«, sagt der Schuldirektor.

»Unser Sohn ist aber sehr begabt!«, meint Emils Papa.

»Hoch begabt!«, ruft Emils Mama.

»Na gut«, sagt der Schuldirektor. »Wenn das so ist, wollen wir versuchen aus Emil Ente einen Adler zu machen.«

»Emil wird zur Adlerschule gehen«, erzählen Emils Eltern jeder Ente, die sie kennen.

»Adlerschule! Donnerwetter!«, rufen die anderen Enten dann.

Nur Emils Oma sagt: »Und doch können Enten etwas, das Adler nicht können.«

An seinem ersten Schultag ist Emil ein wenig traurig, denn alle seine Freunde gehen zur Entenschule.

»Bestimmt wird es dir in der Adlerschule gefallen«, sagt Emils Mama und packt ihm die Pausenentengrütze ein.

Emil kommt ein bisschen spät zum Unterricht, denn der Weg zur Adlerschule ist sehr weit.

Die Lehrerin betrachtet ihre neuen Schüler mit Adleraugen.

»Das geht aber nicht«, sagt sie dann zu Emil. »Adler haben eine breite Brust und einen dünnen Bauch. Und du hast eine schmale Brust und einen dicken Bauch. Wenn du ein Adler werden willst, musst du das ändern.«

»Meine Brust ist zu schmal und mein Bauch ist zu dick«, erzählt Emil seinen Eltern traurig bei der Mittagsentengrütze.

»Dann helfen wir halt nach«, sagt seine Mama. Sie holt ein paar Grashalme.

Dann muss Emil tief einatmen und die Luft anhalten, bis ihm schwindelig wird. Emils Mama wickelt die Grashalme ganz fest um Emils Bauch.

»Jetzt hast du auch eine breite Brust und einen schmalen Bauch«, meint seine Mama.

»Ich bekomme aber so schlecht Luft«, keucht Emil.

»Das muss sein, wenn man ein Adler werden will«, erwidert Emils Papa.

Nur seine Oma sagt: »Und doch können Enten etwas, das Adler nicht können.«

Am zweiten Schultag macht Emil auf dem Schulweg immer wieder Pause, weil er verschnaufen muss. Darum kommt er noch ein bisschen später zum Unterricht als am Vortag.

»Alle Tiere haben Angst vor dem Adlerruf«, erklärt die Lehrerin. »Darum muss jeder Adler ihn können.«

»Hi hiiieh! Hi hiiieh!«, rufen die Kinder.

Nur Emil ruft: »Quack! Quack!«

»Das geht aber nicht«, sagt die Lehrerin zu Emil. »Wenn du ein Adler werden willst, musst du das ändern.«

»Ich kann den Adlerruf nicht«, erzählt Emil seinen Eltern traurig bei der Mittagsentengrütze.

»Dann helfen wir halt nach«, sagt Emils Papa.

Er geht mit Emil zur Lachmöwe.

»Kannst du meinem Sohn den Adlerruf beibringen?«, fragt Emils Papa.

»Sicher!«, lacht die Lachmöwe. »Hä häääh! Hä häääh!«

So übt die Lachmöwe mit Emil den Adlerruf. Viele Stunden lang. Als Emil nach Hause kommt, ist er sehr müde.

»Das muss sein, wenn man ein Adler werden will«, erklärt Emils Papa.

Nur seine Oma sagt: »Und doch können Enten etwas, das Adler nicht können.«

Am dritten Schultag schläft Emil auf dem Schulweg immer wieder ein. Darum kommt er noch ein bisschen später zum Unterricht als sonst.

»Ein Adler kann so hoch fliegen wie kein anderer Vogel«, meint die Lehrerin.

Die Kinder fliegen hoch und höher. Nur Emil nicht. Der flattert nur knapp über dem Boden.

»Das geht aber nicht«, sagt die Lehrerin. »Wenn du ein Adler werden willst, musst du das ändern.«

»Ich kann nicht so hoch fliegen wie ein Adler«, erzählt Emil traurig seinen Eltern bei der Mittagsentengrütze.

»Dann helfen wir halt nach«, sagt Emils Mama.

Sie geht mit Emil zu einem Baum am großen Ententeich. Dort hängt ein Luftballon in den Zweigen. Sie holt den Ballon herunter und bindet ihn an Emil fest.

»Mit dem kannst du dann viel höher fliegen«, meint Emils Mama.

»Dafür komme ich aber auch viel schwerer wieder herunter«, sagt Emil.

»Das muss sein, wenn man ein Adler werden will«, erwidert Emils Papa.

Nur seine Oma sagt: »Und doch können Enten etwas, das Adler nicht können.«

Am vierten Schultag zieht der Luftballon Emil auf dem Schulweg immer wieder in die Höhe. Darum kommt er diesmal als Letzter zur Schule.

»Adler fressen am liebsten Mäuse«, erklärt die Lehrerin.

Mäuse! Igittigitt!, denkt Emil.

Mit den anderen Kindern fliegt Emil höher, als er jemals geflogen ist.

»Hi hiiieh! Hi hiiieh!«, rufen die Kinder, wenn sie eine Maus erblickt haben, und stürzen sich auf sie.

Emil hat auch bald eine Maus entdeckt.

»Hä häääh! Hä häääh!«, ruft auch Emil.

Nur kann er sich nicht auf die Maus stürzen. Er hat ja einen Luftballon umgebunden. Ganz langsam fliegt er auf die Maus zu. Als er endlich am Boden ist, läuft sie weg. Da hört er plötzlich jemanden um Hilfe rufen. Emil läuft, so schnell er kann, zum Ententeich. Ein Adlerkind ist in den Teich gefallen.

»Hi hiiieh! Hi hiiieh! Hiiielfe!«, ruft es. »Ich ertrinke!«

»Quack! Quack!«, ruft Emil.

Er beißt das Band des Luftballons durch, reißt sich die Grashalme herunter und springt in den Ententeich. Wie der Wind schwimmt er zu dem Adlerkind. Das geht gerade unter. Schwups! Schon taucht Emil ins Wasser und zieht das Adlerkind heraus. Gerade noch rechtzeitig!

Alle kommen angerannt: die Lehrerin, die Adlerkinder, Emils Eltern, seine Freunde und alle anderen Enten. Die Freude ist groß, als sie sehen, dass Emil das Adlerkind gerettet hat.

Nun darf Emil auch in die Entenschule gehen. So, wie alle seine Freunde. Darüber ist Emil sehr glücklich.

»Wie hast du das Adlerkind denn gerettet?«, fragen seine Freunde.

Da sagt Emil: »Enten können etwas, das Adler nicht können: nämlich schwimmen!«

Edith Schreiber-Wicke

Nur ein Traum

»So«, beschloss Tinas Mutter. »Jetzt noch eine Geschichte vor dem Einschlafen.«

»Nein«, sagte Tina finster.

»Was?!« Tinas Mutter schaute sich mit einem Blick um, als ob sie sich verlaufen hätte. »Ich muss im falschen Kinderzimmer sein.«

»Nein«, meinte Tina. »Richtiges Zimmer. Richtiges Kind. Und ich will auch eine Geschichte. Aber ich will nicht einschlafen. Nie mehr.«

»So, so«, sagte ihre Mutter interessiert. »Nie mehr einschlafen! Und warum?«

»Ich hab immer so schreckliche Träume«, beschwerte sich Tina. »Letzte Nacht hat mich ein rosa Gorilla verfolgt. Und ich konnte auf einmal nicht mehr laufen. Meine Füße waren so schwer. Und der rosa Gorilla ist immer näher und näher gekommen, und dann …«

»Und dann?«, fragte Tinas Mutter gespannt.

»Dann hast du mich aufgeweckt.«

»Das war doch gut – oder?«, meinte Tinas Mutter.

»Nein.« Tina schaute noch immer finster.

»Wahrscheinlich hat er sich geärgert, als ich plötzlich weg war. Und rennt heute Nacht wieder hinter mir her.«

»Gegen böse Träume gibt es aber eine viel bessere Methode, als nicht einzuschlafen«, sagte Tinas Mutter.

»Nämlich?«, wollte Tina wissen.

»Ganz einfach. Gleich nach dem Einschlafen gehst du ins Traum-Amt.«

Tina setzte sich kerzengerade im Bett auf. »Wohin!?«

»Ins Traum-Amt«, wiederholte ihre Mutter. »Wo jede Nacht die Träume verteilt werden.«

»Und wie komm ich dorthin?«

»Ganz einfach – du musst dich hinträumen«, erklärte Tinas Mutter.

»Wahrscheinlich würd ich nie mehr schlecht träumen, wenn ich einen Hund haben dürfte«, maulte Tina.

Ihre Mutter lachte. »Du lenkst ab, Tinchen. Also, nicht vergessen: Gleich nach dem Einschlafen Richtung Traum-Amt träumen!«

»Mach ich«, sagte Tina schläfrig. Eigentlich war sie ganz froh, dass sie nicht wach bleiben musste.

Was war das? Tina stand vor einem großen Gebäude, das mit allen Farben des Regenbogens bemalt war. *Traum-Amt* stand über dem Eingang. Und ich hätt's fast nicht geglaubt, dachte Tina, während sie die Stufen hinaufging.

Gleich hinter dem Eingang saß der Portier. »Ja – bitte?«, fragte er amtlich. »Welche Abteilung suchst du?«

»Eigentlich wollte ich nur so ein bisschen rumträumen«, sagte Tina unentschlossen.

Nur ein Traum

»Geradeaus durch den Gang bis zur großen Halle«, antwortete der Portier. »Dort findest du alles, wovon man nur träumen kann.«

Tina kam in einen riesigen Raum mit vielen Schaltern, an denen sich Menschen anstellten. Am längsten war die Warteschlange vor dem Schalter mit der Aufschrift *Träume von lieben Leuten.*

»Ich würde gerne von meinem Sohn träumen«, sagte ein alter Mann, der gerade an der Reihe war. »Er kann mich leider nur selten besuchen.«

»Er wohnt wohl weit weg?«, fragte die Frau am Schalter mitfühlend.

Der alte Mann schüttelte den Kopf. »Nein. Er hat nur sehr viel zu tun.«

»Ich verstehe.« Die Frau lächelte freundlich. »Haben Sie vielleicht ein Foto von Ihrem Sohn?«

»Oh ja.« Der alte Mann holte einen Stapel Fotos aus seiner Jackentasche.

»Danke, eines genügt.« Die Frau am Schalter legte das Foto in einen Aktenordner. »Ihr Traum trifft kommende Nacht ein. Der Nächste, bitte!«

Tina wusste plötzlich, wovon sie träumen wollte. Aber sie fand keinen Schalter, der ihr richtig erschien. Also ging sie zu irgendeinem hin.

»Lass mich raten«, meinte der Mann am Schalter. »Ich weiß, was du suchst. Du möchtest davon träumen, Prinzessin zu sein!«

»Fällt mir nicht im Traum ein«, sagte Tina. »Ich such was ganz anderes. Aber vielleicht können Sie mir weiterhelfen.«

Der Mann am Schalter hatte sichtlich nicht gern Unrecht. Doch er konnte Tina sagen, wo sie ihren Traum finden würde.

Wenig später stand Tina vor der Aufschrift *Haustiere*. Diesmal saß ein grau getigerter Kater hinter dem Schalter. »Du möchtest von einem der Unsrigen träumen, nehm ich an. Sehr vernünftig. Perser, Kartäuser, Tabby, Siam, Norwegische Waldkatze? Wir haben alle Rassen hier.«

Tina enttäuschte den Kater nicht gern. Aber es ging leider nicht anders.

»Eigentlich hätte ich gern einen Hundetraum.«

Der Kater verzog das Gesicht. »Geschmäcker und Träume sind verschieden. Aber mir soll's recht sein. Eine bestimmte Rasse? Farbe?«

Tina schüttelte den Kopf. »Irgendeine witzige Mischung.«

»Ist gebongt«, sagte der Kater.

Tina blätterte in einem ihrer Lieblingsbücher. Aber immer wieder legte sie es weg, stand auf und schaute unruhig in den Garten hinunter. Worauf wartete sie eigentlich? Sie wusste es selbst nicht. War sie allein zu Haus? Auch das wusste sie nicht. Dann sah sie ein Auto vor dem Eingang halten. Das Auto war ihr fremd, aber die Frau, die ausstieg, war ihre Mutter. Sie holte erst ihre Handtasche vom Rücksitz. Und dann noch etwas. Tina konnte nicht erkennen, was es war. Sie ging aus ihrem Zimmer, die Treppe hinunter und kam ihrer Mutter entgegen, die gerade zur Haustür hereinspazierte. Was ihre Mutter vom Rücksitz des Autos geholt hatte, war in eine Decke gewickelt.

»Für dich«, sagte Tinas Mutter und zog die Decke ein Stück

zurück. Zum Vorschein kam ein hellbraunes Fellbündel mit glänzender schwarzer Nase. Ein Traum von einem Hund! Tina streichelte seinen Kopf. Eine hellrosa Zunge schleckte über ihre Hand.

»Aufwachen, Tina!«, rief ihre Mutter.

»Oh, nein!« Tina setzte sich im Bett auf und schaute sich um. Weit und breit kein Hund!

»Hat es denn nicht funktioniert?«, fragte Tinas Mutter. »Die Sache mit dem Traum-Amt, meine ich.«

»Doch«, sagte Tina, »das ist es ja. Du bist gerade mit einem kleinen Hund nach Hause gekommen. Für mich. Hellbraun war er.« Sie schluchzte kurz auf und ging ins Badezimmer.

»Aber Tina, du weißt doch, wie dein Vater über Haustiere denkt«, sagte Tinas Mutter durch die Badezimmertür.

Als Tina in der Schule war, ging ihre Mutter zum Telefon und wählte eine Nummer. »Ich weiß, wie du über Haustiere denkst«, sagte sie ohne weitere Einleitung. »Aber vielleicht willst du trotzdem hören, was deine Tochter geträumt hat …«

Angelika Glitz

Monster unter Willis Bett

Unter Willis Bett sitzt ein Monster. Willi hat es zwar noch nie gesehen. Aber er weiß genau, dass es da ist. Bestimmt kommt es durch die Bettritze gekrochen und will meinen Teddy klauen!, denkt Willi. Huh, zieht er die Decke über den Kopf.

Da, wieder ein Rascheln.

»Mammmmaaaa!«

Die Tür fliegt auf.

»Hast du schlecht geträumt, Willi?«, fragt Mama.

»Psssscht«, wispert Willi. »Psssсht. Da ist ein Monster unter meinem Bett.«

Mama lacht.

»Ganz in echt«, sagt Willi. »Und es macht komische Geräusche.«

Mama streicht Willi durch die Haare. »Gut, hören wir mal, was es für Geräusche macht!«, sagt sie.

Bröööööööhm!

»Ein Auto, das vorbeifährt«, sagt Mama.

»Weiß ich«, sagt Willi. »Bin ja nicht blöd.«

Ratteltatteldiquietsch!

»Bloß der Wind in den Rollläden«, erklärt Mama.

»Pah, weiß doch jedes Monsterbaby«, sagt Willi.

Sonst kann Mama nichts hören. Willi auch nicht.

»Und was ist mit dem Schatten da an der Wand?«, will er wissen.

»Nur von den Bäumen vor deinem Fenster«, sagt Mama lächelnd.

Na, das hat sich Willi gleich gedacht. Er lässt sich zurück in die Kissen plumpsen.

Schmatz, küsst Mama Willis Nase. »Dann schlaf jetzt schön weiter, mein Kleiner«, sagt sie.

»Wie ein großes Murmelmonster«, verspricht Willi. Aber er hält Mamas Arm fest. Und ohne Arm kann Mama nicht weg. »Kannst du nicht trotzdem mal kurz nachschauen?«, fragt Willi. »Ich meine, nur damit wir ganz sicher sind.«

Da knipst Mama die Taschenlampe an. Sie rollt die Lego-Box zur Seite. Dann robbt sie langsam unter das Bett. Boah, wie mutig Mama ist, denkt Willi. Dabei kann das Monster Mama jederzeit in die Nase zwicken.

»Die reinste Müllkippe hier unten«, ruft Mama hinauf. »Morgen wird aufgeräumt.« Willi stöhnt. »Und was macht der schimmelige Joghurtbecher hier? Und mein Hut?«

Beides fliegt unter dem Bett hervor. Und dann noch Willis Unterhose, die doofe Blockflöte, Dromedar Diddy, Stoffschwein Grunzi und …

… Mama starren zwei glühende Augen an.

»Aaaaaaaahhhhhhh!«

Mama lässt die Taschenlampe fallen. Sie springt unter dem Bett hervor, schnappt sich Willi, stürmt aus dem Zimmer. Wumm, die Tür ist zu.

Wusch, schiebt Mama den Tisch davor. Buff, die Kommode und das Regal, schnell noch die Pfanne in die Hand, Mama setzt sich oben drauf: Das Monster ist gefangen.

Willis Augen leuchten. »Mordsgefährlich, das Monster, stimmt's? Sag, hat es fünf oder hat es sieben Köpfe? Hat es Haare in den Ohren? Hat es Mundgeruch?«

Mama zittert. Ganz blass sieht sie aus. »Unter deinem Bett«, wispert sie, »unter deinem Bett sitzt eine Maus.«

»Eine Maus. Wie, eine Maus? Eine mickrige Maus?« Willi ist ein bisschen enttäuscht. »Darf ich sie wenigstens mal streicheln?«, fragt er.

»A-a-a-auf ga-gar keinen Fall«, stottert Mama. »Mäuse sind gefährlich.«

Willi guckt Mama schräg an.

»Besser du schläfst heute Nacht in meinem Bett«, sagt Mama.

Da sagt Willi nichts mehr. Denn in Mamas Bett schlafen darf er sonst nie. Aber morgen werde ich sie fangen, die Maus, denkt Willi. Dann braucht Mama keine Angst mehr zu haben.

Thomas Fuchs

Die Nacht im Wald

»Da vorne geht ein Feldweg ab, siehst du den?«, fragt Papa.

Lennart nickt. »Wollen wir nicht doch lieber auf den Campingplatz?«

»Quatsch, der Campingplatz ist was für Weicheier. Wir schlafen heute im Wald.«

Papa lenkt das grüne Wohnmobil den schmalen Weg entlang. Er führt zu einer kleinen Lichtung mitten im Wald. Papa stellt den Motor aus und zieht mit einem Ruck die Handbremse an. Einen Moment lang lässt Papa das Licht an, dann dreht er den Schalter auf Aus.

Papa und Lennart sitzen im Dunkeln. Lennart sieht draußen gar nichts mehr. Es ist, als ob sie in ein Fass mit Tinte gefallen wären. Langsam kurbelt Papa sein Seitenfenster runter.

»Sag selbst, Lennart, ist diese Stille nicht herrlich? Du kannst richtig den Wald hören.«

Lennart fühlt sich gar nicht wohl. »Papa, mach hier drinnen das Licht an. Ich sehe ja gar nichts.«

»Warte, Junge. Lass deinen Augen einen Moment Zeit, sich an das Dunkel zu gewöhnen!«, antwortet Papa. »Wenn ich jetzt Licht anmache, dann erschrecke ich die Tiere draußen.«

Lennart schüttelt den Kopf. »Die hast du eh schon durch den Motor verscheucht. Die sind doch alle abgehauen. Komm, mach Licht an, es ist doof so im Dunkeln.«

»Hast du Schiss?« Papa schaltet das kleine Deckenlicht an.

»Blödsinn, ich finde es nur einfach doof, so ganz im Dunkeln zu sitzen.« Lennart sieht ihn trotzig an. »Das ist langweilig. Den Wald hören wir ja auch, wenn das Licht an ist.«

Papa macht im Wohnraum die Lampe an und schiebt sich zwischen den Vordersitzen nach hinten.

»Also, ich bin hundemüde! Du auch?« Ohne Lennarts Antwort abzuwarten, fängt Papa an, das Bett zusammenzubauen. Er klappt dazu den Tisch auseinander und schiebt die Tischplatte zwischen die beiden Bänke. Aus dem großen Seitenschrank kramt er zwei Polster hervor, die er dazwischenklemmt. Während Papa das Bett mit einem Laken bezieht, beginnt Lennart sich die Zähne zu putzen. Nach ihm quetscht sich Papa in das winzige Badezimmer.

»Papa.« Lennart steht in der Mitte des Betts. »Wo willst du denn schlafen? An der Wand oder zum Gang hin?«

Mit der Zahnbürste im Mund blubbert Papa: »Mir egal. Mach, wie du denkst.« Daraufhin krabbelt Lennart zur hinteren, an die Wand angrenzenden Seite des Bettes. Nachdem er sich ebenfalls umgezogen hat, kommt auch Papa ins Bett. Er macht das große Licht aus und schaltet ein kleines Leselicht am Kopfteil ein.

»Du, hast du alles zugeschlossen?« Unsicher kommt die Frage aus Lennarts Bettdecke. Von ihm selbst ist gar nichts zu sehen.

»Klar, alle Türen sind zu, alles verriegelt und verrammelt.«

»Hast du auch wirklich das Fenster zugemacht? … Ich meine das, … als wir angekommen sind.«

»Ich glaube schon.«

Leise fragt Lennart noch einmal: »Sicher?«

Mit einem Ruck schiebt Papa seine Decke weg, steht auf und klettert nach vorne. Nach ein paar Sekunden ist er zurück und kuschelt sich wieder ein.

»Alles klar, es war zu. Also, der Bus ist sicher. Okay?«

»Gute Nacht, Papa.«

»Schlaf gut, Lennart!«

»Und was ist, wenn da draußen im Wald jemand Böses ist?«, fragt Lennart nach einer Weile.

»Da kommt niemand. Warum sollte denn auch jemand nachts im dunklen Wand herumlaufen!«, versucht Papa ihn zu beruhigen.

»Mir ist kalt!«, flüstert Lennart.

Eilig hebt Papa seine Decke ein Stück hoch. »Dem lässt sich abhelfen. Los, rück rüber.«

Lennart krabbelt zu seinem Vater und kuschelt sich an ihn. »Du bist ja eine richtige Wärmflasche.« Er dreht sich einmal um sich selbst und drückt sich an den warmen Bauch.

»Und du hast die kältesten Füße der Welt!«, antwortet sein Papa. »Da muss ich ja meine innere Heizung glatt eine Stufe höher stellen, sonst frieren wir gleich beide.«

Lennart kichert leise.

»Bequem so?« Papa schiebt Lennart seinen Arm unterm Kopf durch. »Hör mal, du brauchst dir keine Gedanken zu machen. Wir sind hier wirklich sicher. Gerade weil wir so ganz allein im Wald sind, ist das ungefährlich. Verstehst du? Niemand weiß, dass wir hier sind, und vermuten kann es auch keiner, daher sind wir völlig sicher!«

Lennart schnauft zufrieden. Papa flüstert weiter: »Wer bitte sollte mitten in der Nacht durch den Wald laufen? Der müsste doch verrückt sein …«

Papa verstummt und hört auf Lennarts Atem. Der ist inzwischen fest am Schlafen. Papa macht das Leselicht aus und versucht ebenfalls einzuschlafen. Doch irgendwie geht das nun nicht mehr. Draußen ist es so ungewohnt ruhig, und dann dieses Geknacke und Geraschel …

Nach ein paar Minuten steht Papa vorsichtig auf und kontrolliert die Bustüren. Anschließend krabbelt er zurück unter die Decke. Doch die Geräusche draußen werden immer merkwürdiger. Papa hat das Gefühl, da draußen wäre plötzlich jemand. Immer wieder sagt er sich, dass das nur die Tiere des Waldes sind. Aber ob die Türen des Busses wirklich sicher sind? Und was ist, wenn doch jemand kommt?

Kein Auge macht Papa die Nacht über zu und ist ganz zerknautscht, als sie am nächsten Tag weiterfahren – direkt zu einem Campingplatz.

»Lieber Weichei als schlaflos«, verteidigt sich Papa und Lennart grinst.

Ulrike Kuckero

Rätsel über Rätsel

»Es war nicht leicht, genügend Lehrerinnen für unsere ersten Klassen zu finden«, verkündete der Schuldirektor. »Doch in letzter Minute haben wir es geschafft! Die Klasse 1b bekommt eine Lehrerin, die gerade frisch aus Norwegen zu uns gekommen ist. Ich freue mich, Ihnen Fräulein Trollenberg vorzustellen.«

Die Kinder der Klasse 1b und ihre Eltern klatschten begeistert und reckten die Hälse. Fräulein Trollenberg stand neben der Bühne und verbeugte sich. Irgendwie sah sie wunderlich aus. Nicht nur die riesige Wollmütze, die sich auf ihrem Kopf türmte und auf eine ordentliche Haarpracht schließen ließ, war bemerkenswert. Ihre riesigen Ohren sahen aus wie Flügel, die gleich mit dem Kopf und der Mütze in die Höhe fliegen wollten.

Doch Fräulein Trollenberg blieb fest auf der Erde stehen. Mit einem Mal lächelte sie, ihre Augen blitzten und funkelten und sofort strahlten alle Kinder und Eltern. Nein, was war sie nur nett! Und so tüchtig! Und so überaus freundlich!

Dann begann das Festprogramm.

Kinder tanzten und sangen auf der Bühne, der Direktor

hielt eine Rede, ein Mädchen las Gedichte vor. Dann war die Feier zu Ende. Die Eltern hielten die Schultüten fest, die Erstklässler griffen nach ihren nigelnagelneuen Schultaschen und dann zogen die Lehrerinnen mit ihren neuen ersten Klassen hinaus ins Schulgebäude, um ihre erste Unterrichtsstunde zu erteilen.

Auch Fräulein Trollenberg verließ mit ihren Schülern und Schülerinnen die Aula.

»Mir nach!«, rief sie, winkte fröhlich und eilte mit Riesenschritten über den Schulhof. »Wer findet als Erstes unseren Klassenraum?«

Die Kinder hielten sich an den Händen und trauten sich nicht, loszulaufen und den Klassenraum zu suchen. Nur Erich traute sich.

Er rannte die Treppen hoch und riss alle Klassentüren auf, bis er eine gefunden hatte, hinter der keine Schulklasse saß und lernte.

»Hier muss es sein!«, krähte er und wartete auf den braven Rest der Klasse 1b.

»Gut gemacht«, lobte ihn Fräulein Trollenberg. »Du bist mutig, stark und klug.«

Sofort lächelte Erich und fühlte sich mutig, stark und klug. Bislang hatte er nur Ärger gekriegt, wenn er mutig, stark und klug sein wollte. Das war ja ein toller Anfang!

Fräulein Trollenberg ging in das Klassenzimmer und sagte: »Puh, sieht das langweilig aus. Lasst uns mal ein bisschen aufräumen.«

Die Kinder sahen sich erstaunt an. In dem Zimmer standen Tische und Stühle ordentlich hintereinander. Was konnte man hier noch aufräumen? Doch schon fing Fräulein Trollenberg an, alle Tische aufeinander zu stellen.

War die stark! Mit Leichtigkeit packte sie einen ganzen Tisch und hob ihn auf den anderen. Bald stand ein großer Berg aus lauter Tischen und Stühlen vor ihnen.

»Und wo sollen wir jetzt schreiben?«, piepste ein kleines Mädchen besorgt.

»Schreiben?«, lachte Fräulein Trollenberg dröhnend. »Ihr wollt doch wohl nicht schreiben, oder? Heute ist euer erster Schultag, da werden wir was Ordentliches machen!«

Dann klatschte sie in die Hände und rief: »Bergsteigen! Erst wer über den Berg ist, darf sich unter die Tische setzen!«

Das ließen sich viele Kinder nicht zweimal sagen. Sie kletterten über den Berg aus Tischen und Stühlen und wenn es mal wacklig wurde, hielt Fräulein Trollenberg ihnen ihre Hand hin. Die zaghaften Kinder hob sie einfach hoch in die Luft und setzte sie auf die Bergspitze, die der Lehrerstuhl war. Dann mussten sie allein herunterkommen.

Wie gut, dass keine Eltern sehen konnten, was in der Klasse 1b geschah. Sie hätten die Hände über dem Kopf zusammengeschlagen. Doch die Kinder hatten ihren Spaß. Als alle über den Berg geklettert waren, rief Fräulein Trollenberg fröhlich: »Willkommen im Land der tausend Rätsel! Nun wollen wir einige davon lösen. Setzt euch alle unter die Tische, und zwar hurtig!«

Flugs warf sie die Tische vom Berg herab, dass es ordentlich polterte, und stellte sie kreuz und quer im Raum hin. Dann wies sie die Kinder an, darunter Platz zu nehmen. Gehorsam krabbelten alle Kinder unter die Tische.

Irgendwie gemütlich, dachten sie, sahen sich gespannt an und warteten, welches Rätsel sie gestellt bekämen. Doch auch Fräulein Trollenberg wartete und sah die Kinder neugierig an.

Niemand sagte etwas.

Schließlich meinte Fräulein Trollenberg: »Nun, euch wird doch wohl ein Rätsel einfallen! Das wäre ja noch schöner – Kinder ohne Rätsel!«

Die Kinder strengten sich ordentlich an und zermarterten sich den Kopf. Welche Rätsel gab es denn?

Endlich meldete sich Jacob. »Ich weiß eins: Wer wirft vom Himmel die Schneebälle runter?«

Schweigen. Niemand kam drauf. Fräulein Trollenbergs Augen glitzerten und sprühten, so sehr dachte sie nach.

»Tolles Rätsel«, murmelte sie. »Vielleicht Schneewittchen?«

Alle lachten.

»Falsch!«, rief Jacob stolz. »Das sind die Engel, die da oben eine Schneeballschlacht machen!«

Das leuchtete den Kindern ein und auch Fräulein Trollenberg. So wurde ein Rätsel nach dem anderen gestellt und gelöst: Warum leben Menschen nicht im Wasser? Wer hat die Sterne in den Himmel geworfen? Wie viele Fische schwimmen sonntags in der Ostsee? Kann man eine Leiter zum Mond basteln?

Bis Julia schließlich sagte: »Hier kommt ein besonders schweres Rätsel: Was hat Fräulein Trollenberg unter ihrer Mütze?«

Die Kinder schauten auf ihre Lehrerin. Tatsächlich. Etwas musste darunter verborgen sein. Die Mütze reichte fast bis zur Decke.

Rätsel über Rätsel

Julia kam jetzt unter dem Tisch hervor und sagte: »Fräulein Trollenberg, wo haben Sie eigentlich gelernt, was Lehrerinnen machen müssen?«

Fräulein Trollenberg, die gerade an der Tafel hing, um daran Klimmzüge zu machen, erstarrte und kam wieder herunter.

»Ein schweres Rätsel«, murmelte sie und legte die Stirn in dicke Denkfalten.

Alle Kinder kamen unter den Tischen hervor und schauten zu ihr hin. Es stimmte. Irgendetwas war seltsam an diesem netten Fräulein Trollenberg. Und ihr Unterricht war es bislang auch gewesen.

»Ich will es gar nicht wissen!«, rief Erich, der ahnte, dass der ganze Spaß bald vorbei sein würde.

»Wir aber! Wir aber!«, riefen die anderen Kinder im Chor und stellten sich vor Fräulein Trollenberg auf.

»Ihr habt Recht«, murmelte Fräulein Trollenberg und sah auf einmal traurig aus. »Jedes Rätsel muss gelöst werden. Also gut.«

Hiermit zog sie die Wollmütze vom Kopf.

Die Kinder schrien auf. Eine mächtige Haarpracht floss wie ein Wasserfall über ihre Schultern bis auf den Boden. Wirr ragten die Haare zu allen Seiten und bedeckten fast das ganze Fräulein Trollenberg. Dann zog sie ihren dicken Rock aus und stand in einer bunten seltsamen Hose vor den Kindern, an der Seite schaute ein langer Schwanz mit einem buschigen Quast am Ende hervor.

»Oh nein!«, machten die Kinder erschrocken.

»Sie ist ein Troll!«, rief der mutige Erich und streckte vorsichtig die Hand aus, um sie zu berühren. Doch die anderen Kinder wichen vor Fräulein Trollenberg zurück.

»Aber Kinder!«, rief sie und öffnete ihre dicken kurzen Hände. »Das macht doch nichts! Wir können doch trotzdem viel Spaß haben, oder?« Die letzten Worte klangen bittend. Fast schluchzte sie und rieb sich mit dem Schwanz die feuchten Augen.

Da ging auch schon die Tür auf. Der Direktor kam herein, gefolgt von einer sehr kleinen dünnen Frau in einem bunten Kostüm und mit einer bemerkenswert dicken Nase.

»Kinder«, rief der Direktor aufgeregt, »Kinder! Das war leider eine Verwechslung! Dieses Fräulein Trollenberg ist gar nicht eure Lehrerin. Ich weiß auch nicht, wie das passieren konnte. Diese Dame hier ist Fräulein Knollenzwerg. Sie ist eure richtige Lehrerin. Verzeiht mir bitte! Und nun, Fräulein Trollenberg, wie sind Sie überhaupt in unsere Schule geraten?«

Fräulein Trollenberg lächelte und zwinkerte den Kindern zu.

»Wer dieses Rätsel lösen kann, kriegt eine Reise zu mir nach Hause, gratis!«, rief sie, warf lauter Kusshände in den Klassenraum und war mit einem Huuiiii verschwunden. Nur ein leises Rauschen in der Luft blieb zurück.

Verdattert sah Fräulein Knollenzwerg auf die Unordnung im Klassenraum. Dann straffte sie den Rücken, lächelte in sich hinein und rief: »Guten Morgen, liebe Kinder! Dann wollen wir mal aufräumen! Alle Tische und Stühle bitte …«

Der Direktor schloss erleichtert die Tür. So bekam er nicht mehr mit, wie die neue Lehrerin ihren Kindern befahl, alle Tische und Stühle …

Angela Sommer-Bodenburg

Die Geschichte vom Rutschgespenst

Es war einmal ein kleines Gespenst, das lebte in einem alten Gasthof. Dieser Gasthof hatte einen Dachboden voller Gerümpel, in den nie eine Menschenseele kam. Wer interessierte sich auch schon für zerbrochene Stühle, mottenzerfressene Gardinen, verstaubte leere Weinkrüge und Schränke, in denen Holzwürmer saßen?

Nur das kleine Gespenst lebte hier und fühlte sich wohl. Es hatte sich in einem der Schränke sein Bett gebaut und dort verträumte es die Zeit bis Mitternacht. Erst wenn die Turmuhr zwölfmal geschlagen hatte, kam es gähnend aus dem Schrank und reckte und streckte sich im Mondenschein. Danach schlich es die Bodentreppe hinunter und huschte die dunklen Gänge entlang. Manchmal begegnete ihm im Schein des trüben Flurlichts noch ein später Gast, der auf dem Weg in sein Zimmer war. Dann breitete das kleine Gespenst die Arme aus, ließ sein weißes Hemd flattern und rief dumpf und schauerlich: »Huuiii …« Es machte ihm diebisch viel Spaß, wenn der Gast »Hilfe! Ein Gespenst!« kreischte und wie ein aufgeschrecktes Huhn davonlief.

Eines Tages fuhr ein Ehepaar mit seiner Tochter an dem

Gasthof vorbei. Weil es schon spät war, sagte das Mädchen: »Warum übernachten wir nicht in dem netten Gasthof da drüben?«

Also nahmen sie sich zwei Zimmer, das eine für die Eltern, das andere für die Tochter, die übrigens Franziska hieß. Franziska freute sich über das breite Himmelbett, das in ihrem Zimmer stand. Sie zog ihr Nachthemd an, setzte sich auf den Bettrand und aß noch eine Banane. Dabei wurde sie so müde, dass ihr die Bananenschale mit einem Rest Banane darin aus der Hand glitt und sie hintenüber in das Kopfkissen fiel.

So lag sie noch immer, als die Tür leise aufging und das kleine Gespenst um die Ecke spähte. Es war nämlich sehr neugierig und liebte es, sich die Gäste, ganz besonders die Kinder, persönlich anzuschauen.

Franziska gefiel ihm. Vorsichtig machte es ein paar Schritte ins Zimmer hinein, ließ sein Hemd flattern und wollte gerade den Mund zu einem gruseligen »Huuiii …« öffnen – da trat es auf die Bananenschale und fiel der Länge nach hin.

Durch den Lärm wurde Franziska wach.

Sie rief: »Wer ist da?«

»Ni-niemand«, stotterte das Gespenst. Es rappelte sich mühsam auf und humpelte zur Tür.

»Warte!«, sagte Franziska. »Ich wollte schon immer ein echtes Gespenst kennen lernen!«

»Tut mir Leid«, antwortete das kleine Gespenst. »Ich muss mein Fußgelenk kühlen.«

Mit diesen Worten huschte es zur Tür hinaus. Franziska sprang aus dem Bett, um ihm zu folgen. Doch als sie in den Gang kam, war das kleine Gespenst verschwunden.

»So ein Pech!«, sagte Franziska und ging missmutig zu ihrem Bett zurück. »Da trifft man endlich mal ein waschechtes Gespenst und was passiert? Es verstaucht sich den Fuß!«

Sie hatte kaum zu Ende gesprochen, als sie auf die Bananenschale trat und hinschlug.

Am nächsten Morgen erschien Franziska hinkend beim Frühstück.

»Was ist denn mit deinem Fuß geschehen?«, riefen die Eltern.

»Nichts«, sagte sie zähneknirschend. »Es war nur ein Gespenst in meinem Zimmer, und das ist auf einer Bananenschale ausgerutscht.«

»Ja, und deshalb musst *du* humpeln?«, lachten ihre Eltern. »So ein Unsinn!« Und den Gastwirt fragten sie: »Oder haben Sie hier ein Hausgespenst?«

»Aber ich bitte Sie!«, sagte der Gastwirt. »Gespenster gibt es doch nur im Märchenbuch.«

Das war natürlich gelogen und zur Strafe rutschte er beim Abziehen der Bettwäsche später ebenfalls auf der Bananenschale aus.

Franziska war traurig, als sie nach dem Frühstück weiterfahren wollten.

»Mach's gut, kleines Gespenst!«, rief sie, während sie zum Auto hinkte.

Es ist allerdings fraglich, ob das kleine Gespenst ihren Abschiedsgruß gehört hat. Um die Zeit schlief es ja – mit einem nassen Lappen, den es sich um das Fußgelenk gewickelt hatte.

Sigrid Zeevaert

Die Prinzessin und der Prinz

In einem kleinen Haus am Rand der Stadt wohnte eine Prinzessin, von der niemand wusste, dass sie eine Prinzessin war, denn es war geheim. So kam es, dass sie auch keine Dienstboten hatte, keine Zofen und Mägde, keinen König, keine Königin, nicht mal einen Palast oder gar einen Prinz. Die Prinzessin hatte nichts außer sich selbst und sie wohnte in dem kleinen Haus ganz allein.

Morgens, wenn sie aufstand, begrüßte sie sich freundlich und machte jedes Mal einen Knicks, weil es ja sonst niemand tat. Dann stellte sie sich vor den Spiegel, kämmte die Haare zurück und steckte sich ihren goldenen Haarreif ins Haar. »Der Prinz wird sich freuen«, lächelte sie, »wenn er mich so sieht.« Denn wenn sie auch keinen hatte, so war sie doch sicher, dass bald einer kam.

Sie nahm ihre Stickerei zur Hand, wie sie es jeden Tag tat, setzte sich in ihren großen Ohrensessel und stickte an der großen Tischdecke, die in den großen Saal kommen würde, so viel stand fest. Und sie dachte, während sie stickte, an ihren Prinzen und sein lockiges Haar. Und an das Pferd vom Prinzen dachte sie auch.

Als es Abend wurde, erhob sie sich, ging zum Fenster, blickte hinaus auf die Straße und sagte sich: »Morgen ist ja auch noch ein Tag.«

Müde legte sich die Prinzessin, von der niemand wusste, dass sie überhaupt eine war, schließlich ins Bett. Und sie schlief ein und wurde eines Morgens früher als sonst wach, weil ein Vogel vor ihrem Fenster saß und wundersam sang.

»Den«, rief die Prinzessin erfreut aus, »hat mir der Prinz als kleinen Gruß geschickt und als Zeichen, dass er bald kommt.«

Froh gelaunt sprang sie aus dem Bett. Sprang im Haus herum und machte sich schön. Schöner als schön. Damit der Prinz, wenn er kam, auch ganz bestimmt nicht wieder ging.

Die Prinzessin, von der niemand wusste, dass sie überhaupt eine war, saß schließlich in ihrem mit leuchtenden Perlen bestickten Kleid da und wartete. Lief zwischendurch schnell zum Herd und kochte sich einen Kaffee. Warf einen Blick zum Fenster hinaus, saß wieder da und rührte an diesem Tag ihre Stickerei gar nicht erst an. Sie schlug die Beine übereinander. Seufzte. Und als sie gerade darüber nachdachte, wie sie am besten gegen das Knurren in ihrem Magen ankam, klingelte es an der Tür.

Die Prinzessin lief und öffnete und traute ihren Augen nicht, denn vor ihr stand tatsächlich ein Prinz. Auch wenn er auf den ersten Blick nicht wie ein Prinz aussah, denn er war dick und hatte eine Glatze. Aber das, sagte sich die Prinzessin, war in Wirklichkeit doch nur ein Trick und auf Tricks fiel sie nicht herein. Der Prinz wollte sie auf die Probe stellen, die Prinzessin merkte es gleich. Ob sie auch dann freundlich zu ihm war, wenn er wie ein gewöhnlicher Nachbar aussah und sie zu einem Tässchen heißer Schokolade einlud.

»Aber gern«, lächelte die Prinzessin. Und gemeinsam tranken sie die Schokolade und spazierten danach durch den Park. Später, dachte die Prinzessin, als der Prinz sie bis vor ihre Haustür begleitete, verwandelte der Prinz sich schon noch und so lange störte seine Glatze sie nicht. Auch nicht sein Bauch.

Er nahm ihre Hand, küsste sie und verbeugte sich tief.

Am nächsten Tag kam er wieder. Auch am übernächsten. Und er brachte Blumen mit, jeden Tag einen Strauß. Bis er um ihre Hand anhielt. Die Prinzessin willigte ein. Obwohl der Prinz immer noch nicht wie ein echter Prinz aussah und ihr

auch sein Schloss noch nicht gezeigt hatte, mit all den Pferden und Dienstboten, den Königseltern und überhaupt seinem Reich. Aber die Prinzessin war ja nicht dumm, die Prinzessin wusste Bescheid. Und so lebten die beiden viele Jahre im kleinen Haus am Rand der Stadt und wurden gemeinsam sehr alt. Die Prinzessin, von der niemand wusste, dass sie eine Prinzessin war, und der Prinz, der ein echter Prinz sein musste, weil man nicht gleich sah, dass er ein echter Prinz war.

Manfred Schlüter

Brillenschlange, Brillenschlange!

Hallo! Siehst du mich? Ich dich auch, weil ich nämlich eine Brille hab. Seit heute Morgen. Und jetzt kann ich endlich richtig gucken. Wie 'n Weltmeister kann ich gucken! Mama sagt, ich sehe ganz schön scharf aus mit meinen Adleraugen auf der Nase. Finde ich übrigens auch. Finden aber nicht alle. Die acht von der Spielplatzbande zum Beispiel. Die finden das nicht.

Die stehen dumm rum und rufen: »Brillenschlange, Brillenschlange!« Diese Dummdödel! Die werden was erleben! Das macht mich nämlich ziemlich wütend. Ich kann wahnsinnig wütend werden! Wenn ich will. Und wenn ich so richtig wütend bin, dann passiert was. Was Schlimmes!

Den Ersten schreie ich an. Sooo laut, dass dem Dummdödel sämtliche Ohren abfallen. Ich kann alles in Grund und Boden schreien, sagt Papa. Dabei schreit der manchmal auch. Nur nichts in Grund und Boden. Das schafft der nicht. Aber ich!

Den Zweiten puste ich einfach um. Erst mal hol ich Luft. Gaaanz tief! Und wenn ich aufgepumpt bin wie 'ne Luftmatratze kurz vorm Platzen, dann puste ich einen Wirbelsturm in die Gegend. Mindestens Windstärke 35! Vielleicht auch 47!!

Und der wirbelt den Dummdödel so lange rundherum, bis er nicht mehr weiß, wo oben und wo unten ist und links und rechts und alles andere!

Der Dritten strecke ich – bääääääh! – die Zunge aus. Und dann ruf ich: »Krieg mich doch!«, und renne los. Rennen kann ich nämlich! Turbomäßig, sagt Papa, ein Ferrari ist nichts dagegen! Du siehst ’ne Staubwolke und schon bin ich weg. Weit weg! Irgendwo am Ende der Welt. Und die Dummdödelin läuft und läuft und sucht und sucht und kriegt mich nicht. Nie im Leben!

Den Vierten gucke ich böse an mit meinen Adleraugen und zeige ihm die Zähne. Ich kann nämlich gewitterbitterböse gucken! Wenn ich will. Wie Tütenteufels Urgroßmutter, sagt Mama. Und wenn ich dann auch noch die Zähne fletsche, dann knirscht das so entsetzlich fürchterlich, dass der Dummdödel sich vor lauter Angst in die Hose macht. Pfui Teufel!

Der Fünften gucke ich kilometertief in die Augen. So tief jedenfalls, dass sie ticktackzack einschläft und erst in hundert Jahren wieder aufwacht. Ich kann das! Und mit Brille noch viel besser! Mama sagt, ich bin eine richtige Hypnotisistin oder so was. Und deshalb schläft die Dummdödelin jetzt und schläft und schläft … Und wehe, die schnarcht!

Die Sechste greif ich mir. Und dann fliegt sie – autsch – zehn Meter hoch. Oder hundert Meter. Ach, bis zum Mond fliegt die. Wenn ich will. »Das hast du nun davon, du Dummdödelin«, ruf ich ihr hinterher und hol sie erst wieder runter, wenn sie nie mehr »Brillenschlange« sagt. Nie mehr! Versprochen? Sonst passiert was!

Dem Siebten werf ich ein paar von diesen Wörtern an den

Kopf. Dann wird der rot wie die Sonne am Abend und sagt nichts mehr. Gar nichts! Ich hab nämlich einen ziemlichen Wortschatz. Mit Wörtern drin, die sagt man nicht, sagt Mama. »Brillenschlange« sagt man aber auch nicht, sage ich.

Der Achten flenne ich was vor. Papa meint, wenn ich angefangen habe, dann höre ich so schnell nicht wieder auf. Stimmt! Ich hab nämlich hundertdrei Millionen Tränen. Mit denen kann ich die ganze Stadt unter Wasser setzen. Und der Dummdödelin steht das Wasser bis zum Hals. Selber schuld! Ich hab ja gleich gesagt, dass ich ziemlich wütend werden kann.

Muss ich aber gar nicht. Diese Dummdödel wissen ja, was dann passiert. Die rufen nie wieder: »Brillenschlange!«, und sind plötzlich supernett. Wetten?! Dann bin ich natürlich auch ganz nett. Ich kann supersupernett sein! Wenn ich will. Und dann passiert auch nichts. Nichts Schlimmes jedenfalls. Das schwöre ich. Beim Barte des Poeten. Und bei meiner Brille!

Dagmar H. Mueller

Mathilde und die Geisterfrau

Vor sehr langer Zeit hat es auf Burg Krähennest regelmäßig gespukt. Es hat sogar so grässlich unheimlich gespukt, dass die mutigsten Ritter und die stärksten Burgfräulein mitten in den stürmischsten Nächten glatt weggelaufen sind. Barfuß, im Nachthemd und mit ihrem Kopfkissen in der Hand, das sie sich verzweifelt auf die Ohren gedrückt haben, um das schaurige Geheul nicht mehr zu hören.

Ja, solange das Wetter schön war, gab es keine Probleme. Sobald aber das Wetter etwas unfreundlicher wurde, legte Gertrud, die Geisterfrau, so richtig los!

Sie war es nämlich, die dann nachts um die alten Burgmauern flog und heulte. So erbärmlich, so laut und so gruselig, dass keiner auf der Burg auch nur an Schlaf hätte denken können.

So ging es viele hundert Jahre. Bis … ja, bis Mathilde, die Tochter von Freunden des Burgherrn, die gerade zu Besuch auf Burg Krähennest waren, eines Nachts ebenfalls aufwachte.

Es war eine besonders kalte, besonders stürmische und besonders regnerische Nacht. Das Wasser peitschte auf das Burgdach, der Wind rüttelte an den Türen und Mathilde war froh, dass sie sich die warme Decke bis dicht unter das Kinn ziehen konnte. Dann hörte sie plötzlich Gertrud heulen.

»Wuihaaahiiiihuuuuu!«, heulte Gertrud. Schauriger denn je.

Mathilde setzte sich kerzengerade auf im Bett. Aber statt sich jetzt ihr Kissen auf die Ohren zu drücken und, wie die meisten Gäste, so schnell sie konnte einfach wegzulaufen, lauschte sie. Und wurde beim Lauschen richtig traurig.

Die arme Gertrud!, dachte Mathilde. Denn sie hatte natürlich schon von Gertrud gehört.

Wie kalt und ungemütlich musste es da draußen jetzt sein! Und wie gemein, dass alle anderen in warmen Betten lagen, während Gertrud immer nur draußen um die Burg herumspuken konnte! Kein Wunder, dass sie heulte!

Mathilde wurde so traurig, dass sie überhaupt nicht dazu kam, Angst zu kriegen. Und dann hatte sie eine Idee.

Sie schnappte sich eine Kerze, lief nach draußen und rief mitten in den Sturm hinein, so laut sie konnte: »GERTRUD! Komm her! Du kannst in meinem Zimmer schlafen! Es ist warm und trocken und bestimmt viel netter als hier draußen!«

Und tatsächlich hörte das Heulen augenblicklich auf. Gertrud schwebte mit erstauntem Gesichtsausdruck heran, lächelte Mathilde dankbar zu und war mit einem Luftzug in dem kleinen Zimmer verschwunden.

Mathilde schlüpfte für den Rest der Nacht in das große Bett ihrer Eltern. Dort war es sowieso viel gemütlicher.

Am nächsten Morgen war der Burgherr beeindruckt, wie einfach Mathilde das Problem gelöst hatte. Und weil er Gertrud nicht wieder unglücklich machen wollte, oder vielleicht auch einfach, weil er nicht wollte, dass ihm die Gäste regel-

Mathilde und die Geisterfrau

mäßig davonliefen, sobald auch nur ein paar Regentropfen fielen, ließ er von nun an die Tür zum Gästezimmer immer einen Spaltbreit offen. Sodass Gertrud, wann immer sie wollte, bequem hinein- und hinausschlüpfen konnte.

Und, wie ihr euch denken könnt, hat man nie wieder auch nur das kleinste bisschen grässliches Geheul auf Burg Krähennest gehört.

Frank Maria Reifenberg

Der kleine Fuchs und die Himmelsleiter

»Es stimmt, Mama! Der Uhu hat nicht gelogen«, rief Rodolfo begeistert, als er seine kleine weiche Schnauze aus dem Fuchsbau in die kühle Nachtluft streckte.

»Hat der alte Kerl dir wieder ein Schauermärchen erzählt?«, knurrte die Füchsin. Sie schob ihren Sohn zur Seite und hielt schnuppernd die Nase in den Wind. »Er soll dich nicht immer erschrecken mit seinen Geschichten! *Ich* bringe dir alles bei, was du über das Leben im Wald wissen musst!«

»Nein, Mama«, erwiderte der kleine Fuchs. »Der Uhu hat gesagt, dass der ganze Himmel voller glitzernder Edelsteine ist, und nun schau nach oben!« Edelsteine seien sehr wertvoll, hatte der Uhu geschworen, alles könne man sich dafür kaufen. Wenn sie nur einen einzigen Edelstein hätten, bräuchte seine Mutter nie mehr in den Wald zu gehen und nach Futter zu suchen. Seit der Uhu von den Edelsteinen am Nachthimmel erzählt hatte, wollte Rodolfo bei der ersten Gelegenheit hinaufsteigen und mindestens einen für seine Mutter herunterholen.

Die Füchsin lächelte. »Rodolfo, das sind keine Edelsteine. Das sind die Sterne.«

»Sterne? Keine Edelsteine?«, seufzte Rodolfo enttäuscht. »Kann man sich denn für die Sterne was kaufen?«

»Nein«, lachte die Füchsin. »Wir können sie betrachten und uns an ihrer Schönheit erfreuen. Und sie weisen uns den Weg!« Sie zeigte auf einen sehr hellen Stern, der blitzende Strahlen in die Nacht schickte. »Schau dort, das ist der Polarstern. Das ganze Jahr verharrt er über dem Nordpol. So weißt du immer, wo Norden ist. Er leuchtet am hellsten in seinem Sternbild.« Sie erklärte ihrem Sohn, dass die Sterne niemandem gehörten, und niemand könne zu ihnen gelangen. Selbst die breiten Schwingen des Adlers würden ihn nicht so hoch tragen.

In diesem Moment ließ ein flatterndes Rauschen hoch über ihren Köpfen die Füchsin zusammenfahren. Sofort drängte sie ihren Sohn zurück in das Erdloch, das den Zugang zu ihrer Höhle bildete. Sie fletschte die Zähne und stieß einen warnenden Ruf aus. Dann erkannte sie den fliegenden Schatten, der sich derweil kunstvoll auf einem Ast der alten Fichte festgekrallt hatte, an seinen runden, leuchtenden Augen. »Uhu!«, rief sie vorwurfsvoll. »Musst du uns so erschrecken?«

»Uhu, Uhu«, rief auch Rodolfo, »es sind Sterne, keine Edelsteine, und man kann sie nicht holen, weil wir nicht hinaufkönnen!«, sprudelten die Worte aus seinem Mäulchen hervor.

»Ja-haa, das mag wohl sein«, erwiderte der Uhu und dehnte dabei jedes Wort in die Länge. »Es sei denn, wir hätten wieder eine Leiter – so wie der kleine Bär.«

Rodolfo stutzte. Der kleine Bär? Eine Leiter? Sollte es etwa doch jemand geschafft haben, hoch hinauf zum Himmel zu steigen?

»Siehst du das Sternbild dort im Norden?«, fragte der Uhu

und streckte seinen gefiederten Arm weit hinaus in die Dunkelheit.

Die Füchsin lief aufgeregt hin und her. Sie befahl Rodolfo, sofort im Bau zu verschwinden, aber der kleine Fuchs hörte nicht auf sie.

»Der Polarstern!«, krähte Rodolfo. »Der Polarstern, der hellste Stern in seinem Sternbild«, wiederholte er die Worte seiner Mutter.

»Genau, mein Kleiner«, uhute es vom Baum herab. »Du bist ein kleiner Schlaufuchs! Was du schon alles weißt! Das Sternbild des Kleinen Bären, ja, ja.«

»Alter Geschichtenkram!«, schimpfte Rodolfos Mutter. »Nichts für kleine Füchse. Komm in den Bau!«

»Der kleine Bär?«, rief Rodolfo und schaute zum Himmel. »Ist er dort oben? Woher hatte er die Leiter? – Oh Mama, wenn es doch eine Leiter gibt, dann kann ich dir …«, seine Stimme wurde ganz leise, »… die Sterne vom Himmel holen.« Das Füchslein warf sich auf den Boden, wälzte sich im feuchten Gras und strampelte vor Begeisterung mit den Beinen.

Davon wollte die Füchsin jedoch gar nichts wissen. Sie packte ihren Sohn mit der Schnauze im Nacken und trug ihn kurzerhand in den Bau. Sie wollte nicht, dass der alte Uhu ihrem Sohn die Geschichte vom kleinen Bären erzählte!

Aber selbst später, in der wohligen Wärme der Fuchshöhle, gab Rodolfo keine Ruhe. Er quengelte und drängelte und hörte nicht auf zu fragen. »Was ist mit dem kleinen Bären passiert? Kanntest du ihn? Wo ist die Leiter? Hat er einen Stern geholt?«, fragte und fragte er, bis er seine Mutter erweicht hatte. »Also gut! Aber zuerst kuschelst du dich in dein Eckchen. Und wenn die Geschichte vorüber ist, will ich keinen Mucks mehr hören. Dann wird geschlafen!« Rodolfo kringelte sich in sein Eckchen und gab keinen Mucks mehr von sich. Seine Augen glühten vor Aufregung und er leckte sich immer wieder mit der kleinen Zunge über die Nasenspitze. Die Füchsin begann zu erzählen.

»Der kleine Bär wünschte sich nichts mehr, als einmal hoch hinauf zu den Sternen zu steigen. Seine Mutter lachte ihn aus. ›Die Sterne vom Himmel holen, das wollten schon viele! Es ist gut, dass wir nicht alles können, mein kleiner Bär. Außerdem wäre es mir lieber, du würdest dich beim Waldbeerensammeln ein wenig mehr anstrengen. Die schmecken und sind gesund. Für einen Stern kannst du dir nichts kaufen.‹ – Es muss gehen!, sagte sich der kleine Bär immer wieder. In seinen Träumen hüpfte er fortan am Himmelszelt von Stern zu Stern, rutschte über die blitzenden Strahlen und putzte den Stern direkt über dem Nordpol mit dem Fell seines Armes so sehr, dass er alle anderen überstrahlte. Eines Tages erzählte ihm ein Dachs, dass es eine Himmelsleiter gäbe, aber niemand wisse, wo sie zu finden sei. Von diesem Tag an suchte der kleine Bär nach der Leiter. Er wollte schon fast nicht mehr an die Leiter glauben, da stand sie in einer Neumondnacht da: Unendlich lang ragte sie hinauf in den Himmel. Und neben ihr saß eine Füchsin.«

»Eine Füchsin?«, unterbrach Rodolfo seine Mutter.

»Deine Ururururgroßmutter Rabulina«, seufzte seine Mutter. »Sie war schon sehr alt und die Bewachung der Himmelsleiter fiel ihr jedes Mal schwerer.«

»Warum musste die alte Rabulina die Leiter bewachen?«

»Damit keines der Tiere im Wald hinauf zu den Sternen kletterte, darum! Immer wenn eine Menschenfrau oder ein Menschenmann für seine große Liebe die Sterne vom Himmel holen wollte, musste ein Tier des Waldes die Leiter bewachen. Es sollte ja kein Unglück geschehen und sich eines unserer neugierigen Kinder im unendlichen Himmel verirren. Der kleine Bär wartete an diesem Abend, bis der alten Rabulina vor Müdigkeit wieder einmal die Augen zufielen, und kletterte dann, so schnell er konnte, hinauf.«

»Toll!«, schrie Rodolfo. »Wo ist die Leiter? Ich will sofort hin!«

»Rodolfo!«, schimpfte seine Mutter. »Nichts wirst du und außerdem geht es nicht. Als die Bärenmutter das Unglück entdeckte, rannte sie zur Himmelsleiter, rief so laut sie konnte nach ihrem Kind, verfluchte die arme Rabulina und folgte mit schweren Schritten dem kleinen Bären. Eine ausgewachsene Bärin ist bärenstark, aber auch bärenschwer! Die morschen Sprossen der Leiter trugen ihr Gewicht nicht, eine nach der anderen zersplitterte unter ihren Tatzen, immer schneller hangelte sie sich mit den Vorderpfoten nach oben, aber der Rückweg, der war ihr abgeschnitten. Rabulina weinte und schrie, die Tiere versammelten sich und fast hätten die Reste der Himmelsleiter, die nach links und rechts hinunter auf die Erde fielen, eine Eichhörnchenfamilie erschlagen. Alle starrten hoch. Dort jagte die Bärenmutter hinter ihrem Sohn her, aber sie konnte ihn nicht einholen. Die Bewegungen der beiden wurden langsamer und langsamer. Selbst ihr dicker Pelz schützte die Bären nicht vor der bitteren Kälte des Weltalls. Sie klammerten sich an die Sterne, um nicht hinunterzufallen, und erstarrten. Noch heute zeugen die Sternbilder des kleinen und des großen Bären von dieser Geschichte!«

Rodolfo seufzte. Eine Träne kullerte in sein Fell, aus Sorge um die Bären und weil seine Mutter so ernst und traurig war, als sie die Geschichte erzählt hatte. Er versprach ihr, nie auf eine Himmelsleiter zu steigen.

In seinen Träumen aber, das nahm Rodolfo sich fest vor, würde er es dem kleinen Bären gleichtun, ihn am Himmelszelt besuchen und gemeinsam mit ihm den Polarstern putzen.

Jo Pestum

Benny kann nicht schwimmen

Als an einem Montagmorgen der Neue zu ihnen in die Klasse kam, waren sich die Mädchen und Jungen sofort einig: Der ist ein toller Typ!

Er hieß Ben. Lustige Igelfrisur, grüne Augen, Tigerkopf auf dem T-Shirt.

Frau Husemann sagte: »Ben ist mit seiner Familie in unsere Stadt umgezogen, weil sein Vater hier eine Arbeitsstelle gefunden hat. Ich hoffe, ihr seid nett zu eurem neuen Klassenkameraden.«

»Jaaa!«, schrien alle laut.

Der Neue grinste. »Ihr könnt Benny zu mir sagen. Bin ich nämlich dran gewöhnt.«

Paul wurde knallrot vor Freude, denn Benny setzte sich zu ihm und Kati und Slobodan an den Vierertisch, weil noch ein Platz frei war.

Schon bald waren Paul und Benny richtige Freunde. In die Fußballclique wurde er auch feierlich aufgenommen, denn Benny war ein erstklassiger Sportler. Zur Fußballclique gehörten Carsten, Florian, Julius, Slobodan, Paul – und nun eben Benny. Sie alle waren verrückt nach Fußball.

An diesem Nachmittag hatten sie sich wieder auf der Wiese am Waldrand getroffen. Drei gegen drei. Sie spielten ohne Torwart auf kleine Tore. Stöcke dienten als Torstangen. Und dann ließen sie den Ball laufen wie die Weltmeister. Benny war eindeutig der Beste. Wie der dribbelte! Wie der den Ball auf der Fußspitze tanzen ließ! Wie der trickste!

Mindestens zwei Stunden spielten die sechs Fußballer. Sie schossen so viele Tore, dass sie gar nicht mehr richtig mitzählen konnten. Dann saßen sie fix und fertig und verschwitzt und glücklich im Gras.

»Und jetzt ist Schwimmen angesagt!«, rief Julius.

»Genau!« Florian sprang auf und fuchtelte aufgeregt mit den Armen. »Dann zeige ich euch, wie weit ich inzwischen tauchen kann. Mindestens zehn Meter oder so. Ihr werdet staunen!«

Slobodan lachte. »Wir machen Wetttauchen. Dann werden wir ja sehen, wer's am besten kann.«

Florian verschränkte die Arme vor der Brust und guckte ganz cool. »Ich natürlich«, sagte er. »Ich kann sowieso fast so gut schwimmen wie ein Fisch. Kann sein, dass ich schon bald in einen Schwimmverein eintrete. Dann gewinne ich jede Menge Wettkämpfe. Und Rettungsschwimmer werde ich auch. Später, also, später arbeite ich dann als Schwimmlehrer und Trainer. Das ist ja mal klar.«

»Gib nicht so an!«, lachte Carsten und streckte die Zunge raus. »Hopp, auf geht's!«

Schon wollten die Jungen losrennen. Sie kannten eine geheime Stelle, an der konnte man unbemerkt über den Zaun ins Freibad klettern. So ersparten sie sich das Eintrittsgeld.

Aber Benny blieb im Gras sitzen. »Ich komm nicht mit«, sagte er leise und schaute in die Wolken.

»Warum denn nicht?« Paul verstand das nicht. »Schwimmen macht doch echt Spaß.«

»Ich kann nicht schwimmen«, antwortete Benny verlegen und wurde puterrot im Gesicht.

Da lachten und johlten und kreischten die anderen Jungen. Das war doch nicht zu fassen, dass Benny nicht schwimmen konnte!

»Mensch, Benny, was für 'ne Flasche du bist!« Florian flippte völlig aus. »Ein Nichtschwimmer! Ich mach mich nass!«

Benny hatte auf einmal Tränen in den Augen. »Ich kann doch nichts dafür! In dem Dorf, wo ich bisher gewohnt hab, gab es nun mal kein Schwimmbad und außerdem ...«

Florian ließ den Benny nicht ausreden. Laut brüllte er: »Jetzt weiß ich's! Du bist wasserscheu. Ein Angsthase bist du.« Voll Spott sang er: »Angst-hase, Pfeffer-nase! Morgen kommt der Oster-hase!« Florian klatschte dazu in die Hände.

Das ließ Benny sich nicht gefallen. Jetzt sprang auch er auf die Beine und ballte die Fäuste. »Ich bin kein Angsthase!«, schrie er wütend. »Florian, das nimmst du zurück. Sonst box ich dir die Nase blutig!«

Wie zwei Kampfhähne standen sich Benny und Florian gegenüber. Böse starrten sie sich an.

Paul war entsetzt. Er spürte, wie er zu zittern begann. Eine Prügelei unter Freunden? Das durfte doch nicht wahr sein! Zwei Freunde aus der Fußballclique wollten richtig ernsthaft einen Kampf austragen?

Plötzlich hatte Paul eine Blitzidee. »Halt!« Er schubste die beiden Streithammel auseinander. »Seid ihr bescheuert? Warum wollt ihr euch denn gegenseitig verdreschen?«

»Weil Florian behauptet hat, ich wär ein Feigling«, fauchte Benny.

»Weil Benny nicht zugibt, dass er ein Angsthase ist«, knurrte Florian.

Paul tippte dem Florian vor die Brust. »Carsten hat vorhin zu dir gesagt: Gib mal nicht so an! Kann es sein, dass du in Wirklichkeit bloß ein Angeber bist?«

»Hä?« Florian verdrehte die Augen, hatte den Mund offen und guckte ganz blöde. »Was meinst du damit?«

Paul sagte: »Du hast behauptet, du würdest später mal ein Rettungsschwimmer und ein Schwimmlehrer sein. Stimmt's?«

Florian nickte eifrig. »Und ob das stimmt!«

»Okay, ich will es dir mal glauben«, lächelte Paul. »Obwohl es mir ja ziemlich komisch vorkommt. Du und Schwimmlehrer?«

Florian begriff nicht, was Paul meinte. »Was ist denn daran so komisch?«

Paul erklärte es. »Also, der Benny kann nicht schwimmen. Klar? Und stell dir vor, du wärst jetzt mal ein Schwimmlehrer. Auch klar? Würdest du dann den Benny auslachen?«

Florian kniff die Augen zusammen. Die Frage verblüffte ihn, das konnte man ihm ansehen. Er dachte einen Moment nach, dann grinste er und sagte: »Nee, auslachen würde ich ihn nicht. Ich würde zu ihm sagen: Was, du kannst noch nicht schwimmen? Dann wird's aber höchste Zeit, dass du es lernst. Ich bringe es dir bei. Ich bin jetzt dein Schwimmlehrer.«

Carsten, Julius und Slobodan klatschten Beifall.

Paul rief fröhlich: »Florian ist jetzt Bennys Schwimmlehrer! Bist du einverstanden, Benny?«

Benny ließ die Fäuste sinken. Er war ein bisschen verwirrt. »Logo! Ich bin einverstanden.« Verschämt murmelte er: »Wird ja auch wirklich Zeit, dass ich schwimmen lerne.«

Ziemlich überheblich verkündete Florian: »In spätestens zwei Wochen hab ich dem Benny das Schwimmen beigebracht. Sollen wir wetten?«

Paul hatte seinen Spaß. »Ich halte die Wette! Ich sage, du schaffst es nicht. Der Verlierer muss dem Sieger zehn Päckchen Kaugummi geben. Alles klar?«

»Alles klar!«, schrie Florian. »Ich hab schon so gut wie gewonnen!«

Und dann rannten die sechs Jungen endlich los zum Schwimmbad. Paul schnappte sich den Fußball und dachte: Ich bin ein verdammt guter Streitschlichter.

Daniel Napp

Ferdi hebt einen Schatz

Der Maulwurf Ferdi und die Elster Sternchen waren die dicksten Freunde, die man sich nur denken konnte. Dass sie sich so oft stritten, lag nur daran, dass sie sich nie einig werden konnten, wer von beiden die schönere und wertvollere Schatzsammlung besaß.

Sternchens Nest war bis zum Rand gefüllt mit glänzenden Gegenständen, die sie über die Jahre hinweg mit viel Mühe und Liebe zusammengeklaut hatte: Ohrringe, Silberlöffel, Kettchen und sogar einen goldenen Füller. Ferdi hingegen besaß nur fünf alte Münzen, aber die hatte er ganz tief unten in der Erde gefunden. Und was man so tief unten fand, das musste wertvoll sein, sagte Ferdi immer.

An einem friedlichen Morgen saß Ferdi in seiner Maulwurfshöhle und polierte seine Münzen, als Sternchen plötzlich ihren Kopf in seinen Bau steckte. »SIE KOMMEN!«, rief Sternchen. »SCHNELL, RAUS DA!«

Ferdi steckte seine Münzen in die Hosentasche und kletterte nach oben.

»Wer kommt?«, musste er Sternchen fragen, denn Maulwürfe sehen bei Tageslicht nicht besonders gut. Er fühlte nur, dass die Erde unter ihm zitterte. Bestimmt waren schon alle seine Bilder von der Wand gefallen.

»BAGGER!«, rief Sternchen.

Bagger sind gefährlich für Maulwürfe, das wusste Ferdi ganz genau. Er dachte nicht mehr an seine Bilder, sondern sprang mit einem Satz von seinem Maulwurfshügel und rannte los.

Ferdi und Sternchen hatten sich hinter einem hohen Zaun versteckt und beobachteten, wie die Bagger ein riesiges Loch in die Wiese gruben. Von seinem schönen Hügel war nichts mehr zu sehen. Zum Glück hatte er noch seinen Schatz retten können. Ferdi steckte seine Hand in die Hosentasche … doch außer einem Taschentuch konnte er nichts darin finden. »Meine Münzen!«, rief er. »Sie sind weg!« Er wollte gleich losrennen, um seine Münzen zwischen den Baggern zu suchen, doch glücklicherweise hielt ihn Sternchen mit dem Schnabel an seinen Hosenträgern fest.

»Sei lieber froh, dass du noch lebst«, sagte sie. »Außerdem werden wir uns jetzt nicht mehr so oft streiten. Weil nun klar ist, dass *mein* Schatz der größte ist.«

Das könnte Sternchen so passen!, sagte sich Ferdi.

Am Abend, als die Männer gegangen waren und die Bagger reglos in der Dämmerung standen, kletterte Ferdi in die Baugrube, um nach seinen Münzen zu suchen. Doch er fand nur einen Joghurtbecher, eine Zahnbürste und jede Menge Steine.

»Es ist hoffnungslos«, rief Sternchen, die am Rand der Grube saß und ihm zusah. »Bis du darin die Münzen gefunden hast, musst du mindestens ein Jahr graben.«

Na warte!, dachte Ferdi. Schnurstracks stieg er aus der Grube und kletterte in einen der Bagger. Mit dem Bagger würde es bestimmt schneller gehen.

Sternchen flatterte aufgeregt um die Fahrerkabine herum und rief: »Maulwürfe dürfen doch nicht Bagger fahren! Was da alles passieren kann.«

Aber Ferdi hatte schon auf einen roten Knopf gedrückt. BA-RUMM!, machte der Bagger. Der ganze Boden wackelte. Ferdi drückte einen kleinen Hebel nach vorne ... RUMMSDI-BUMMS!, schlug die Schaufel unten in den Boden ein. Ferdi hob sogar ein wenig ab. Dann drückte er mit aller Kraft einen langen Hebel neben seinem Sitz nach vorne. BUMMSDI-RUMMS! Der Bagger drehte sich im Kreis und riss eine Hecke aus dem Boden.

Ferdi rieb sich die Augen. In der Schaufel, zwischen den Erdbrocken, glänzte etwas, was er nicht erkennen konnte. Das waren bestimmt seine Münzen.

»Komm lieber wieder raus da!«, rief Sternchen. »Sonst passiert noch ein Unglück!«

»Gleich«, sagte Ferdi. Erst wollte er noch die Schaufel ausleeren. Er klammerte sich an einen langen Hebel vor dem Sitz und drückte sich mit den Beinen ab ... BA-RUMM!, machte der Bagger. Das war der falsche Hebel. Ferdi wurde durch die Luft gewirbelt und purzelte unter den Sitz, während der Bagger rückwärts über die Wiese polterte ...

RUMMS! und BUMMS! Auf einmal stand der Bagger wieder still.

Als Ferdi aus der Fahrerkabine kletterte, sah er die Bescherung: Er hatte Sternchens Baum umgefahren.

»Mein schöner Baum!«, kreischte Sternchen.

Sternchens Nest hing aus der Baumkrone und alle ihre Schätze purzelten nacheinander auf den Boden, die Ohrringe, Silberlöffel, Kettchen und zuletzt der goldene Füller. Das war Ferdi sehr unangenehm. Doch plötzlich klimperte noch etwas anderes aus Sternchens Nest auf den Boden – Ferdis fünf Münzen!

Ferdi fand das ziemlich unerhört. »*Du* hattest die ganze Zeit meine Münzen!«, rief er. »Und ich buddel umsonst die ganze Wiese um.«

»Ähm …« und »Ach …«, sagte Sternchen. »Als du aus deinem Bau geflüchtet bist, sind dir deine Münzen aus der Hosentasche gefallen. Da habe ich sie schnell geschnappt und für dich in Sicherheit gebracht.«

»Du hast sie in Sicherheit *geklaut*!«, rief Ferdi.

Das fand Sternchen jetzt aber auch unerhört. »Dafür dass ich dich vor dem Bagger gewarnt und dein Leben gerettet habe, bekomme ich als Belohnung sowieso drei Münzen von dir. Und für meinen schönen Baum, den du umgefahren hast, schuldest du mir noch mal drei.«

Ferdi rechnete nach. Das machten sechs Münzen insgesamt. Er hatte aber doch nur fünf … Hilfe suchend sah sich Ferdi um. Wo sollte er jetzt noch eine Münze herbekommen?

Moment mal, dachte Ferdi plötzlich. In der Baggerschaufel hatte doch etwas geglänzt. Seine Münzen aber hatten die ganze Zeit in Sternchens Nest gelegen. Also musste dies ein anderer Schatz sein!

Schnell kletterte er über den Bagger bis zur Schaufel hoch und fing an zu buddeln, während Sternchen aufgeregt um ihn

Ferdi hebt einen Schatz

herumflatterte. Schließlich zog Ferdi etwas Glänzendes aus der Erde und hob es jubelnd in die Luft.

Sternchen starrte auf das Ding über Ferdis Kopf: Es war ein Pokal mit zwei Tennisschlägern auf dem Deckel. »Gold!«, rief Sternchen. Ferdi hatte einen echten Schatz ausgegraben.

Und so kam es, dass dieser Abend ohne Streit endete. Sternchen bekam den Pokal, weil er sowieso nicht in Ferdis Hosentasche passte. Dafür durfte Ferdi seine fünf Münzen behalten.

Ferdi steckte seinen Schatz in die Tasche und flitzte hinter Sternchen her, die einen neuen Baum gefunden hatte. Bestimmt war darunter auch Platz für einen schönen Maulwurfshügel.

Wolfram Eicke

Der Pflaumenmusfänger

»Wer war das?«, schrie der König. Eben hatte er noch gemütlich beim Frühstück gesessen, aus dem Fenster geschaut, den Vögeln im Garten zugehört, sich auf seinen Geburtstag gefreut und mit Behagen in sein Pflaumenmus-Brötchen gebissen, da – plötzlich ein Knall. Die Fensterscheibe zersplitterte, Scherben flogen, der König sprang entsetzt beiseite und etwas Hartes krachte auf den Frühstückstisch. Der König schaute verdattert auf die Trümmer. Wo kam die Kanonenkugel her?

»Majestät!« Leibwache und Diener stürmten ins Zimmer. »Seid Ihr verletzt?«

Vorsichtig betastete der König Arme, Beine, Gesicht und Bauch. »Verletzt? Nein, ich glaube nicht.« Als er den Kopf schüttelte, rieselten Zuckerkörner und Brötchenkrümel aus seinen Haaren. Die Diener halfen ihm beim Aufstehen; beinahe wäre der König auf der zermatschten Butter ausgerutscht. Er begriff nicht, was geschehen war. »Wer war das?«, brüllte er noch einmal und seine Stimme dröhnte durch den ganzen Palast. »Holt mir den Wachtposten, der die Kanone abgefeuert hat!«

Der Wachtposten zitterte am ganzen Leib, als er zum König

gebracht wurde. »Ich ka-ka-kann nichts dafür!«, rief er. »Eine Torte mit brennenden Kerzen kam angeflogen und fiel auf die Kanonenzündschnur!«

»Eine Torte? Wer schmeißt hier mit Torten?«

Ein Minister flüsterte ihm zu: »Wir hatten beim Bäcker eine Geburtstagstorte für Eure Majestät bestellt.«

»Der Bäcker also. Bringt mir den Mann her!«, forderte der König.

Man holte den Bäcker.

»Die Torte flog mir aus der Hand, als ich mit einem Puppenwagen zusammengestoßen bin«, erklärte der Bäcker. »Ich ritt auf meinem Esel und musste aufpassen, dass mir die Torte mit den Kerzen nicht aus der Hand rutschte. Plötzlich kam dieser Puppenwagen angerast. Darin lag der Gärtner und strampelte mit seinen Beinen in der Luft.«

»Der Gärtner? Im Puppenwagen? Bringt mir den Mann her!«

Man holte den Gärtner.

»Ich wollte gerade Äpfel pflücken und stand oben auf der Leiter am Baum«, sagte der Gärtner. Er rieb sich die Nase. »Plötzlich bin ich runtergefallen, direkt in den Puppenwagen der Prinzessin, da rollte er los. Und meine Leiter war umgekippt, weil eine rollende Mülltonne dagegengekracht ist. Es war eine Tonne mit Küchenabfällen. Mir tut jetzt noch die Nase weh.«

»Aha«, sagte der König. »Küchenabfälle. Holt mir die Köchin!«

»Ich kann nichts dafür, dass die Mülltonne in den Garten gerollt ist«, rief die Köchin. »Sie schepperte einfach los, als hätte ihr jemand einen gewaltigen Fußtritt verpasst.

Schuld daran ist die Gitarre, sie sauste von oben aus dem Fenster.«

Bevor der König etwas sagen konnte, holte man den Musiker.

»Warum hast du deine Gitarre in den Hof geschleudert?«

»Ich schleudere keine Gitarren. Ich bin Künstler«, sagte der Musiker und warf seine Haare in den Nacken. »Wir probierten gerade ein neues Kunststück aus …«

»Wir? Was heißt wir? Wer war noch dabei?«, unterbrach ihn der König.

»Mein Partner, der königliche Affe«, erklärte der Musiker. »Der Affe balancierte die Gitarre auf seiner Nasenspitze. Er stand am Fenster. Dann ist er gestolpert, denn aus dem Esszimmer Eurer Majestät kullerten plötzlich Äpfel, Pampelmusen und Apfelsinen – sogar eine Wassermelone war dabei!«

»Hm«, murmelte der König und kratzte sich am Kopf. Das stimmte. Er erinnerte sich: Die Schüssel mit dem Obst hatte er selbst umgestoßen. Vor Schreck, als ihm heißer Kaffee auf die Hand gespritzt war. »Das kam nur, weil mir ein Klecks Pflaumenmus vom Messer in die Kaffeetasse geplumpst ist!«, rief er.

»Schuld ist also das Pflaumenmus!« Pflaumenmus, Kaffeetasse, heiße Tropfen spritzen, aua, bums, Schale fällt, Früchtekugeln flitzen. Affe stolpert, Instrument poltert gegen Abfallkübel, Tonne reißt die Leiter um, Gärtnermann fällt übel in den Wagen der Prinzessin, hoppla! Esel, Bäcker! Kerzentorte löst den Schuss, beim König gibt's Geklecker.

Der König überlegte. Dann wusste er, was zu tun war.

Am nächsten Morgen war einer mehr am Frühstückstisch:

der neue Pflaumenmusfänger. Der passte von nun an auf, ob dem König vielleicht ein Klecks Pflaumenmus vom Messer fällt. Den würde er dann sofort auffangen, damit nie wieder so ein Missgeschick passiert.

Am übernächsten Morgen jedoch fiel dem König das Frühstücksei aus der Hand. Direkt auf die Katze, die vor lauter Schreck aufsprang und dabei die Blumenvase umstieß. Dummerweise rutschte die Königin in dem verschütteten Blumenwasser aus und riss im Fallen die Tischdecke herunter. »Warum hast du nicht aufgepasst?«, schrie der König den Pflaumenmusfänger an.

»Für das Ei bin ich nicht zuständig.«

Und so war am darauf folgenden Morgen noch eine weitere Person am königlichen Tisch: der neue Frühstückseiherunterfall-Aufpasser.

»Ha«, sagte der König zufrieden, »nun wird nie wieder ein Unglück geschehen. Mein Frühstück ist endlich für alle Zeiten sicher!«

Christian Oelemann

Omas Geburtstag

Omas sechzigster Geburtstag stand vor der Tür und Ricarda wollte ihr so gerne etwas Schönes schenken. Es fiel ihr aber einfach nichts ein, und das machte sie unruhig. Auf keinen Fall wollte sie mit leeren Händen dastehen.

Kaufen konnte sie nichts, denn sie besaß nur noch 55 Cent. Dafür gab es allenfalls einen Schokoriegel, aber Oma durfte sowieso nichts Süßes essen. Das hatte ihr der Arzt verboten.

»Mal ihr doch ein Bild«, schlug Mama vor.

Gute Idee, dachte Ricarda und holte Filzstifte und Zeichenblock herbei. Sie setzte sich an den Küchentisch und malte mindestens eine halbe Stunde. Gerade war sie fertig, als Papa nach Hause kam.

»Was malst du denn da Schönes, mein Schatz?«

»Kann man das nicht erkennen?«, fragte Ricarda empört.

»Doch, doch, natürlich«, beruhigte Papa sie und setzte seine Brille auf. »Warte mal, das da, das … ähm … mmh … ist ein Pferd auf der Wiese. Hast du toll gemalt! Und daneben, wer ist der dicke Kerl?«

Ricarda zerknüllte das Blatt zu einem Knäuel und warf es gegen die Wand. Sie war wütend. Von wegen Pferd! Von wegen dicker Kerl! Sie hatte Oma gemalt, wie sie mit dem Dackel ihrer Nachbarn im Stadtpark spazieren geht. Das war nämlich Omas Lieblingsbeschäftigung, wenn es nicht gerade regnete.

Also kein Bild. Aber was konnte sie stattdessen schenken?

Ricarda überlegte, was Oma außer spazieren gehen noch gern machte. Richtig, sie las doch so gerne Zeitung! Sie selber bekamen zwar keine ins Haus geliefert, aber die Gemüsefrau auf dem Markt wickelte Salat- und Kohlköpfe immer in Zeitungspapier ein.

Am nächsten Morgen begleitete Ricarda ihre Mutter zum Wochenmarkt. Sie hielt der Gemüsefrau ihre 55 Cent hin und fragte, wie viele Zeitungsbögen sie dafür bekäme.

»Die brauchst du nicht zu kaufen. Nimm mit, so viel du tragen kannst«, sagte die Gemüsefrau. »Davon habe ich mehr als genug!«

Ricarda strahlte. Jetzt konnte sie ihrer Oma doch noch ein tolles Geschenk überreichen.

Papa und Mama fanden, dass sie eine ganz tolle Idee gehabt hatte.

Als es so weit war, wäre sie aber am liebsten vor Scham im Boden versunken.

Christian, ihr siebenjähriger Vetter, der Oma von seinem Taschengeld eine kleine Schachtel Pralinen gekauft hatte, höhnte: »Hihi, was ist die Ricarda doof! Die weiß noch nicht einmal, dass nur neue Zeitungen interessant sind. Wer liest schon alte Zeitungen! Und das hier sind ja noch nicht einmal richtige Zeitungen – das sind ja nur Anzeigenblättchen, hihi!«

Wenn das stimmte, hätten ihre Eltern es ihr doch sagen müssen. Ricarda war stocksauer.

Oma jedoch ermahnte Christian, er solle nicht so gemein zu Ricarda sein, und versprach, alles zu lesen. Sie freue sich wirklich sehr. Und um das zu beweisen, zupfte sie einen Zeitungsbogen aus der Mitte des Stapels und hielt ihn sich vors Gesicht.

»Hihi, schon drei Jahre alt!«, teilte Christian, der ihr über die Schulter sah, den anderen mit und grinste.

»Guckt mal hier, ein Inserat: *Dringend gesucht*, steht da. *Alter Küchenschrank mit Butzenglastüren, möglichst 19. Jahrhundert. Telefon 4785633.*« Oma ließ das Zeitungsblatt sinken und nahm ihre Brille ab. »So ein Ding steht bei mir auf dem Speicher und gammelt vor sich hin.«

»Wenn du das damals gewusst hättest!«, sagte Mama.

»Ja, sehr schade!«, sagte Oma. »Das olle Stück wäre ich gern losgeworden.«

»Ich rufe trotzdem mal dort an«, sagte Papa und holte sein Handy hervor. »Wie war noch gleich die Nummer?«

Christian diktierte und Papa tippte.

»Ja, guten Tag. Ich rufe wegen Ihrer Suchanzeige von vor drei Jahren an. Der Küchenschrank. Sicher haben Sie längst gefunden, was Sie … nein? Sie suchen noch immer? … Ja gern, Sie können sofort kommen!« Dann nannte Papa noch Omas Adresse.

Eine Stunde später stapfte ein dicker Mann in blauem Arbeitskittel die Stufen zu Omas Wohnung hinauf.

»Noch einen Stock höher, mein Herr«, sagte Papa und begleitete ihn auf den Speicher.

»Was für ein Glück!«, sagte Oma zu den anderen Gästen, die wieder Kuchen aßen. »Und ich dachte schon, ich müsste Geld dafür bezahlen, dass jemand das hässliche Möbel für mich zum Sperrmüll transportiert. Jetzt wird es gratis abgeholt.«

Ricarda strahlte. Christian kaute mit ernster Miene an einem Mandelhörnchen.

Drei Minuten später war Papa zurück.

»Er kommt morgen mit einem größeren Auto wieder und holt den Schrank ab!«, sagte er zufrieden. »Er bringt dann auch jemanden mit, der ihm tragen hilft. Aber bezahlt hat er schon. Sieh mal, Oma!« Er griff in seine Sakkotasche und zog zwei Hunderteuroscheine hervor, die er ihr feierlich überreichte.

Es war mucksmäuschenstill in der Stube. Alle warteten darauf, dass Oma etwas sagte, aber sie war zunächst viel zu gerührt. Endlich lachte sie, wobei ihr die Tränen in den Augen standen.

»Kinder«, sagte sie kopfschüttelnd, »Kinder, nein! Jetzt ist die Oma auf ihre ollen Tage noch reich geworden. Jemine, was mach ich nur!«

Frank Maria Reifenberg

Mirinda Miranda Mökk

»Blöd!«, murrte Bine. Wieder war weit und breit kein Mensch zu sehen. Anscheinend gab es auf diesem Spielplatz alles, nur keine anderen Kinder. Dabei waren sie schon vor drei Wochen in das neue Stadtviertel gezogen! Wie sollte sie da eine neue Freundin finden? Wütend trat Bine mit dem rechten Fuß gegen eine Limonadendose, die daraufhin im hohen Bogen aufstieg und genau im Papierkorb neben der roten Holzbank landete. »Blöd und noch mal blöd!«, schimpfte Bine weiter.

»Genau!«, piepste eine Stimme. »Saublöd sogar!«

Wer hatte da geschimpft? Bine schaute nach rechts, dann nach links, aber es war keine Menschenseele zu sehen.

»Ich hätte tot sein können. Ganz und gar und garstig furchtbar tot!«

Bine schaute hinter die Bank, unter die Bank, neben die Bank: nichts! Auch in den Zweigen der knorrigen Eiche über ihr: niemand!

»Mein Arm«, jammerte die Stimme. »Ojemina-minuschka-katastrofinska! Er klemmt fest!«

Jetzt war sich Bine sicher: Die Stimme kam aus dem Mülleimer! Sie streckte die Nase vor und warf aus sicherer Entfernung einen Blick in den grünen Gitterkorb. Ein halb voller Pappbecher und eine zerrissene Plastiktüte schauten hervor. Ein süßlicher Geruch schlug Bine entgegen, als sie die Nase tiefer in den Mülleimer steckte. Wieder ertönte ein Seufzen und Jammern. Bine fasste sich ein Herz und zog die Plastiktüte weg. Der Becher kippte um und ein Schwall Kakao ergoss sich in den Eimer.

»Ach, diese Menschen! Wirklich zu nichts sind sie zu gebrauchen!«, kreischte die Stimme. »Zuerst erschlägst du mich mit der Dose und nun ertränkst du mich in Kakao. Wie das klebt!«

Bine schob den Abfall zur Seite. Da stand sie und schüttelte sich wie ein junger Hund: eine kleine Gestalt, gerade so groß wie Bines Unterarm und von oben bis unten voller struppiger gelber Haare. Ihr Körper und ihre Beine waren pummelig und kurz, die Arme jedoch lang und dünn mit sieben Fingern an jeder Hand. Ein langer, gelber Pelz umrahmte auch das schmutzig braun verschmierte Gesicht. Fast sah das Köpfchen des Wesens wie die Blüte einer Sonnenblume aus. Allerdings wie eine sehr unfreundliche Sonnenblume.

»Oheissa-pikleista-zieginskaja.« Das gelbe Wesen untersuchte seinen linken Arm. »Ich wette, er ist gebrochen und du allein bist schuld daran!« Es zog sich schnell und sicher wie ein Eichhörnchen am Rand des Mülleimers hoch, schwang zweimal hin und her und landete mit allen vieren auf der Bank. Als es Bines erstaunten Blick bemerkte, knickte es sofort mit dem rechten Arm ein und tat so, als schmerze er ganz schrecklich doll. »Schmierolo-dramolo-auabaua«, krähte es.

Bine hatte längst verstanden, dass das gelbe Ungeheuer ihr

etwas vorspielte. Na warte!, dachte sie. »Dein ärmster Arm!« Bine zog ein Gesicht, als habe sie großes Mitleid, grinste dann jedoch und sagte: »Komisch nur, dass die Dose auf dem anderen Arm gelandet ist!«

Das Wesen holte tief Luft, aber bevor es losschimpfen konnte, pikste Bine ihm mit dem ausgestreckten Zeigefinger in den wolligen gelben Bauch. Es brach in schallendes Gelächter aus. Das war so ansteckend, dass auch Bine darin einstimmen musste, bis beide auf der Bank lagen und sich vor Lachen kugelten und den Bauch hielten.

Erst als die Glocken der beiden mächtigen Kirchtürme am Rande des Spielplatzes fünfmal schlugen, konnte Bine sich wieder beruhigen. Schon fünf Uhr!, schoss es ihr durch den Kopf. Längst sollte sie zu Hause sein!

Bine schaute sich um. Der kleine Gelbling war verschwunden. Sie musste nach Hause, sonst würde Mama schimpfen, aber sie kannte nicht einmal den Namen des sonderbaren Wesens! Sie rannte einmal um die Bank herum und rief: »Wo bist du, Gelbling?«

»Na, wo wohl?«, krächzte es aus dem Mülleimer. »Und ich habe auch einen Namen. Gestatten: Mirinda Miranda Mökk.«

»Bine, ich bin Bine«, stellte Bine sich vor.

»Warum läufst du herum, als sei der Müllmann hinter dir her, Bine?«

»Der Müllmann?«

»Ja, der Müllmann. Unser schlimmster Feind. Klaut Müll, wo er geht und steht, und gestern hat er mit seinem Müllauto meine beste Freundin Klarissa Karamba Knapp entführt.« Mirinda schluchzte laut. »Sie kam nicht schnell genug aus dem

Eimer heraus und *schwups* hatte er sie mitsamt dem Müll in seinen Wagen geschüttet!«

»Aber was tut ihr denn in den Mülleimern?«

Mirinda Miranda Mökk riss die Augen weit auf. »Dummdida-dadummdo-plötissikus? Was eine Müllfee eben tut!«

»Eine Müllfee?« Bine hatte noch nie von einer Müllfee gehört. Feen sahen ganz anders aus: mit zarten Flügeln, die im Abendlicht schwirrten, mit Haar aus goldenen Fäden und mit schimmernden Kleidern aus Morgentau.

»Jetzt glotz nicht so!«, sagte Mirinda. »Ich weiß, was sie euch über Feen erzählen. Goldenes Haar und den ganzen Tag rumschwirren und die Prinzessin spielen. Selbst beim Jahrestreffen der Feen siehst du selten so eine Märchenfee! Das ist harte Arbeit hier, den ganzen Müll aufzuessen! Ja, unsere Abteilung kümmert sich um den Müll, was allerdings immer schwieriger wird. Ihr macht viel zu viel davon, ihr Menschen. Und meistens schmeckt er nicht oder ist sogar giftig und dann schickt ihr die Monsterkarren mit den Müllmännern und uns braucht niemand mehr.«

Mirinda hielt sich mit der linken Hand am Drahtkorb des Eimers fest. Auf den sieben Fingern der Rechten pfiff sie zweimal kurz und einmal lang. Sofort raschelte es in sämtlichen Mülleimern. Überall lugten strubbelige Köpfe hervor: blaue, gelbe, grüne, braune und schwarze Fellwesen, einige mindestens dreimal so dick wie Mirinda. Nur im Eimer an der nächsten Bank blieb es still.

»Luzinda, Passiola, Nucida … ach, wie sie alle heißen«, stellte Mirinda sie vor. Ihre Stimme wurde traurig. »Und da, da nebenan …« Eine Träne bahnte sich den Weg über ihre schmutzige Wange. »Das war Klarissas Eimer! Meine beste Freundin.« Fluten von Tränen spülten den Schmutz aus ihrem Gesicht.

Nun verstand Bine, warum Mirinda so garstig zu ihr war. Bine hatte selbst tagelang schlechte Laune gehabt, als Mama ihr gesagt hatte, dass sie wegzögen und Bines beste Freundin zurückbleiben würde.

»Sa-bi-ne!«, erschallte eine Stimme am anderen Ende des Platzes.

Als die Müllfeen sie hörten, verschwanden alle genauso schnell in ihren Mülleimern, wie sie aufgetaucht waren.

»Meine Mama!«, flüsterte Bine. »Ich muss jetzt gehen! Aber ich komme wieder, ja?« Mit zwei schnellen Griffen öffnete Bine den Knoten, mit dem ihr Sonnenblumenhalstuch um ihren Nacken gebunden war. »Hier. Für die Tränen. Zum Abwischen. Du kannst es mir morgen wiedergeben!« Bine lief los, drehte sich aber noch einmal um. »Und dann kannst du mir von Klarissa erzählen. Vielleicht können wir sie suchen?«

Mirinda schaute mit großen Augen dem Mädchen nach, dann warf sie einen Blick auf das Tuch in ihrer Hand. »Das würdest du für mich tun?«

Bine nickte. »Na klar! Bis morgen, Mirinda!« Sie rannte los. Ein strahlendes Lächeln huschte über ihr Gesicht, mindestens so strahlend wie das einer Sonnenblume. Einer sehr fröhlichen Sonnenblume.

Am Abend, beim Zubettgehen, fragte Bine ihre Mama, ob ihr schon einmal eine Fee begegnet sei.

»Binchen, du weißt doch! Niemand kann Feen sehen. Sie schwirren so schnell mit ihren zarten Flügeln, dass unsere Au-

Mirinda, Miranda Möck

gen sie nicht erfassen können. Und sie verschwinden unter ihren Kleidern aus …«

»… aus Morgentau! Ich weiß, Mama.« Bine lächelte. Sie musste an Mirindas struppiges Fell denken.

»Schlaf jetzt, Liebes. Und träume süß. Von Feen, okay?« Sie drückte Bine einen Kuss auf die Stirn und löschte die große Lampe unter der Decke. Nur noch die Straßenlaterne warf einen gelblichen Schein ins Zimmer. »Und morgen suchen wir gemeinsam dein Halstuch, das mit den Sonnenblumen. Ich glaube, du hast es verwuselt!«

Bine nickte. »Gute Nacht, Mama!« Ob man eine Fee zur besten Freundin haben kann, eine Müllfee vielleicht?, fragte Bine sich und schlief ein.

Achim Bröger

Ich war einmal

Das alles begann, als auf der Erde noch fast nichts los war. Es gab keine Autos, keine Fernsehgeräte und keine Telefone. Menschen gab es hier auch nicht. Nicht einen. Die Erde war damals zu heiß für Menschenfüße.

Viel Nebel hatten wir und Wasser jede Menge. Der Erdboden dampfte, brodelte, blubberte und zischte. Wenn man nicht aufpasste, konnte man in eine heiße Quelle treten. Und das tat weh. Aber es war trotzdem schön hier.

Selbstverständlich gab es Drachen. Kleine Drachen, große Drachen, freche Drachen, liebe Drachen, gefräßige Drachen, gemütliche Drachen, Drachenfrauen, Drachenmänner und Drachenkinder. Mich gab es auch, die kleine Schlafdrachin. Die anderen gehörten alle zu meiner Drachenverwandtschaft.

Wir standen nicht immer nur so herum. Manchmal spuckten die großen Drachen Feuer. Mein Onkel konnte sogar Rauchringe blasen. Wir Kleinen probierten das auch.

Später wurde die Erde kälter. Die ersten Menschen kamen hierher. Sie konnten überhaupt nicht Feuer spucken, komisch. Am Anfang versteckten wir uns vor ihnen. Aber dann gewöhnten wir uns an sie.

Es wurde Frühling. Blumen blühten und ich spielte mit Schmetterlingen. Im Sommer war mir sehr heiß unter meiner dicken Drachenhaut. Der Herbst pustete in die Blätter. Dann kam der Winter und Schnee fiel auf die Blätter und mich.

Jahr für Jahr vergingen Frühling, Sommer, Herbst und Winter. Ich wuchs und wuchs. Der riesige Onkeldrachen staunte: »Mensch, Drachin, du bist ja fast so groß wie ich.« Und stark war ich.

Die Menschen hier hatten sich eine Burg gebaut. Einmal rannte einer aus der Burg zu mir. Aufgeregt sagte er: »Drachin, du bist stark und kannst Feuer spucken. Hilf uns bitte. Feinde belagern unsere Burg. Sie wollen uns vertreiben.«

Ich reckte mich hoch und sah die Feinde. Es waren viele, ein ganzes Heer. »So eine Menge gegen die wenigen in der Burg. Das ist gemein«, schimpfte ich.

Ich pustete die Feinde warm weg. Einfach so. Mit ein wenig Feuer. Aber wirklich nicht viel. Trotzdem sind sie gerannt, blitzschnell und weit weg.

Die Menschen aus der Burg legten ihre Waffen beiseite. Dann setzten wir uns eng zusammen. Manchmal streichelten sie mich sogar.

Wir feierten ein Fest. Ich erzählte ihnen Drachengeschichten. Und sie erzählten mir Menschengeschichten. Außerdem ernannten sie mich zu ihrem Burgdrachen. Festlieder wurden gesungen. Ein Festessen gab es. Sie aßen Brot und Fleisch und Fisch. Ich mag Kraut und Rüben lieber. Lecker war's.

In der Nacht spuckte ich ein Freudenfeuer. »Schööööön!«, riefen die Menschen begeistert. Dann wurde weitergegessen, getrunken und gesungen. Wahrscheinlich habe ich damals ein paar Zentner zugenommen. Macht nichts. Ich fühlte mich trotzdem rundum wohl.

Manchmal besuchte ich meine Freunde in der Burg. Als ich eines Tages hinkam, waren sie weggezogen. Ein Zettel hing am Tor. »Mach's gut, Drachin«, stand darauf.

Langsam zerfiel die Burg. Andere Menschen kamen. Die fingen sofort an zu bauen. Wir Drachen versteckten uns im Wald und sahen ihnen zu. Sie bauten Häuser und Straßen. Eine Stadt wurde daraus. Sie bauten und bauten und bauten, bis fast alles zugebaut war.

Für uns blieb kaum noch Platz. Immer mehr Drachen gingen deswegen weg. Ich sah sie nie wieder. Hier gab es keine Drachen mehr, keine dicken, keine schläfrigen, keine lieben, keine frechen, gar keine mehr. Nur ich war übrig geblieben. Die letzte Drachin.

Es war an einem langweiligen Abend. Ich sah zur Stadt. Lichter brannten in den Menschenwohnungen. Geh doch mal hin, sagte ich mir. Vielleicht triffst du jemanden, den du magst. Kann man als Drachin einfach so in eine Stadt gehen?, überlegte ich. Aber ich wollte nicht allein bleiben. Deswegen machte ich einen großen Schritt. Da stand ich vor den Häusern. Und dann machte ich noch einen großen Schritt.

Hinter einem Fenster entdeckte ich zwei Kinder. Die zankten miteinander. Wahrscheinlich langweilten sie sich genauso wie ich. Ich drückte auf den Klingelknopf.

Als mich die Kinder sahen, öffneten sie die Tür weit. »Bist du echt?«, fragte das Mädchen.

»Klar, ich bin eine echte Drachin«, antwortete ich. »Sieht man das nicht?«

»Doch«, sagte der Junge. »Und ich heiße Moritz. Das ist Christa, meine Schwester.«

Die Eltern der Kinder besuchten Freunde. Wir erzählten uns viel. Und es war gar nicht mehr langweilig. Christa fragte mich später: »Willst du unser Haustier sein?«

Eigentlich hatten sich die beiden ja einen Hund oder eine Katze gewünscht. »Aber eine Drachin wäre natürlich noch besser«, meinte Moritz. »Bleib doch bei uns.«

»Passe ich denn in eure Wohnung?«, wollte ich wissen.

»Natürlich«, sagten die Kinder. »Du passt ganz genau. Bist nicht zu groß und nicht zu klein.«

Die Eltern staunten über das neue Haustier. »Der Drache ist sehr groß«, sagte Vater und runzelte die Stirn.

»Er ist fast zu groß«, meinte Mutter.

»Er ist eine sie. Eine Drachin«, sagte Christa. »Und sie ist gar nicht sehr groß. Jedenfalls habe ich mir Drachinnen größer vorgestellt.«

Eigentlich gewöhnten sich die Eltern schnell an mich. Vor dem Schlafengehen badete ich immer mit den Kindern. Ich brauchte ziemlich viel Platz in der Wanne. Die Kinder schrubbten mich ab. Das kitzelte mächtig. Ich war eine spiegelblanke Drachin. Im Wohnzimmer kuschelten sich alle an mich. Nur Feuer spucken durfte ich hier leider nicht.

Meine Familie und ich wollten spazieren gehen. Sie schenkten mir eine große Ausgehdecke. Mutter sagte: »Und wenn andere Spaziergänger kommen, bellst du bitte wie ein Hund.«

Es sollte nämlich niemand wissen, dass meine Familie eine Hausdrachin hatte. Ich übte das Bellen. Es war sehr einfach und ich lernte es schnell.

Bald staunten die Spaziergänger: »Sieh mal, ein Riesenhund mit blauer Decke.« Ich kicherte leise unter meiner Decke und bellte laut.

Die Familie gab sich sehr viel Mühe mit mir. Trotzdem seufzte ich manchmal einen tiefen Drachenseufzer. Sie waren zwar nett, aber leider nur Menschen. Und ich wollte zu gerne

mal wieder Drachen treffen. Drachen fehlten mir. Aber außer mir gab es ja keine mehr.

Einmal gingen wir abends spazieren. Plötzlich stand an einer Hausecke ein bellender Riesenhund vor mir. Der trug eine Decke wie ich. Und er war genauso groß wie ich. Wir beschnüffelten uns. »Bist du ein Drache?«, fragte er leise.

»Nee, eine Drachin«, flüsterte ich. »Und du?«

»Ein Drache. Ich heiße Drachim.«

Vor Überraschung konnte ich mich erst nur sehr leise freuen. Dann freuten wir uns beide laut. Wir lachten, tanzten und stupsten uns an und nahmen uns in die Arme und lachten wieder. Dazu spuckten wir ein herrliches Freudenfeuer. Ich war endlich nicht mehr allein.

Wir trafen uns sehr oft. Ich mochte ihn und Drachim mochte mich. Nach einiger Zeit spürte ich, dass ich ein Drachenbaby bekommen würde. Wir legten uns auf eine große Wiese, Drachim und ich. Warm und weich und schön war es. Drachig glücklich fühlten wir uns. Und das ist viel. Wenn Drachim seine Pfote auf meinen dicken, runden Bauch legte, spürte auch er unser Drachenbaby. Das strampelte da drinnen manchmal ziemlich wild.

Wir sind eine richtige Drachenfamilie geworden. Und wir haben sogar einen Platz für uns in der Nähe der Stadt gefunden. Unsere Menschenfamilien besuchen uns dort manchmal. Und manchmal besuchen wir sie. Es geht uns gut. Wirklich.

Edith Schreiber-Wicke

Das Maskenfest

»Grüß Carlos Eltern von mir«, sagte Lisas Mutter.

»Ja, Mama«, sagte Lisa.

»Iss nicht zu viele Süßigkeiten, sonst wird dir wieder schlecht«, sagte Lisas Mutter.

»Ja, Mama«, sagte Lisa.

»Komm pünktlich nach Haus. Du weißt, ich mach mir Sorgen«, sagte Lisas Mutter.

»Ja, Mama«, sagte Lisa. Jetzt schon mit leichter Ungeduld in der Stimme.

»Hoffentlich kommt kein Nebel«, seufzte Lisas Mutter und rückte Lisas gestreifte Ohren zurecht.

Es war Karneval in Venedig. Und Lisa durfte zu Carlos Maskenfest gehen.

»Ich kenne den Weg genau, Mama«, sagte Lisa. »Auch im Nebel.«

Sie betrachtete zufrieden ihr Spiegelbild. Ein prächtiger gemalter Schnurrbart, gestreiftes Trikot, Plüschohren auf der eng anliegenden schwarzen Kappe. Eine perfekte Tigerkatze. Lisa versuchte zu schnurren, aber es klang mehr wie ein Grunzen.

Es war nicht weit zum Haus von Carlos Eltern. Erst die Brücke über den kleinen Kanal, vorbei an der Kirche, quer über den Platz mit dem steinernen Brunnen in der Mitte. In der nächsten Gasse rechts war es dann gleich das erste Haus. Kinderleicht. Lisa war schon oft bei Carlo zu Besuch gewesen.

Auf der Brücke blieb Lisa stehen und schaute zu den Booten hinunter. In einer Gondel saß eine maskierte Frau und winkte. Lisa winkte zurück.

Der Nebel kommt oft sehr plötzlich in Venedig.

Lisa schaute sich um. Die Brücke hinter ihr war schon im dichten Weiß verschwunden.

Macht nichts, dachte Lisa. Schließlich kenn ich den Weg auswendig.

Jemand in einem goldenen Gewand und einer Sonnenmaske vorm Gesicht kam auf Lisa zu und war im nächsten Augenblick wieder im Nebel verschwunden.

Lisa hörte Gelächter, Stimmengewirr und Musik. Dazwischen – weit entfernt – das lang gezogene Tuten eines Schiffes. Eine kleine Figur lief mit seltsam schlenkernden Schritten an Lisa vorbei.

»Pinocchio!«, rief Lisa überrascht. Sie fragte sich, ob das einer aus ihrer Klasse sein konnte. Aber so klein war keiner von ihren Schulkollegen.

Pinocchio verbeugte sich mit einer steifen Bewegung vor Lisa. »Möchtest du zum Fest unserer Freunde?«

Lisa überlegte, ob das nicht doch der kleine Umberto aus der ersten Reihe war.

»Weißt du den Weg?«, fragte sie. »Ich glaub fast, ich hab mich ein bisschen verirrt.«

»Komm«, sagte Pinocchio.

Lisa war mittlerweile ziemlich sicher, dass es Umberto war. Der aus der ersten Reihe.

»Dein Kostüm ist echt gut«, sagte sie bewundernd. »Sieht fast aus, als wärst du wirklich ganz aus Holz.«

»Aber ich bin ganz aus Holz«, sagte Pinocchio.

»Klar doch.« Lisa versuchte wieder zu schnurren. Es ging schon besser. »Und ich bin eine Katze.«

Überraschend, wie das im Nebel so ist, tauchte das Haus vor ihnen auf. Eigentlich hatte Lisa es viel kleiner in Erinnerung.

Im Nebel sieht eben alles anders aus, dachte sie und ging hinter Pinocchio die Stufen hinauf. Oben stand Peter Pan und warf eine Hand voll golden Glitzerndes auf Lisa.

»Echter Sternenstaub«, rief er.

Lisa schüttelte sich lachend. Es sprühte golden um sie.

»Kann ich jetzt fliegen?«, rief sie.

»Du kannst«, sagte Peter Pan. »Aber seit wann fliegen Katzen?«

Das muss wohl Carlo sein, dachte Lisa. Fast nicht zu erkennen. Sein Kostüm ist toll.

»Wo sind deine Eltern?«, fragte Lisa. »Ich soll sie von meiner Mutter grüßen.«

»Eltern?« Peter Pan rümpfte die Nase. »Eltern haben hier keinen Zutritt.«

Am Eingang zu dem großen Saal im ersten Stock blieb Lisa verwirrt stehen.

Da tanzten Superman und Pippi Langstrumpf.

Dagobert Duck mit Dornröschen.

Winnetou mit Mickymaus.

Die Wilden Kerle mit Frau Holle.

Ein grüner Marsmensch mit Winnie, dem Bären.

Der bunte Rabe aus ihrem ältesten Bilderbuch mit dem Neinrich aus ihrem neuesten Bilderbuch.

Zorro mit Rotkäppchens Großmutter.

Der Kleine Prinz mit dem Bösen Wolf.

Käpt'n Hook mit dem Krokodil.

Pinocchio verbeugte sich gerade vor Alice aus dem Wunderland.

Peter Pan nahm Lisa bei der Hand.

»Du bist nicht Carlo«, sagte Lisa. »Ich glaub, ich bin überhaupt auf dem falschen Fest.«

Peter Pan zog Lisa mit sich zwischen die Tanzenden. »Jedes Jahr kommt ein Kind zu unserem Fest. Das ist unbedingt notwendig.«

»Ein Kind?«, fragte Lisa. »Bist du etwa keins?«

Peter Pan zeigte wortlos auf einen großen Wandspiegel. Lisa starrte ungläubig auf das, was sie da sah. Da stand sie selbst, mit ihrem gestreiften Trikot, dem Schnurrbart im Gesicht und den Plüschohren – völlig allein in dem großen Saal.

»Ungerecht, nicht wahr«, sagte Peter Pan neben ihr. »Spiegel mögen uns nicht. Sie nehmen uns einfach nicht zur Kenntnis.«

»Uns?«, wiederholte Lisa beklommen. »Wer seid ihr denn?«

Rund um sie wurde getanzt und gelacht. Aber der große Spiegel zeigte nur Lisa.

»Du kennst uns doch«, sagte Peter Pan und setzte sich mit gekreuzten Beinen auf einen Tisch.

Lisa schaute noch immer ungläubig in den Spiegel.

»Ja – aus meinen Büchern. Und aus Filmen im Kino oder im Fernsehen. Aber das hier ist doch wirklich. Oder nicht? Träum ich vielleicht nur?«

»Was für vernünftige Fragen.« Peter Pan schüttelte besorgt den Kopf. »Wenn du nicht aufpasst, bist du demnächst erwachsen vor lauter Vernunft.«

»Alle werden erwachsen«, sagte Lisa. »Warum auch nicht?«

»Das Dumme daran ist nur«, seufzte Peter Pan, »dass manche dann nur mehr glauben, was ihnen die Spiegel zeigen. Und wie du siehst, ist das nicht alles. Es gibt noch eine andere Wirklichkeit hinter der Wirklichkeit. Alle Kinder sehen sie. Aber nur wenige Erwachsene.«

»He, Lisa«, sagte ein rosarotes Bonbon etwas atemlos. »Was stehst du denn da im Nebel rum? Du hast dich doch nicht verirrt, oder?« Es war Alessandra, Lisas Banknachbarin.

Lisa schüttelte den Kopf. Es sprühte und glitzerte golden rund um sie. »Ich doch nicht«, sagte sie bestimmt.

Gemeinsam mit Alessandra ging sie über den Platz, vorbei an dem steinernen Brunnen, zu Carlos Haus, aus dem sie schon das Lachen und Lärmen der anderen hörte.

Bianka Minte-König

Das Dingdangdolli und das Snibilli

»Guten Dong«, sagte das Dingdangdolli, »einen wunderschönen Dong!« Es strahlte über sein ganzes Dolligesicht, so gut gelaunt war es.

»*Tag*! Es heißt guten *Tag*, nicht guten *Dong*!«, antwortete das Snibilli und sniffelte leicht überheblich durch seinen Snüffel.

»Es heißt Dong, es hat schon immer Dong geheißen.« Das Dingdangdolli schaltete sein Strahlen etwas herunter, ließ sich aber die Laune nicht wirklich verderben.

»Püh!«, snaubte das Snibilli. »Davon wüsste ich aber.«

Das Snibilli war bekannt dafür, dass es immer alles besser wusste. Es hörte sogar das Gras husten. Äh, niesen natürlich! Gras niest! Außer seinem langen Snüffel hatte das Snibilli nämlich auch noch riesig lange Slöffel. Damit hörte es meilenweit. Wenn in Timbuktu, das ist in Afrika, eine Ameise vom Hügel kullerte, dann klang das für das Snibilli, als donnere eine Slawine zu Tal. Snibillis sind außerordentlich feinsinnige Wesen. Deshalb gehen sie ihrer Umwelt manchmal auch ganz schön auf die Nerven. Sie sind außerdem auf ihre feinen Sinne sehr stolz und wirken auf andere Wesen darum oft etwas eingebildet. Was sie im Grunde genommen auch tatsächlich sind.

Dingdangdollis hingegen sind das genaue Gegenteil, nämlich ein wenig schwerfällig und langsam, aber dabei herzensgut.

Dingdangdollis haben einen dicken Dotz und einen fetten Deng, aber am putzigsten ist ihr Dolli. An seinem Ende ist eine Quaste, mit der sie sich gerne über das Gesicht wedeln. Fliegen verscheuchen können sie damit auch. Dingdangdollis leben in kleinen Gruppen und haben mit Snibillis eigentlich nicht viel zu tun. Aber unser Dingdangdolli ist ein besonders neugieriges Exemplar. Es hat sich unerlaubt und heimlich aus dem Dingdangdolliland davongeschlichen, um ein wenig die weite Welt zu erkunden.

Die weite Welt ist nämlich für Dingdangdollis besonders verlockend. Sie leben normalerweise in versteckten Tälern, in die nur wenig Sonne und schon gar keine Nachrichten von der Außenwelt dringen. So ist es kein Wunder, dass die meisten Dingdangdollis nicht so ganz auf dem Laufenden sind. Sie glauben immer noch, dass sich die Sonne um die Erde dreht, und wissen bis heute nicht, dass es einer seltsamen Gruppe von Wesen, die sich Menschen nennt, gelungen ist, auf den Mond zu fliegen! Selbst die wenigen Dingdangdollis, die Flügel haben, wären nie auf eine so merkwürdige Idee gekommen.

Die Snibillis schon, und darum waren sie auch sehr ärgerlich, dass die Menschen diese Idee als Erste hatten und sie auch noch vor ihnen in die Tat umgesetzt haben.

Unser Dingdangdolli heißt Django Ding. Django, weil es seiner Mutter gerade so einfiel, und Ding, weil man bei den Dingdangdollis entweder Ding oder Dang heißt. Ding heißen die männlichen Dingdangdollis und Dang die weiblichen. Das werden die Snibillis aber nie verstehen.

»Lass mich durch«, sagte das Dingdangdolli zu dem Snibilli. »Ich wünsche dir noch einen schönen Dong, aber ich muss jetzt weiter.«

»Du kommst hier nicht durch«, antwortete das Snibilli. »Dies ist mein Weg! Alle Wege hier sind meine Wege!«

»Wege sind für alle da«, meinte das Dingdangdolli, denn im Dingdangdolliland ist das so. Da gehört sowieso alles jedem. Nicht nur die Wege, auch die Straßen und Plätze, die Schulen, die Höhlenhäuser, die Obstbäume, der See und der Fluss auch. Dingdangdollis sind außerordentlich gesellig.

Snibillis sind das alles nicht und so sniffelte das Snibilli wieder nur hochnäsig durch seinen Snüffel und sagte ziemlich zickig: »Ohne Passier-Sneif kann ich dich nicht durchlassen.«

»Was ist ein Passier-Sneif?«

»Ein Papier mit einem Stempel, worauf steht: *Das Dingdangdolli darf die Wege der Snibillis betreten.*« Das Snibilli kicherte sniefig. »Aber das wird da nie draufstehen, denn wir wollen nicht, dass die Dingdangdollis auf unseren Wegen gehen.«

»Das ist nicht nett«, sagte das Dingdangdolli.

»Wir wollen ja auch nicht nett sein«, meinte das Snibilli. »Wir wollen nur unsere Ruhe haben! Und keine Fremden im Land!«

»Und was ist der Grund dafür?«

»Nix. Gibt keinen Grund. Es war schon immer so.« Das Snibilli snüffelte das Dingdangdolli ab, das kitzelig war. Es musste niesen!

Das feinsinnige Snibilli zuckte zusammen, denn in seinen

Das Dingdangdolli und das Snibilli

riesigen Slöffeln klang das Niesen wie ein explodierender Dampfkessel. »Liebes Lieschen«, stöhnte es und umschlang mit seinem langen Snüffel seine Slöffel, damit sie vor weiteren lauten Dongs und Dings und vor allem den Niesern des Dingdangdollis geschützt waren.

»Außerdem«, sagte das Snibilli hochnäsig, »war ja auch noch nie ein Dingdangdolli hier.«

»Das kann sein«, meinte das Dingdangdolli immer noch freundlich und entschuldigte sich für seinen lauten Nieser. »Bei uns war auch noch nie ein Snibilli.«

»Sag ich doch«, sagte das Snibilli, »was also willst du hier?«

»Die Welt entdecken«, antwortete das Dingdangdolli, »und darum muss ich auch deinen Weg betreten, denn er führt in die Welt.«

»Alle Wege sind meine Wege«, sagte das Snibilli und schaute das Dingdangdolli mit seinen kleinen Äuglein herausfordernd an.

»Du wiederholst dich«, sagte das Dingdangdolli und setzte seinen dicken Daper ein Stück vor.

»Bleib stehn«, rief das Snibilli, »ich befehle es dir.«

»Was ist das: *befehlen*?«, fragte das Dingdangdolli und setzte den zweiten Daper vor. »Das Wort gibt es bei uns nicht.«

»Das Gegenteil von *gehorchen*«, sagte das Snibilli nervös, denn es gefiel ihm ganz und gar nicht, dass das Dingdangdolli ihm immer dichter auf die Pelle rückte.

»Ich *befehle* und du *gehorchst*.«

Das Dingdangdolli verstand nur Bahnhof, also nichts.

»Das Wort«, sagte es bedächtig, »gibt es bei uns auch nicht.«

Und wieder setzte es einen Daper vor und dann den nächsten und dann wieder einen und so kam es Daper für Daper immer näher gedapert und stand schließlich auf dem Weg direkt vor dem Snibilli.

Das Snibilli snüffelte mit seinem Snüffel und fand, dass das Dingdangdolli nicht wie ein Snibilli roch. Warum sollte es das auch, schließlich war es kein Snibilli.

»Du stinkst«, sagte das Snibilli, denn alles, was nicht wie Snibilli roch, war in seiner Nase Gestank. Es schlenkerte seinen Snüffel hin und her, als wollte es den Dingdangdolliduft wieder herausschütteln.

Das Dingdangdolli lachte. »Du riechst auch nicht grade lecker«, sagte es. »Aber andere Länder, andere Düfte.« Dabei schob es das Snibilli sanft zur Seite, um auf dem Weg weiter in die weite Welt zu gehen.

Das Snibilli aber verlor durch den Schubs das Gleichgewicht und fiel einfach um.

Es machte mehrmals knack und das Snibilli brach entzwei.

Das Dingdangdolli blieb erschreckt stehen. Drehte sich um und daperte zum Snibilli zurück. Es schüttelte seinen Dotz.

Dann machte es kehrt und ging seinen Weg in die Welt weiter.

»So was«, sagte das Dingdangdolli ungläubig zu sich selbst. »Das hätte ich nun nicht gedacht, dass das Snibilli einfach so zerbricht. Aber kein Wunder, es war ja innen völlig hohl.«

Kattrin Stier

Paul ist doch kein Angsthase

Paul freut sich. Heute kommt Anna zu ihm. Anna ist Pauls Babysitter. Natürlich ist Paul schon lange kein Baby mehr, aber wenn Mama und Papa weggehen, kommt Anna und passt auf Paul auf. Paul mag Anna gerne. Sie spielt so schöne Spiele und kann so lustig lachen. Und heute Abend kommt sie! Paul kann es kaum noch erwarten.

Mama und Papa wollen ins Theater gehen. Papa ist extra früher aus dem Büro nach Hause gekommen und Mama trägt schon das lange grüne Kleid und die Glitzerohrringe und sie duftet ganz besonders gut. Papa steht in Unterwäsche im Flur, weil er noch das Hemd zu seinem guten Anzug bügeln muss.

Da klingelt das Telefon. Mama geht dran.

»O nein«, sagt sie und: »Ach herrje.« Dann hört sie eine Weile zu. Schließlich meint sie: »Das ist wirklich sehr schade. Wir hatten uns so gefreut. Aber da kann man eben nichts machen. Jedenfalls wünsche ich dir gute Besserung.« Dann legt sie auf. Sie macht ein ganz trauriges Gesicht. »Du kannst aufhören zu bügeln«, sagt sie. »Wir können nicht ins Theater gehen. Anna ist ganz plötzlich krank geworden und kann nicht kommen. Wie schade, ich hatte mich so gefreut.«

Papa legt tröstend den Arm um sie und meint: »Tja, das ist wirklich sehr schade. Wo es doch so schwierig war, die Karten zu bekommen. So ein Pech. Und so schnell finden wir auch keinen anderen Babysitter.«

Traurig stehen alle drei im Flur herum – Mama und Papa, weil sie nicht ins Theater gehen können, und Paul, weil Anna nicht kommt. Fast muss Paul weinen, doch da sieht er, wie sich Mama eine Träne aus dem Augenwinkel wischt.

»Bist du auch so traurig, Mama?«, fragt er.

Mama nickt nur.

Da fasst Paul einen Entschluss.

»Weißt du was, Mama? Ich bin sowieso viel zu groß für einen Babysitter. Ich bin doch schon sechs. Ich kann sehr gut mal alleine bleiben.«

Mama zögert einen Augenblick. Sie überlegt. »Meinst du wirklich?«, fragt sie unsicher.

»Klar«, sagt Paul mutig, »ich bin doch kein Angsthase.«

»Na ja«, meint Papa, »vielleicht könnte es ja gehen. Wenn wir Frau Meier von nebenan Bescheid sagen …«

»Und die Handynummer programmiere ich dir ins Telefon ein. Für den Notfall. Dann kannst du uns jederzeit erreichen«, sagt Mama noch ein wenig unsicher. »Und du glaubst wirklich, dass du das schaffst, mein Paulchen?«

»Geht alles klar, Mama«, erwidert Paul ganz cool.

Und da lächelt Mama. Sie hat immer noch ein bisschen Angst. Aber nachdem Papa mit Frau Meier gesprochen hat, zu der Paul jederzeit kommen kann, wenn es ein Problem gibt, freut sie sich einfach. »Ach Paulchen, mein Großer, toll, dass du dich das schon traust.«

Und nach mindestens tausend Ermahnungen und Abschiedsküssen gehen Mama und Papa wirklich. Sie müssen sich beeilen, wenn sie noch rechtzeitig im Theater sein wollen. Sorgfältig schließen sie die Tür hinter sich ab. Paul winkt ihnen vom Fenster aus hinterher. Dann geht er in sein Zimmer. Das Licht im Wohnzimmer und im Flur lässt er lieber an. Sicherheitshalber.

Paul hört zwei Kassetten und baut noch ein bisschen Lego. Eigentlich gar nicht so schlecht, wenn einem keiner sagt, dass man ins Bett gehen muss. Und Zähneputzen könnte er auch einfach ausfallen lassen. Kontrolliert ja schließlich keiner. Aber dann denkt er an die Geschichte von Karius und Baktus, die an den Zähnen herumbohren, und da geht er doch lieber ins Bad und putzt sich die Zähne.

Auf dem Rückweg in sein Zimmer kommt ihm der Flur irgendwie so lang vor und die Ecke hinter dem Schrank ist so dunkel. Da könnte sich leicht einer verstecken. Ganz schnell flitzt Paul vorbei und macht die Tür zu seinem Zimmer fest zu. Er schlüpft ins Bett und zieht die Bettdecke ganz weit hoch. So fühlt es sich schon viel besser an.

Aber was ist mit der Gutenachtgeschichte, wer soll ihm die heute Abend vorlesen? Zu dumm, dass er noch nicht selber lesen kann. Paul schaut sich die Bilderbücher an, die in dem Stapel neben seinem Bett liegen. Doch das wird irgendwann langweilig und müde ist er auch. Er will jetzt schlafen, aber um das Licht auszumachen, müsste Paul jetzt aufstehen. Und dann im Dunkeln wieder ins Bett zurück, das traut er sich nicht. Macht nichts. Wenn er die Bettdecke hochzieht und die Augen ganz fest zumacht, ist es eigentlich auch dunkel.

Paul versucht zu schlafen. Aber es ist so unheimlich, wenn man nicht weiß, was draußen auf dem Flur ist. Ob er die Tür doch lieber aufmacht?

Und Teddy ist nicht da. Ohne Teddy kann Paul sowieso nicht einschlafen. Wo steckt er bloß? Paul sucht das ganze Bett nach ihm ab. Kein Teddy. Da fällt es ihm ein: Teddy liegt noch im Wohnzimmer unter dem Tisch. Dort, wo sich Paul heute Nachmittag mit Tüchern und Kissen eine Ritterhöhle gebaut hat. Und jetzt ist Teddy da ganz alleine. Bestimmt hat er schreckliche Angst. Paul muss Teddy holen, auch wenn er dann wieder durch den unheimlichen Flur muss. Wie gut, dass er wenigstens das Licht im Wohnzimmer angelassen hat. Sicherheitshalber zieht Paul die Ritterrüstung an, setzt sich den Helm auf und nimmt sein Schwert. Mutig rennt er durch den Flur zum Wohnzimmer. Da liegt Teddy unter dem Tisch.

»Jetzt brauchst du keine Angst mehr zu haben, ich bin ja da«, sagt Paul und kuschelt sich an Teddy. Sein Herz klopft. Teddy hat bestimmt Angst, durch den Flur zu gehen, obwohl Paul ihn beschützt. Vielleicht bleiben sie beide erst noch ein bisschen hier in der Höhle. Hier ist es mit den vielen Kissen auch sehr gemütlich und es sind sogar noch ein paar Kekse von seinem Ritterpicknick übrig. Die werden sie erst einmal essen. Und später, wenn Teddy sich beruhigt hat, können sie ja immer noch ins Bett zurück.

Als Mama und Papa nach dem Theater nach Hause kommen, kriegen sie zuerst einen Schreck. Die ganze Wohnung ist hell erleuchtet und die Tür zu Pauls Zimmer steht sperrangelweit offen. Mama geht hinein und kommt gleich wieder herausgeschossen. »Paul ist nicht in seinem Bett«, sagt sie erschrocken.

»Und hier ist er auch nicht«, meint Papa, der gerade aus dem Schlafzimmer kommt.

»Ob er wohl zu Frau Meier gegangen ist?«, überlegt Mama. »Aber die hätte uns bestimmt einen Zettel hingelegt. Wo kann er nur stecken?«

»Er wird doch nicht weggelaufen sein?«, sagt Papa besorgt. Er geht ins Wohnzimmer und schaut sich um. Nirgends eine Spur von Paul. Aber dann hört er ganz leise ein tiefes, regelmäßiges Atmen. Paul. Da liegt er mitsamt seiner Ritterrüstung unter dem Tisch, halb verdeckt von Kissen und Tüchern, und schläft tief und fest. Der Helm ist ihm vom Kopf gerutscht, doch das Schwert hält er mit einer Hand umklammert. Der andere Arm ist liebevoll um Teddy gelegt.

»Der arme Kleine, ob er wohl Angst hatte?«, meint Mama und streicht Paul über den Kopf.

»... bin doch kein Angsthase ... alles klar ...«, murmelt Paul im Schlaf, als Papa ihn in sein Zimmer trägt.

»Natürlich nicht, mein tapferer Ritter«, sagt Mama. Sie deckt ihn zu und gibt ihm einen Kuss. »Toll, dass du es alleine geschafft hast. Das Theater war sehr schön. Morgen erzähl ich dir alles. Schlaf gut, mein Paulchen.«

Sigrid Zeevaert

Nachmittagsfreunde

Leonard und Luise sind Nachbarn. Sie wohnen Tür an Tür in der dritten Etage. Fast jeden Nachmittag besuchen sie sich. Zusammen sitzen sie dann bei Luises Schildkröte und bauen ihr eine Burg. Oder sie geraten auf eine einsame Insel mit gefräßigen Krokodilen und Schlangen. Manchmal sind sie auch unterwegs zum Ende der Welt. Kämpfen gegen schwere Stürme und Unwetter an und schon einige Male hat Leonard Luise gerettet. Luise Leonard übrigens auch. Nachmittags sind Leonard und Luise die besten Freunde.

Nur am Morgen, wenn sie zur Schule gehen, klappt es mit ihnen beiden jedes Mal nicht. Entweder geht Leonard Luise voraus oder er ist so spät dran, dass Luise schon vorgehen muss. Und sie setzt sich zu ihren Freundinnen Lena und Kim.

In der Pause springt Leonard mit seinem Freund Marco als Erster davon und sie balancieren über den Fahrradständer. Schneiden Grimassen wie Clowns. Und sie ziehen die Mädchen an den Haaren.

»Was soll das?«, ruft Lena. »Hört auf!«

Aber die Jungen lachen.

»Ihr seid gefangen!«, ruft Marco und hält Kim am Arm. »Wir sind nämlich die Indianer und ihr seid die Squaws.«

»Sind wir nicht!« Kim reißt sich los und tippt sich mit dem Finger an die Stirn.

»Quatschköpfe!«, sagt Luise.

Als sie wieder in die Klasse zurückgehen, halten Marco und Leonard sich die Nasen zu. »Weil es hier stinkt«, sagen sie.

»Tse«, machen Lena, Kim und Luise. Dann sitzen sie alle wieder auf ihren Plätzen und Frau Siebental liest ihnen ein Frühlingsgedicht vor.

Am Nachmittag turnt Luise auf ihrem Bett. Und niemand kommt zu Besuch.

Leonard muss mit Mama in die Stadt, neue Schuhe kaufen. Und eine Jeans. Danach muss er sein Zimmer aufräumen. Und ein Löwenposter aufhängen. Seine Lieblings-CD hat er auch noch nicht gehört.

Luise wartet noch ein bisschen. Dann lässt sie es sein. Weil Leonard ein Quatschkopf ist. Und weil sie außerdem auch nicht stinkt.

Beim Abendessen erzählt Mama von Eva-Marie. Die ist Luises große Kusine und heiratet bald ihren Boris, in den sie verknallt ist.

Etwas später liegt Luise im Bett. Und sie stellt sich vor, wie es ist, wenn Eva-Marie und Boris sich küssen. Und wenn sie Hochzeitskleider tragen und alles. Gern hätte sie Leonard davon erzählt. Aber mit Leonard redet sie im Moment nun mal nicht.

Als sie in die Schule kommt, macht er wieder »Pff!«. Und er hält sich die Nase zu wie Marco und Ben. Und er guckt beim

Turnen auch nur kurz zu ihr hin, obwohl sie den Handstand diesmal besonders gut kann.

Leonard kaut auf seiner Lippe.

Bei ihm zu Hause hat sie auch schon einen Kopfstand gemacht. Und sie sind auf den Schrank geklettert und haben gekichert.

Gleich nach dem Mittagessen klingelt er bei Luise an der Wohnungstür und sagt, als sie ihm öffnet: »Vielleicht können wir Nachmittagsfreunde sein.«

»Und was sind wir morgens?«, fragt Luise.

Leonard kratzt sich am Arm. »Na ja.« Er verzieht sein Gesicht.

»Du bist doof«, sagt Luise und schließt vor Leonards Nase die Tür.

»Bin ich nicht«, murmelt Leonard nur und geht in seine Wohnung zurück, aber an diesem Nachmittag fällt ihm irgendwie nichts Richtiges ein. Sein Zimmer ist bereits aufgeräumt. Und zum Alleinspielen hat er keine Lust. Er denkt an Luise. Und daran, dass er kein bisschen doof ist, er nicht. Den ganzen Nachmittag denkt er daran. Auch am Abend und sogar in der Nacht.

Als er Luise morgens zur Schule abholen will, ist sie leider schon weg. Später sieht er sie wieder bei Lena und Kim stehen. Und sie dreht sich nicht nach ihm um. Dafür empfangen Marco und Ben ihn stürmisch. »Ärgern wir nachher wieder die Mädchen?«

Leonard zuckt mit den Achseln. »Vielleicht«, sagt er und ist froh, dass Frau Siebental in diesem Augenblick kommt. Sie hat eine große Kiste voll alter Hüte, Kleider und Jacken mitgebracht, in die Leonard als Erster hineinsehen darf. Ein bisschen muffelig riecht es darin. Leonard zieht an einem Stück weißen Stoff. Er zieht und zieht, denn der Stoff ist riesig und lang. Und als er ihn endlich aus der Kiste heraus hat, bricht Gelächter und Jubel aus. Leonard hat ein Brautkleid erwischt, das er natürlich gleich anziehen soll.

Leonard schluckt. Aber dann macht er es: steigt in das Brautkleid, das viel zu groß für ihn ist.

»Eine Braut ohne Bräutigam ist keine richtige Braut!«, ruft plötzlich einer, und alle sind begeistert, wollen Leonards Bräutigam sein.

Frau Siebental lacht. »Also!«, sagt sie. »Dann such dir mal einen Bräutigam aus!«

Leonard zögert. Ganz sicher ist er sich nicht. Und wer weiß, ob sie überhaupt will …?

Noch bevor er es sich wieder anders überlegt, sagt er schnell: »Ich nehme Luise.«

Einen Moment ist es still. Leonard hält die Luft an. Guckt lieber gar nicht erst zu ihr hin. Aber dann steht sie tatsächlich auf und die ganze Klasse klatscht und johlt und alle trampeln mit den Füßen.

Luise wird in einen schwarzen Frack mit Hut und Fliege gesteckt. Und wenig später stehen sie beide auf dem Pult und es wird Hochzeit gefeiert.

»Herzlichen Glückwunsch«, sagt Frau Siebental.

Leonard und Luise gucken sich an. Nur küssen tun sie sich an diesem Tag nicht.

Hortense Ullrich

Ein Wunsch geht in Erfüllung

oder: Ich tausche meine Schwester ein

Ich tausche meine Schwester ein
für Himbeereis mit Sahne,
für Murmeln, Schnecken, Kaugummis,
für Kuchen mit Banane.

Ich tausche meine Schwester ein
für salzige Lakritze,
für Hustenbonbons, Glanzpapier
und 'ne Pudel-Mütze.

Ich tausche meine Schwester ein,
sie stellt bloß dumme Fragen,
sie stört mich ständig, gibt nie Ruh,
das kann ich nicht ertragen.

Da kommt 'ne Dame auf mich zu
und tätschelt mir die Wange:
»Komm mit, mein Kind, wir geh'n nach Haus
der Weg ist nicht sehr lange.«

»Ich komm nicht mit, was soll denn das?!
Ich bin doch nicht so dumm.«
»Das musst du wohl, ist abgemacht,
ich sag dir auch warum.«

Sie lächelt fein und meint: »Hör zu,
es war ein fairer Handel.
Hab dich getauscht für meinen Hund
und eine Bittermandel.

Ein nettes Kind kam grad zu mir,
das war wohl deine Schwester.
Sie sah den Hund und mochte ihn –
es ist mein allerbester.

Sie machte mir ein Angebot,
es klang ganz ungewöhnlich.
Sie sagte Folgendes zu mir –
(nimm das jetzt nicht persönlich:)

›Ich tausche meine Schwester ein
für ein Glas Marmelade,
für Frösche, Kekse, Knallbonbons,
für Vollmilchschokolade.

Ich tausche meine Schwester ein
für einen Fahrradreifen,
für Mohrenköpfe, Luftballons,
und ein Buch mit Streifen.

Ich tausche meine Schwester ein
für'n Hund, das fänd' ich klasse.
Mit dem würd' ich mich gut verstehen,
ich nehm auch jede Rasse.‹

Das sagte deine Schwester mir,
ganz ernst, ohne zu lachen.
Ich bot ihr meinen Hund für dich,
wollt euch 'ne Freude machen.

Denn ihr zwei mögt euch ja wohl nicht,
wollt nicht zusammen sein.
Jetzt habt ihr Grund zur Freude, denn
nun seid ihr zwei allein.«

»Das war doch gar nicht ernst gemeint,
wir streiten uns halt viel.
Aber nicht mehr zusammen sein –
war niemals unser Ziel!

Ich liebe meine Schwester sehr,
kann ohne sie nicht sein.
Und meine Schwester liebt mich auch,
sie ist nicht so gemein.«

Die Dame nickt: »Das dacht' ich mir.
Wie könnt' es anders sein.«
Sie pfeift nach ihrem kleinen Hund.
Und lächelnd geht sie heim.

Manfred Schlüter

Der kleine Herr Jemine

Irgendwo im weiten Weltenraum, ungefähr da, wo der Himmel beinahe zu Ende ist, und dann noch tausend Meter weiter, da gab es einen kleinen Planeten. Auf dem wuchsen ein paar Blumen, ein paar Bäume, dreieinhalb Berge gab es, und das war alles. Fast alles …

Der kleine Herr Jemine war nämlich auch noch da. Der kletterte jeden Tag auf den höchsten Berg und sang ein Lied in die Luft. Der erzählte den Blumen und Bäumen Gutenachtgeschichten und war glücklich.

Aber irgendetwas fehlte ihm.

»Herrjemine«, sagte der kleine Herr Jemine und überlegte. »Vier Wände und ein Dach, damit mir der Himmel nicht auf den Kopf fällt.«

Da baute der kleine Herr Jemine ein Haus. Mit einer Tür und zwei Fenstern und allem Drum und Dran. Er ging hinein, ging auf und ab und war glücklich. Aber irgendetwas fehlte ihm.

»Herrjemine«, sagte der kleine Herr Jemine und überlegte. »Ein Gestell zum Schlafen, damit ich in der Nacht besser träumen kann.«

Der kleine Herr Jemine

Da baute der kleine Herr Jemine ein Bett. Mit vier Beinen und einer Matratze, mit einer Decke und weichen Kissen. Er legte sich hinein, träumte ein bisschen und war glücklich. Aber irgendetwas fehlte ihm.

»Herrjemine«, sagte der kleine Herr Jemine und überlegte. »Etwas zum Draufsitzen, damit ich nicht von morgens bis abends stehen muss.«

Da baute der kleine Herr Jemine einen Stuhl. Und wo er schon mal dabei war, auch gleich einen Tisch und einen Schrank. Dann setzte er sich, schaute rundum und war glücklich. Aber irgendetwas fehlte ihm.

»Herrjemine«, sagte der kleine Herr Jemine und überlegte. »Etwas, um von hier nach da zu kommen, damit ich nicht immer laufen muss.«

Da baute der kleine Herr Jemine ein Auto, gab Gas und brummte über seinen kleinen Stern. Zwischen Blumen und Bäumen hindurch, die dreieinhalb Berge rauf und wieder runter, und er war glücklich. Aber irgendetwas fehlte ihm. Immer noch. Und immer wieder! Und immer wieder baute er. Eine Straße. Und noch eine Straße. Eine Garage. Und eine Tankstelle. Einen Palast. Und einen Rennwagen. Eine Brücke. Und einen Tunnel. Ein Flugzeug. Eine Startbahn. Eine Landebahn …

Der kleine Herr Jemine baute und baute und baute. Und erschrak eines Tages fürchterlich. Er sah keine Blumen mehr. Keine Bäume. Auch keine Berge.

»O weh«, flüsterte er, »das hab ich nicht gewollt.« Er stampfte mit den Füßen, trommelte mit den Fäusten, er warf sich gegen Wände und betete und schrie. »HERRJEMINE!«

Doch nichts geschah. Der kleine Herr Jemine war verzweifelt. In seinem Kopf schwirrten tausend Gedanken. Was sollte er tun?

»Es geht nicht anders«, sagte er schließlich und holte tief Luft. Und wieder baute er. Und baute und baute. A-l-l-e-s a-u-s-e-i-n-a-n-d-e-r!

Die Landebahn. Die Startbahn. Und das Flugzeug. Den Tunnel. Und die Brücke. Den Rennwagen. Und den Palast. Und alles, alles andere. Bis auf das Haus. Und Tisch und Stuhl und Schrank und Bett.

Und endlich, endlich sah er sie: ein paar Blumen. Ein paar Bäume. Und in der Ferne Berge. Dreieinhalb. Er weinte vor Freude. Und vor Erschöpfung. Und die Blumen, sie hoben ihre Köpfe. Die Bäume streckten die Äste.

Und der kleine Herr Jemine? Der schwieg. Lange Zeit. Fast eine Ewigkeit.

Eines Abends jedoch sang er wieder ein Lied in die Luft. Erst ganz leise. Und langsam lauter. Immer lauter. Das tat gut. Den Blumen und Bäumen erzählte er wieder Geschichten. Wie früher.

Und der kleine Herr Jemine war glücklich. Endlich glücklich.

Brinx/Kömmerling

Fridos Fell kann fliegen

Frido hat ein Fell. Es ist weiß und warm und weich und Frido nimmt es überall mit hin. So ein Fell kann man schließlich immer gebrauchen. Zum Kuscheln, denkt ihr, ja, zum Kuscheln ist es herrlich. Aber es gibt noch viele andere Möglichkeiten. Zum Beispiel eignet es sich wunderbar als fliegender Teppich.

Am Vormittag hatte die Kindergärtnerin von fliegenden Teppichen erzählt.

»Davon gibt es nicht viele«, hatte sie gesagt, und dass man ein Zauberwort sagen musste, damit sie flogen. Das hieß: Flugflugsflink!

Auf dem Nachhauseweg saß Frido mit seinem Fell auf dem Schoß im Auto und sagte nichts. So wenig, dass sich seine Mama schon Sorgen machte.

»Wirst du krank? Hat dich jemand geärgert? Hast du deine Stimme verloren?«, fragte sie nach hinten.

Frido schüttelte den Kopf. Er konnte nicht sprechen, weil er sich das Zauberwort merken musste. Flugflugsflink, Flugflugsflink, Flugflugsflink!

Kaum war er in seinem Zimmer, breitete er das Fell auf dem Boden aus und setzte sich darauf. Wenn es fliegende Teppiche gab, dann auch fliegende Felle. Und selbst wenn das nur ganz wenige, ganz besondere waren, seins gehörte auf jeden Fall dazu. Frido vergrub seine Finger tief in die dicke Wolle und hielt sich fest.

»Flugflugsflink!«, flüsterte er. Das Fell rührte sich nicht.

»Flugflugsflink!« Frido probierte es noch einmal. Aber nichts passierte. »Flugflugsflink!«, schrie er, so laut er konnte, und Mama kam herein.

»Was machst du denn hier?«

Frido erklärte ihr, dass er ein fliegendes Fell hatte.

»Aber im Moment geht es nicht«, jammerte er.

Fridos Mama dachte eine Weile nach, schaute sich das Fell ganz genau an und schüttelte dann den Kopf. »Natürlich geht es nicht. Es ist viel zu schmutzig! So möchte es nicht in die Welt hinausfliegen. Ist doch klar!«

Frido betrachtete das Fell. Konnte gut sein, dass Mama Recht hatte. So richtig weiß war es nicht mehr. Und jetzt?

»Jetzt stecken wir es in die Waschmaschine!«

Der Vorschlag gefiel Frido ganz und gar nicht. Waschmaschine? Das dauerte immer Ewigkeiten und so lange konnte Frido auf gar keinen Fall ohne sein Fell sein. Andererseits wollte er doch fliegen!

»Du kannst ja bei ihm bleiben!«, schlug Mama vor. Da stand Frido auf, nahm das Fell vorsichtig auf den Arm, kuschelte seinen Kopf hinein und lief mit ihm hinunter in den Waschkeller. Sanft stopfte er es in den offenen Rachen der Maschine, leise machte er die Tür zu, und als Mama das Waschpulver eingefüllt hatte, drückte er auf den Knopf. Mama ging nach oben und Frido setzte sich vor das Fenster der Waschmaschine und ließ sein Fell keine Sekunde aus den Augen. Erst rauschte es wie verrückt. Dann kam das Wasser, immer mehr, immer schaumiger. Das Fell sackte in sich zusammen, wurde immer kleiner und Frido war sich plötzlich gar nicht mehr sicher, ob das so eine gute Idee gewesen war. Was, wenn die Maschine die Flugkraft aus ihm hinauswusch? Oder wenn es ganz klein und mickrig wurde, wie Mamas Lieblingspullover neulich? Dann konnte es vielleicht noch fliegen, aber er hatte keinen Platz mehr darauf. Als das Fell ganz nass war, überall, fing die Maschine an, es im Kreis herumzudrehen. Frido rückte näher heran.

»Keine Angst. Ich bin da. Du musst dir vorstellen, das ist wie im Karussell.« Frido hasste Karussell fahren. Das ging so schnell immer im Kreis und man konnte Mama gar nicht mehr richtig am Rand erkennen, die Musik war laut und man musste so lange drinbleiben, bis das Karussell fertig war. Genau wie das Fell jetzt.

»Wenn du es nicht magst, dann machen wir es nie wieder«, flüsterte Frido ihm zu und hoffte, dass es ihn durch die dicke Scheibe verstehen konnte. Dann lief das Wasser auf einmal wieder ab. Frido sprang auf.

»Jetzt ist es fertig!«, schrie er, da drehte sich die Trommel plötzlich so schnell, dass man das Fell überhaupt nicht mehr erkennen konnte. Die Maschine ratterte und krachte und Frido war sicher, dass sie sein Fell nun einfach auffressen würde. Einfach so. Schreiend rannte er zu Mama.

»Sie frisst es auf, sie frisst es auf!«

Mama nahm ihn auf den Arm und sie gingen in den Keller hinunter.

»Sie frisst es nicht, sie schleudert den ganzen Schmutz für immer davon!«, erklärte Mama. In diesem Moment hörte die Maschine auf, seufzte noch einmal und blieb stehen. Sie war fertig. Frido riss die Tür auf und zerrte sein Fell raus. Es war schwer. Viel schwerer als vorher. Und nass. Und gar nicht mehr kuschelig.

»Aber es ist sauber. Jetzt hängen wir es zum Trocknen auf und morgen früh ist es wieder wie neu.« Mama stellte den Wäscheständer ganz nah an die Heizung, damit es schneller ging.

In der Nacht konnte Frido nicht schlafen. Er wälzte sich in seinem Bett hin und her und wunderte sich nicht. Er hatte noch nie ohne sein Fell geschlafen. Er stellte sich vor, wie es einsam im dunklen Keller hing und trocknete. Vielleicht war es schon fertig und er hatte es gar nicht bemerkt.

Frido wollte Mama fragen. Aber Mama schlief und murmelte nur: »Morgen, mein Schatz, schlaf jetzt!«

Also ging Frido ganz alleine in den Keller. Ohne Mama und ohne Fell. Die Treppe war kalt und der Lichtschalter so weit oben, dass Frido sich einen Stuhl holen musste. Aber unten wartete das Fell auf ihn. Es war weiß und flauschig und trocken. Vorsichtig hob Frido es vom Wäscheständer, kuschelte sein Gesicht hinein und schnupperte.

»Du riechst gut!«

Dann breitete er es auf dem Boden aus, setzte sich darauf, krallte seine Finger hinein und sagte: »Flugflugsflink!«

Das Fell ruckte und zuckte und erhob sich dann sanft in die Luft, flog bis unter die Kellerdecke und blieb dort stehen. Frido strahlte. Er hatte es gewusst.

»Flugflugsflink!«, flüsterte er und das Fell landete wieder.

»Frido, warum bist du nicht im Bett?« Mama stand im Nachthemd in der Tür und fror.

»Es geht, Mama, du hast Recht gehabt, es fliegt!«

Mama nahm Frido und das Fell auf den Arm und trug sie ins Bett.

»Ich habe immer Recht«, lächelte sie und küsste Frido ein zweites Mal zur guten Nacht. Frido kuschelte sich in sein Fell, schloss die Augen und seufzte.

»Ich bin froh, dass du wieder da bist!«

Quellenverzeichnis

Sofern nicht anders vermerkt, liegen die Rechte der in diesem Band abgedruckten Geschichten beim Thienemann Verlag (Thienemann Verlag GmbH), Stuttgart/Wien.

Andersen, Hans Christian: *Die Prinzessin auf der Erbse.* Aus: Hartl, Sonja (Hrsg.): *Das große Märchen-Vorlesebuch.* 2005. S. 243–245.

Bechstein, Ludwig: *Das Märchen vom Mann im Mond, Das Märchen vom Schlaraffenland.* Aus: Hartl, Sonja (Hrsg.): *Das große Märchen-Vorlesebuch.* 2005. S. 214/215, 210–213.

Berg, Christian: *Tamino Pinguin und das größte und schönste Geschenk der Welt.* Aus: Berg, Christian/Holland, Carola: *Tamino Pinguin und das größte und schönste Geschenk der Welt.* 2004.

Ders.: *Tamino Pinguin und die Sache mit dem Ei.* Aus: Berg, Christian/Holland, Carola: *Tamino Pinguin und die Sache mit dem Ei.* 2003.

Brinx/Kömmerling: *Fridos Fell, Fridos Fell und der Wurli, Fridos Fell kann fliegen* © by Brinx/Kömmerling.

Bröger, Achim: *Ich war einmal, Moritz mit Beulen, Moritz und der Mann ohne Angst* © by Achim Bröger.

Ders.: *Bruno und der kleine Mann, Eine haarsträubende Geschichte, Zwei Raben mit Rucksack im See.* Aus: Bröger, Achim: *Mein Vorlesebuch.* 2004. S. 109–112, 105–108, 7–10.

Brüder Grimm: *Die Bremer Stadtmusikanten.* Aus: Brüder Grimm/Schulmeyer, Heribert: *Die Bremer Stadtmusikanten.* 2002.

Dies.: *Der Wolf und die sieben Geißlein.* Aus: Brüder Grimm/Smajić, Susanne: *Der Wolf und die sieben Geißlein.* 2001.

Dies.: *Sterntaler.* Aus: Hartl, Sonja (Hrsg.): *Das große Märchen-Vorlesebuch.* 2005. S. 95/96.

Dietl, Erhard: *Schlaf gut, kleine Maus* © by Erhard Dietl.

Dölling, Beate: *Am seidenen Faden nach Berlin* © by Beate Dölling.

Dies.: *Das Regenspiel.* Aus: Dölling, Beate/Kunert, Almut: *Das Regenspiel.* 2004.

Eicke, Wolfram: *Der Pflaumenmusfänger.* Aus: Eicke, Wolfram/Smajić, Susanne: *Der Pflaumenmusfänger.* 2004.

Ende, Michael: *Eine Zungenbrechergeschichte.* Aus: Ende, Michael: *Die Zauberschule und andere Geschichten.* 1994. S. 133–136.

Färber, Werner: *Quak, der Frosch* © by Werner Färber.

Ders.: *So eine Sauerei.* Aus: Färber, Werner/Moßmann, Barbara: *So eine Sauerei.* 1994.

Fiedler, Christamaria: *Die Geschichte vom kranken Sofa, Die Party der Möbel* © by Christamaria Fiedler.

Flegel, Sissi: *Der große weiße Hund* © by Sissi Flegel.

Frank, Astrid: *Finns riesenhafte Riesensuche* © by Astrid Frank.

Friedrich, Joachim: *Emil in der Adlerschule* © by Joachim Friedrich.

Fuchs, Thomas: *Das Seepferdchen, Wie Ostern bei uns ins Wasser fiel, Anton mag keine Spaghetti mehr, Die Nacht im Wald* © by Thomas Fuchs.

Glitz, Angelika: *Das Findel-Ei, Ein Wunsch für Rudi, Heinz Hase sucht einen Schatz, Keine Zeit für Paula* © by Angelika Glitz.

Dies.: *Monster unter Willis Bett.* Aus: Glitz, Angelika/Sönnichsen, Imke: *Monster unter Willis Bett.* 2000.

Heuck, Sigrid: *Der Esel und der Elefant, Lizzy und der Zaubersee* © by Sigrid Heuck.

Holländer, Karen: *Als die Bären Hochzeit feierten* © by Karen Holländer.

Kötz, Jonas: *Als die Milch sauer wurde* © by Jonas Kötz.

Kruse, Max: *Überraschung auf der Leuchtturminsel.* Aus: Kruse, Max: *Der Löwe ist los.* 1995. S. 50–59.

Ders.: *Urmel schlüpft aus dem Ei.* Aus: Kruse, Max: *Urmel schlüpft aus dem Ei.* 2005.

Kuckero, Ulrike: *Rätsel über Rätsel, Vom Huhn, das auch einmal warten wollte, Vom Huhn, das verreisen wollte* © by Ulrike Kuckero.

Kulot, Daniela: *Tausche kleine Schwester gegen …* Aus: Kulot, Daniela: *Tausche kleine Schwester gegen …* 2001.

Dies.: *Uns kriegst du nicht* © by Daniel Kulot.

Lindner, Irmgard: *Mariechen und die gute Fee* © by Irmgard Lindner.

Milan: *Der schnelle Fuchs und der kluge Krebs, Ein Dorf mit Namen Orf* © by Milan.

Minte-König, Bianka: *Das Dingdangdolli und das Snibilli, Das nigelnagelneue Nilpferd, Rattenvesper* © by Bianka Minte-König.

Moost, Nele: *Der kleine Frosch und der böse Zauberer, Der Mondhund* © by Nele Moost.

Mueller, Dagmar H.: *Der König des Waldes, Mathilde und die Geisterfrau* © by Dagmar H. Mueller.

Napp, Daniel: *Ferdi hebt einen Schatz* © by Daniel Napp.

Ders.: *Wie Kriminaloberhauptkommissar Meister im Schlaf einen Räuber verhaftet.* Aus: Napp, Daniel: *Pellepau.* 2004. S. 60–67.

Oelemann, Christian: *Der Lebensretter, Omas Geburtstag* © by Christian Oelemann.

Pestum, Jo: *Aufruhr im Murmelwald, Benny kann nicht schwimmen, Das Regenmatschfußballspiel, Mein Freund, der Bär, Samstags in Buffalos Garage* © by Jo Pestum.

Preußler, Otfried: *Das Märchen von Bettelmanns Hochzeit* © by Otfried Preußler.

Probst, Petra: *Piccolino und die Angsthasen* © by Petra Probst.

Reifenberg, Frank Maria: *Der kleine Fuchs und die Himmelsleiter, Mirinda Miranda Mökk, Murmelschreck und der Pantoffelfresser* © by Frank Maria Reifenberg.

Schlüter, Manfred: *Brillenschlange, Brillenschlange!, Der kleine Herr Jemine* © by Manfred Schlüter.

Schreiber-Wicke, Edith: *Das Geburtstagsgeschenk, Das Maskenfest, Das verbotene Zimmer, Nur ein Traum* © by Edith Schreiber-Wicke.

Dies.: *Als die Raben noch bunt waren.* Aus: Schreiber-Wicke, Edith/Holland, Carola: *Als die Raben noch bunt waren.* 2000.

Schultheis, Ulrike: *Wie lange ist ein Jahr?.* Aus: Schultheis, Ulrike/Probst, Petra: *Wie lange ist ein Jahr?.* 1996.

Sommer-Bodenburg, Angela: *Die Geschichte vom Rutschgespenst, Gerneklein, Miriam und Malte* © by Angela Sommer-Bodenburg.

Spang, Günter: *Williwack als Hotelportier* © by Günter Spang.

Stier, Kattrin: *Jakob will stark sein.* Aus: Stier, Kattrin/Weiler, Alexander: *Jakob will stark sein.* 2005.

Dies.: *Paul ist doch keine Angsthase, Paul passt doch auf Teddy auf* © by Kattrin Stier.

Ullrich, Hortense: *Ein Wal, ein Aal und ein Opal, Ein Wunsch geht in Erfüllung* © by Hortense Ullrich.

Wölfel, Ursula: *Die Geschichte vom klugen Kamel, Die Geschichte von den beiden Heuhüpfern, Die Geschichte von den Grasköpfen, Die Geschichte von der Schnecke in der Stadt, Die Geschichte von der Schildkröte und dem Igel.* Aus: Wölfel, Ursula: *Das Lachkind und 99 andere ausgewählte Geschichten.* 1993. S. 224/225, 165/166, 43/44, 88/89, 100/101.

Dies.: *Die Geschichte von der Bachstelze.* Aus: Wölfel, Ursula: *Achtundzwanzig Lachgeschichten.* 1993. S. 28.

Dies.: *Drei winzige Geschichten* © by Ursula Wölfel.

Zeevaert, Sigrid: *Die Prinzessin und der Prinz, Nachmittagsfreunde* © by Sigrid Zeevaert.

Weigand, Kristin (Hrsg.):
100 und eine Geschichte zum Vorlesen
ISBN 978 3 522 17850 1

Einband- und Innenillustrationen: Daniela Kulot
Einbandtypografie: Michael Kimmerle
Schrift: Bodoni OFBQ + Spumoni
Satz: KCS GmbH, Buchholz/Hamburg
Reproduktion: Medienfabrik, Möglingen
Druck und Bindung: Friedrich Pustet, Regensburg

7 6 5 4 3* 07 08 09 10

www.thienemann.de